# 中国居民能源消费与公众环境感知

孙传旺　著

清华大学出版社

北　京

## 内 容 简 介

中国当前正处于城市化加速发展阶段，大到国家宏观层面的工业用能，小到微观领域的居民能耗，都与城市化息息相关。本书主要从城市化进程中居民的能源消费特征、居民阶梯电价改革的影响与效果、核电发展与公众意愿、雾霾治理与公众环境感知，以及能源消费的公平性问题等几个方面，研究了中国居民能源消费与公众环境感知这一主题，并探讨了相关政策问题。

本书是笔者近年相关研究的主要成果，希望能够为中国能源与环境研究领域的学者，以及对中国城市化问题与政策感兴趣的广大读者提供思路和方法。同时希望本书的结论能为政策制定者提供准确有效的信息与参考。



图书在版编目(CIP)数据

中国居民能源消费与公众环境感知 / 孙传旺 著. —北京：清华大学出版社，2018
ISBN 978-7-302-50892-2

①中…　Ⅱ. ①孙…　Ⅲ. ①居民－能源消费－研究－中国 ②居民－节能－环境教育－研究－中国　Ⅳ. ①F426.2 ②TK01

中国版本图书馆 CIP 数据核字(2018)第 189902 号

**责任编辑**：王　定
**封面设计**：周晓亮
**版式设计**：思创景点
**责任校对**：牛艳敏
**责任印制**：沈　露

**出版发行**：清华大学出版社
网　　址：http://www.tup.com.cn，http://www.wqbook.com
地　　址：北京清华大学学研大厦 A 座　　邮　　编：100084
社 总 机：010-62770175　　邮　　购：010-62786544
投稿与读者服务：010-62776969，c-service@tup.tsinghua.edu.cn
质 量 反 馈：010-62772015，zhiliang@tup.tsinghua.edu.cn
**印 装 者**：三河市金元印装有限公司
**经　　销**：全国新华书店
**开　　本**：148mm×210mm　　**印　　张**：8.75　　**字　　数**：250 千字
**版　　次**：2018 年 9 月第 1 版　　**印　　次**：2018 年 9 月第 1 次印刷
**定　　价**：98.00 元

产品编号：073333-01

# 前　言

中国以往经济的高速发展得益于城市化及由此带来的工业化。城市化是国家现代化的重要标志，也是推动经济增长的重要引擎。城市化推动经济增长的同时，也带动能源需求的上升。2009 年，中国超过美国成为全球能源消费最多的国家，其一次能源消费总量达到 30.8 亿吨标准煤，占世界能源消费比例高达 20.02%。同时，根据《巴黎协定》要求，中国到 2030 年单位 GDP 的二氧化碳强度要比 2005 年下降 60%～65%。因此，中国未来城市化进程将面临较大的能源消费约束和减排压力。

当前中国特色社会主义进入新时代，城市化进程也正处于加速发展阶段，大到国家宏观层面的工业用能，小到微观领域的居民能耗，都与城市化息息相关。作为人口规模全球第一的经济体，截至 2015 年底，全国、城市和农村人均生活能源消费分别为 365kg 标准煤、377kg 标准煤和 351kg 标准煤，这表明随着城市化水平逐渐提高，城乡能源消费用量在不断趋同。本书将基于中国城市化进程视角，聚焦于居民能源消费特征，对相关内容展开研究。

本书从主题研究出发，基于不同的研究方法和经济学模型，逐步剖析中国在城市化加速发展阶段的居民能源消费问题。主要回答了以下几个问题：中国城市化进程中，能源价格和可支配收入如何影响居民的能源消费？未来居民如何选择能源消费路径？中国居民阶梯电价改革的影响与效果如何？能源需求持续高涨背景下，中国公众对核电发展的认知态度如何？中国公众对雾霾治理的意愿如何？居民家庭能源消费分配的公平及效率如何？

本书各章节内容安排如下：

第一章简要介绍了研究背景、研究框架、研究方法以及内容安排等。

第二章介绍了统领本书的研究方法：条件估值法(Contingent Valuation Method，CVM)。该方法通过核算公众的支付意愿(Willingness To Pay，WTP)对环境物品非市场性的经济价值进行评估，涉及数据采集、问卷设计、实地调研等过程，包括二分法、四分法、Bivariate Probit、Protest 等模型。此外，本书引入包括变弹性及AIDS(Almost Ideal Demand System，近似理想需求系统)模型的能源需求的弹性估计方法。最后初步对阿特金森指数模型在能源消费领域的运用进行理论阐述。

第三章至第七章针对五个主题分别展开研究。第三章是本书的研究主题：中国城市化进程中居民能源的消费特征。考虑到能源价格和可支配收入对居民能源消费的影响，首先对能源需求的价格弹性和支出弹性展开研究，并挖掘不同特征家庭的能源需求弹性的差异；然后引出城市化进程中居民能源消费的锁定效应问题；最后讨论未来居民能源消费的路径选择，并提出相应的政策建议。

第四章紧接前文的研究，集中讨论有关中国居民阶梯电价改革的影响与效果。首先介绍居民电力价格改革的必要性、反弹性拉姆齐定价原则及阶梯电价设计方案等相关内容；其次运用问卷设计所获得的家庭调研数据对阶梯电价改革如何影响居民电力消费展开实证研究；最后从效率公平的角度分析家庭电力消费方式选择的影响因素，并进一步研究阶梯电价与有目标的居民电力补贴之间的关系。

第五章重点关注能源需求持续高涨背景下中国的核电发展与公众意愿。以清洁能源取代核能，利用社会公众愿意支付的额外费用测算公众拒绝核电建设的WTP，以此分析公众对核电发展的态度，进一步研究核电宣传普及程度与不同核电站距离对公众拒绝核电站建设支付意愿的影响。

第六章从空气质量严重恶化的现状引出雾霾治理与公众环境感知关系的研究，利用调研问卷获得的支付意愿数据，开展公众对雾霾治理的环境感知的实证分析并给出相应政策建议。

第七章深入讨论第二章提出的关于居民能源消费的阿特金森指数的问题。从居民能源消费分布的公平性切入研究，分析不同区域以及不同规模城市间能源消费的阿特金森指数。

第八章是本书的主要研究结论。

本书的研究，希望能为社会各界关注能源消费问题与政策的研究学者和广大读者提供研究的思路与方法。同时，希望本书的结论能为政策制定者提供具有科学依据的政策建议，更好地了解中国能源消费问题、设计能源发展战略。本书的主要结论包括：

(1) 城市家庭用能模式与能源消费增长息息相关，并且对中国未来能源需求和节能减排规划存在“锁定效应”。长期低于国际正常水准的定价导致中国城市居民用电、燃气、交通燃油在价格上都不同程度地缺乏弹性。城市不同收入群组的价格弹性和支出弹性存在巨大差别。高收入人群对能源价格的敏感度显著低于中等收入和低收入家庭，不同地区的城市家庭能源消费也存在巨大差异。

(2) 相比水平定价，阶梯电价改革体现了公平原则。电价的“涨价”部分主要由高收入家庭承担，对中等收入与低收入家庭用电支出的影响较小；工业与居民部门的电价扭曲程度降低，交叉补贴的总量减少；补贴再分配也更加合理，高收入家庭得到的补贴减少，而最需要补贴的低收入家庭得到的补贴比例有所增加。

(3) 邻避效应(Not In My Back Yard，NIMBY)是影响核电发展的一个重要潜在障碍，当核电站与居住区间距离越近时，公众具有较强的支付意愿以拒绝核电，受访者对核设施的距离反应非常敏感。提供核电发展的充分信息，增强对核电的了解，有助于提高公众对核电良好的认知态度。

(4) NIMBY 影响公众对治理雾霾的支付意愿。收入越高、能源消费越高的家庭，对治理雾霾的支付意愿越强。经济发达地区的公众对治理雾霾的支付意愿高于经济落后地区。提高政策透明度和政府可信度，有助于增强民众对治理雾霾的支付意愿。

(5) 中国东部家庭的收入不平等性最高，但电力分配和交通能源支出的不平等相对较低。与大、小型城市相比，中型城市的家庭收入和能源消费的不平等情况更为严重。家庭在交通方面的支出比电力方面支出表现出更严重的不平等性。基于不同收入水平而施行的差别定价法可以防止高收入家庭过度使用能源，最终提高能源使用的公平性和效率。

本书受到国家自然科学基金面上项目“异质性能效感知与居民能源补贴——结构化模型与实证分析”(项目批准号：71673230)的资助。同时，特别感谢厦门大学校长基金项目“要素配置效率与市场化改革研究”(项目批准号：20720151026)和厦门大学校长基金创新团队项目子课题(项目批准号：

20720151039)对本书出版的支持。本书是以上课题的阶段性研究成果。

本书是作者近几年研究的主要成果，感谢在写作过程中，林伯强、彭水军、姚昕、杜刚、欧阳晓灵、张定忠、林炜、张文城、张一凡、方中南、蔡宏波、罗智超、李爱军、许梅恋、吕楠、朱悉婷、袁祥(排名不分先后)等给予的帮助与启发。在本书整理出版过程中，得到了厦门大学经济学院诸多研究生的支持，其中，李锦强整理完成第一章，孟晓春整理完成第二章，罗源整理完成第三章，张樊整理完成第四章，陈澜韵整理完成第五章，丁丹整理完成第六章，武慧馨整理完成第七章，马铁梦整理完成第八章，杨冰玉、张晟整理统稿。

中国城市化进程中的居民能源消费问题是一个涉及广、层次深的综合科学研究领域。尽管作者力求完善，但由于知识和学术水平有限，不足之处，望读者指正。

编　者

2018 年 4 月

# 目　　录


第一章　导论……1

第一节　选题背景……1

第二节　研究框架……9

第三节　研究方法……10

第四节　贡献与未来研究方向……11

第二章　中国居民能源消费与公共环境感知……13

第一节　数据采集方法……13

第二节　问卷设计方案……15

第三节　实地调研方案……20

第四节　支付意愿估计法……23

一、二分法模型……23

二、四分法模型……24

三、Bivariate Probit 模型……27

四、Protest 模型……29

第五节　需求弹性估计……32

一、变弹性模型……32

二、AIDS 模型……35

第六节　其他估计模型——阿特金森指数模型……38

第三章　城市化进程中的居民能源消费特征研究……47

第一节　城市化与居民能源消费……47

第二节　居民能源需求的价格弹性 与支出弹性……59

一、文献综述……60

二、能源需求的价格弹性和支出弹性……62
三、稳健性检验……64
第三节 城市化进程中居民能源 消费的锁定效应……68
第四节 未来居民能源消费的路径 选择与政策建议……75
一、未来居民能源消费的路径选择……75
二、政策建议……77

**第四章 中国居民阶梯电价改革的影响与效果研究……85**
第一节 居民电力价格改革的必要性……85
一、阶梯电价改革前居民用电量与电价状况……85
二、阶梯式居民电价的改革方案……90
三、关于居民电价改革的主要研究……95
四、本章的主要结构……98
第二节 反弹性的拉姆齐定价原则与阶梯电价设计方案……99
一、反弹性定价和住宅的效用曲线……99
二、居民电力需求的实证分析……103
三、关于居民阶梯电价的方案设计……108
四、小结……113
附录A：情景分析……114
附录B：阶梯电价设计……115
第三节 阶梯电价改革对居民电力消费的影响……117
一、家庭调研问卷与数据……118
二、实证结果……122
三、进一步讨论……126
四、小结……128
第四节 效率公平的双重目标与改革的效果……129
一、影响家庭电力消费方式选择的因素分析……130
二、阶梯电价与有目标的居民电力补贴……140
三、小结……144

第五节　结论和政策建议……145

第五章　中国核电发展与公众意愿研究……153

第一节　引言……153

一、世界核电发展……153

二、中国核电发展……155

三、公众对核电发展的态度……160

四、核电的邻避效应……163

五、本章结构……167

第二节　公众对核电发展的态度……168

一、公众对核电发展的观点……168

二、支付意愿测算……173

第三节　宣传普及对公众支付意愿的影响……174

一、调研设计和数据收集……174

二、宣传普及对支付意愿的影响……176

第四节　距离对公众支付意愿的影响……179

一、调研设计和数据收集……180

二、拒绝反应下距离对支付意愿的影响……181

三、不同地区距离对支付意愿的影响……185

第五节　结论与建议……188

一、结论……188

二、建议……190

第六章　中国雾霾治理与公众环境感知研究……197

第一节　大气污染与雾霾治理的现状……197

一、雾霾及其产生的原因……197

二、历史上著名的大气污染事件及其危害……199

三、中国大气污染的严峻形势……201

四、政府采取的措施……204

五、公众态度与治理的效果……209

六、学者有关雾霾治理支付意愿的研究……211
七、本章主要内容及研究意义……214
第二节 评估公众对雾霾治理的环境认知……216
一、问卷设计……216
二、调研数据分析……218
三、对比比较……223
第三节 公众支付意愿的特征与影响因素……224
一、第一轮调研实证结果……224
二、第二轮调研实证结果……227
三、对比比较……235
第四节 结论与政策建议……236

**第七章 居民能源消费的阿特金森指数研究……245**
第一节 居民能源消费分布的公平性问题……245
第二节 不同区域城市间能源消费的阿特金森指数……250
第三节 不同规模城市间能源消费的阿特金森指数……255
第四节 结论……263

**第八章 研究结论……265**

# 第一章

# 导　　论

## 第一节　选题背景

中国以往经济的高速发展得益于城市化及由此带来的工业化，这使得如何继续保持中国高速的城市化进程并实现城乡一体化发展，成为研究中国未来经济发展的核心问题(罗翔　等，2014)。中国是从典型的城乡分割“二元经济”和“缺口模型”起步而展开新时期工业化历程的(张平和刘霞辉，2011)，并且有学者认为中国的城市化滞后于工业化(陈伟，2016；倪鹏飞　等，2014)。众所周知，城市化是国家现代化的重要标志，也是推动经济增长的重要引擎，备受政府部门关注。从改革开放至今的 40 年间，中国城市化经历了一个起点低、速度快的发展过程。1978—2016 年，城市化率从 17.92%提升到 57.35%，年均提高 1.01 个百分点。截至 2015 年，中国地级以上城市 291 座，市辖区 400 万人口以上城市 15 座，100 万至 400 万人口城市 132 座。京津冀、长江三角洲、珠江三角洲三大城市群，更是以 2.8%的国土面积集聚了 18%的人口，创造了 36%的国内生产总值，成为带动中国经济快速增长和参与国际经济合作与竞争的主要平台。城市化的快速推进，吸纳了大量农村劳动力转移就业，提高了城乡生产要素配置效率，推动了国民经济持续快速发展，带来了社会结构的深刻变革，促进了城乡居民生活水平全面提升，取得的成就举世瞩目。

中国的城市化进程大致可以分为四个阶段。第一阶段是从新中国成立后至改革开放之前，该时期的城市化水平较低且进程缓慢，城市化率大致稳定在17%～19%。1965年城市化率为17.98%，1978年基本相同，为17.92%。停滞了近30年的城市化发展，导致城乡隔绝，布局僵化，要素资源得不到充分流通，生产效率低下。第二阶段是从1978年至1990年，12年间中国的城市化率年平均增长约0.71%。得益于市场开放，中小城镇得到快速发展，人口与商品的流动加快，1990年中国的城市化率达到26.41%。第三阶段是20世纪90年代，由于城乡流动的限制被放宽，大量劳动力放弃生产率较低的农业劳动，向城市的非农产业转移。该阶段城市化率的年均增长约为0.98%，相当于每年约有1%的中国人口由农村转移至城市。第四阶段是从2000年至今，各种优质资源朝加快建设的大城市集聚，这使得大城市的基础设施、教育资源或生产效率、经济效益等都明显强于中小城市。农村人口向城市转移，小城市人口向大城市人口转移的局面由此形成。表1-1所示为中国城市化进程的四个阶段及其年均城市化增长率。根据《国家新型城镇化规划(2014—2020年)》的目标，至2020年国内城市化水平将达到60%左右，这和人均收入与中国相近的发展中国家城市化的平均水平相近。

**表1-1　中国城市化进程的四个阶段**

| 阶段 | 1949—1978年 | 1979—1990年 | 1991—2000年 | 2001—2016年 |
| --- | --- | --- | --- | --- |
| 年均城市化增长率 | 0.24% | 0.71% | 0.98% | 1.32% |

资料来源：国家统计局《中国统计年鉴2016》《2016年国民经济和社会发展统计公报》。

纵观世界城市化进程，城市化率呈现S型走势(如图1-1所示)，具有阶段性规律：当城市人口超过10%以后，进入城市化的起步阶段，城市人口增长缓慢；当城市人口超过30%以后，进入城市化加速阶段，城市化进程逐渐加快，城市人口迅猛增长；当城市人口超过70%以后，进入城市化后期阶段，城市化进程停滞或略有下降趋势。世界银行《世界发展指标2016》指出世界城市化水平在2008年首次突破50%，这标志着经过自工业革命以来200多年的发展，全世界正式步入城市化社会。而中国的城市化率在2011年超过50%，在2013年超过世界平均水平。中国当前城市化率还远低于发达国家80%的平均水平，也低于人均收入与中国相近的发展中国家60%的平均水平，正处于城市化率 30%～70%的快速发展阶段，叠加宏观经济增速放缓回落[①]，经济发展进入新常态，过去传统粗放的城镇化模式并不可持续，且有可能落入“中等收入陷阱”，进而影响现代化进程。为促进经济结构转型升级及民众生活水平改善，践行政府推行供给侧结构性改革的大方针，应通过推进新型城镇化[②]发展来释放新需求、创造新供给，有效化解即期经济下行压力，推进深层次结构性改革。

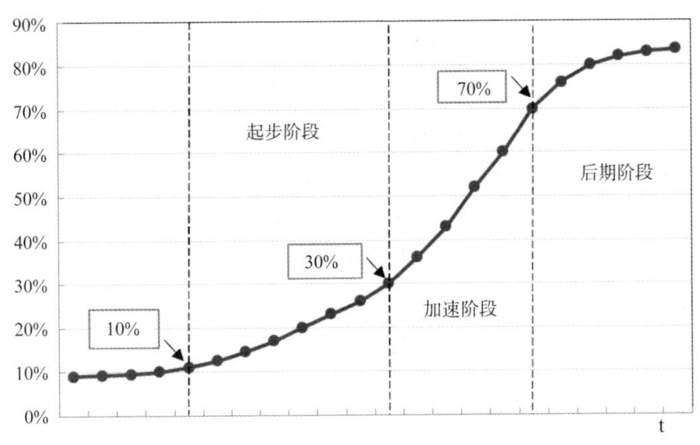


图 1-1 城市化 S 型走势曲线

资料来源：作者整理。

城市化推动经济增长的同时，也带动能源需求的上升(林伯强，2006)。城市化率每提高 1%，GDP 可增加 0.671%，但同时推动碳强度上升 0.274%(林美顺，2016)。联合国人居署主题为“城市化与发展：新兴未来”的《2016 世界城市状况报告》指出，城市消耗的能源占全球总量的 60%～80%，产生的温室气体排放量多达人类排放总量的 70%，以能源供应和交通领域消耗的化石燃料为主要排放来源。从中国和世界城市化经验来看，城市化进

① 在中国过去经济高速时期，国内生产总值(Gross Domestic Production，GDP)增长率最高值曾在 1984 年达到 15.2%，而 2016 年已降至 6.7%。

② 新型城镇化是指以城乡统筹、城乡一体、产业互动、节约集约、生态宜居、和谐发展为基本特征的城镇化，是大中小城市、小城镇、新型农村社区协调发展、互促共进的城镇化。

程确实伴随能源消费的增加。从 1965 年到 2016 年，中国的城市化率由 18.09%提升为 57.35%，能源消费由 1.9 亿吨标准煤上升到 43.62 亿吨标准煤；世界的城市化率由 35.53%提升为 54.30%，能源消费由 53.3 亿吨标准煤上升到 189.7 亿吨标准煤(如图 1-2 所示)。这意味着中国城市化率每提升 1%，要多消费 1.10 吨标准煤，而世界城市化率每提升 1%，要多消费 7.34 吨标准煤。随着中国城市化水平加速，中国能源消耗占世界能源消耗的比例也在提升，反观美国出现逆城市化现象，其能源消耗占世界比例呈现一定程度下降(如图 1-3 所示)。事实上，2009 年中国超过美国成为全球能源消费最多的国家，其一次能源消费总量达到 30.8 亿吨标准煤，占世界能源消费比例高达 20.02%(BP，2016)。根据《BP 世界能源展望 2017》，预计 2015—2035 年中国能源消费增长 47%，2035 年在全球能源消费的占比达 26%。无论是从国际经验还是从国内现实来看，城市化与能源消费之间均呈现出显著的倒 U 形关系，这意味着城市化对能源消费的影响随不同的城市化发展阶段而有所不同；并且，中国的能源消费对城市化的弹性系数要远大于国际水平(刘江华 等，2014)。

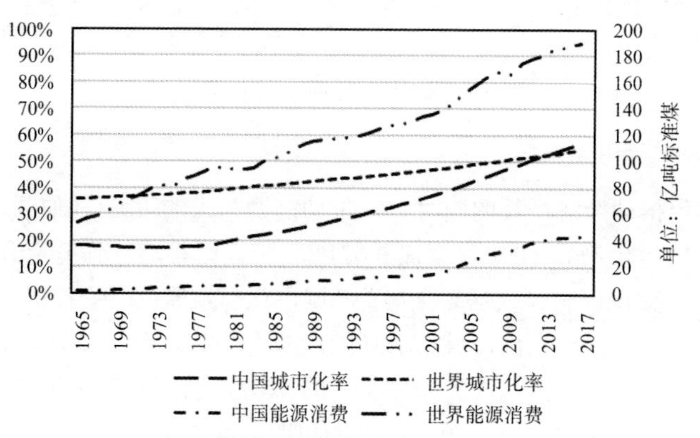


图 1-2 中国和世界城市化及能源消费情况

资料来源：世界银行《世界发展指标 2017》《BP 世界能源统计年鉴 2017》。

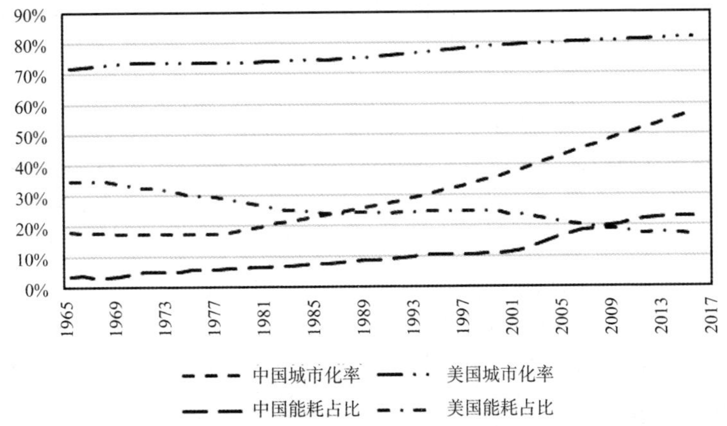


图 1-3 中国和美国城市化及能耗占世界能耗比重情况

资料来源：世界银行《世界发展指标 2017》《BP 世界能源统计年鉴 2017》。

根据世界银行数据，对照日本、韩国与中国具有相同人均 GDP 年份的城市化历程和能源消费情况，1965—1975 年，日本城市化率提高 9.4%，对应一次能源消费年增长率为 8.3%；1978—1988 年，韩国城市化率提高 17.2%，对应的一次能源消费年增长率为 8.4%；而 2000—2010年，中国城市化率提高 13.7%，对应的一次能源消费年增长率为 9.0%(见表 1-2)。中日韩三国在各自城市化进程加速的 10 年中，人均 GDP 约从 1000 美元上升至 4000 美元，且一次能源消费增长率几乎都保持在 8%左右。此事实进一步说明伴随着城市化进程加快，能源消费上涨是各国的共性。

表 1-2 中日韩快速增长阶段主要特征对比

| 国　家 | 时　期 | 城市化增长率(%) | 一次性能源消费年增长率(%) | 人均 GDP (美元) |
|---|---|---|---|---|
| 日本 | 1965—1975 年 | 9.4 | 8.3 | 920～4515 |
| 韩国 | 1978—1988 年 | 17.2 | 8.4 | 1383～4466 |
| 中国 | 2000—2010 年 | 13.7 | 9.0 | 928～4428 |

资料来源：国家统计局《中国统计年鉴 2016》《中国能源统计年鉴 2016》，世界银行《世界发展指标 2016》。

从 1980 年至今，中国城市化率年均增长 1.0%，对应能源消费平均增长 5.6%。根据《中国能源统计年鉴 2016》数据显示，1980 年中国一次能源消费为 6.0 亿吨标准煤，1990 年上升至 9.9 亿吨，2000 年达到 14.7 亿吨，2010 年达到 36.1 亿吨，2016 年达到 43.6 亿吨[①]。从增长率来看，1980—1990 年中国城市化率年均增长 0.7%，一次能源消费平均增长率约为 4.9%；1990—2000 年城市化率年均增长 0.9%，一次能源消费平均增长率为 3.9%；而 2000—2010 年随着城市化进程加快，工业化进程的重工化特征明显，城市化率年均增长 1.38%，一次能源需求的增长率达到 9.0%，这 10 年间的能源消费需求上升 2.5 倍；2010—2016 年期间，政府推出《国家新型城镇化规划(2014—2020 年)》，谋求城市化从速度型向质量型转型，城市化率年均增长 1.29%，一次能源需求的增长率为 3.8%。从城市化和能源消费增长率走势图可以看出，能源消费水平增长率变化要稍微滞后于城市化增长率，但走势基本是一致的，如图 1-4 所示。

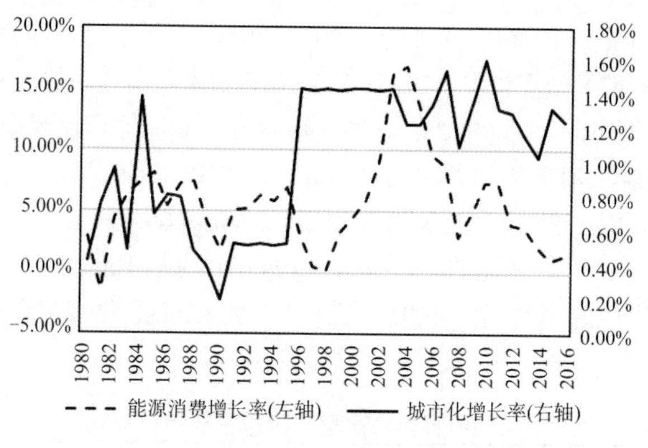


图 1-4　城市化和能源消费增长率

资料来源：国家统计局《中国统计年鉴 2016》《中国能源统计年鉴 2016》《2016 年国民经济和社会发展统计公报》。

《巴黎协定》要求中国到 2030 年单位 GDP 的二氧化碳强度比 2005 年下降 60%～65%。中国未来城市化进程将面临较大的能源消费约束和减排

① 2016 年一次能源消费的数据来自《2016 年国民经济和社会发展统计公报》。

压力。从2016年中国能源消费结构来看，煤炭比重为62.0%，较1978年下降8.7%；石油比重为18.3%，较1978年下降了4.4%；天然气和清洁能源(水电、风电、核电等)约占19.7%，较1978年上升13.1%(如图1-5所示)。清洁能源消费比例有较大的提升，但煤炭消费仍然占据主导地位，以煤为主的能源消费结构仍然是中国现阶段能源需求的一大特征。《BP世界能源展望2017》预计2015—2035年，中国能源消费结构将继续演变。其中煤炭的占比从2015年的64%降至2035年的42%，石油的比重从18%略升为20%，天然气的比重翻了超过一倍升至11%。根据《能源生产和消费革命战略(2016—2030)》，到2020年和2030年，非化石能源占比分别提高到15%和20%，天然气比例也将提升到约10%和15%。在能源需求总量仍持续增长的同时，不断扩大清洁能源比例，意味着其必须保持远高于煤炭、石油等高碳能源的增速。这意味着未来中国经济发展及城市化进程中将减少对化石能源消耗的依赖，经济发展方式的转变会使国内生态环境得到根本性改善。

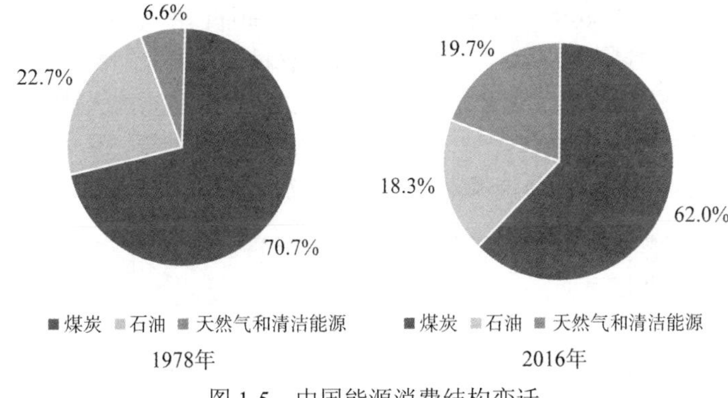


图1-5 中国能源消费结构变迁

资料来源：国家统计局《中国统计年鉴2016》《2016年国民经济和社会发展统计公报》。

中国作为人口规模全球第一的经济体，城市化对钢铁水泥等高耗能产品的需求量巨大，中国很难大幅度地依靠进口高耗能产品来完成城市化进程。为解决农村人口迁移所面临的就业问题，中国在国际分工中可能还将进一步承接资源消耗型产业。著名能源经济学家林伯强(2009)认为，城市人口的能源消费是农村人口的3.5～4倍，城市化进程推动大规模城市基础设施和住房建设，拉动国内水泥和钢材的生产。即使技术进步有可能提高能源使用效率，为满足经济增长和社会现代化的需要，中国的能源消费总量仍将经历一段刚性的高增长阶段。而由于生活方式的差异，城市人均能源消费高于农村，至 2020 年将有近 1.5 亿人口从农村转移至城市，拉动能源需求增长。此外，林伯强和刘畅(2016)利用家电扩散模型对 1998—2012 年中国 30 个省份城镇居民消费的五类家电产品的面板数据进行实证分析，研究结果表明，居民收入、城市化水平的提高对城镇居民家电消费量有正向的影响。从图 1-6 可以看出，1980—2015 年城市人均能源消费尽管出现一定的波动，但始终高于全国人均及农村人均能源消费水平。1980 年全国、城市和农村人均能源消费分别为 112kg 标准煤、332kg 标准煤和 60kg 标准煤。1990 年全国和农村人均能源消费分别上升为 139kg 标准煤和 83kg 标准煤，而城市人均能源消费下降至 298kg 标准煤。2000 年全国和城市人均能源消费分别下降至 132kg 标准煤和 213kg 标准煤，仅农村人均能源消费上升至 88kg 标准煤。2010 年全国、城市和农村人均能源消费分别上升至 273kg 标准煤、320kg 标准煤和 227kg 标准煤。如前面所述，中国城市化在这 10 年间呈加速态势，对应全国、城市和农村人均能源消费分别上升了近 2 倍、0.5 倍和 3 倍。截至 2015 年底，全国、城市和农村人均生活能源消费分别为 365kg 标准煤、377kg 标准煤和 351kg 标准煤。这表明随着城市化水平逐渐提高，城乡能源消费用量在不断趋同。

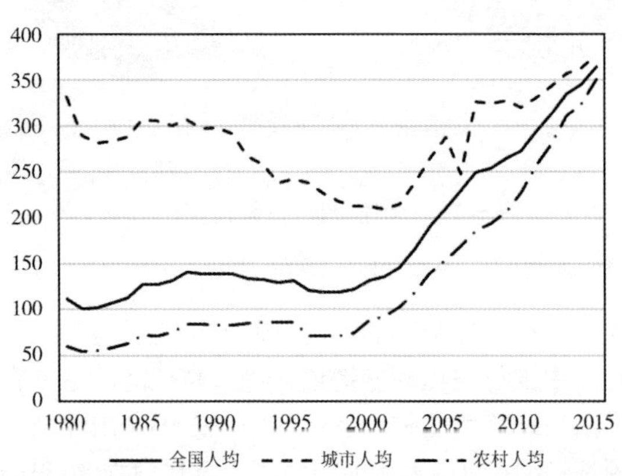


图 1-6　全国、城市和农村人均生活用能量(单位：kg 标准煤)

资料来源：《中国能源统计年鉴 2016》。

# 第二节 研究框架

中国当前正处于城市化加速发展阶段，大到国家宏观层面的工业用能，小到微观领域的居民能耗，都与城市化息息相关。本书将基于中国城市化进程视角，聚焦于居民能源消费特征，对相关内容展开研究。后续章节主要内容如下：

第二章介绍统领本书的研究方法，即条件估值法(Contingent Valuation Method，CVM)。该方法通过核算公众的支付意愿(Willingness to Pay，WTP)对环境物品非市场性的经济价值进行评估，具体涉及数据采集、问卷设计、实地调研等过程。其包括二分法、四分法、Bivariate Probit、Protest 等模型。此外，本书引入包括变弹性及 AIDS 模型的能源需求的弹性估计方法。最后初步对阿特金森指数模型在能源消费领域的运用进行理论阐述。

第三章是本书的研究主题，即中国城市化进程中居民能源的消费特征。考虑到能源价格和可支配收入对居民能源消费的影响，首先对能源需求的价格弹性和支出弹性展开研究，并挖掘不同特征家庭的能源需求弹性的差异；然后引出城市化进程中居民能源消费的锁定效应问题；最后讨论未来居民能源消费的路径选择，并提出相应的政策建议。

第四章紧接前文的研究，集中讨论有关中国居民阶梯电价改革的影响与效果。首先介绍居民电力价格改革的必要性、反弹性拉姆齐定价原则及阶梯电价设计方案等相关内容；其次运用问卷设计所获得的家庭调研数据对阶梯电价改革如何影响居民电力消费展开实证研究；最后从效率公平的角度分析家庭电力消费方式选择的影响因素，并进一步研究阶梯电价与有目标的居民电力补贴之间的关系。

第五章重点关注能源需求持续高涨背景下，中国的核电发展与公众意愿。以清洁能源取代核能，利用社会公众愿意支付的额外费用测算公众拒绝核电建设的 WTP，以此分析公众对核电发展的态度，进一步研究核电宣传普及程度与不同核电站距离对公众拒绝核电站建设支付意愿的影响。

第六章从空气质量严重恶化的现状，引出雾霾治理与公众环境感知关系的研究，利用调研问卷获得的支付意愿数据，对公众对雾霾治理的环境感知进行实证分析，并给出相应政策建议。

第七章深入讨论第二章提出的关于居民能源消费的阿特金森指数的问题。从居民能源消费分布的公平性切入研究，分析不同区域以及不同规模城市间能源消费的阿特金森指数。

第八章是本书的主要研究结论。

本书的研究框架如图 1-7 所示。

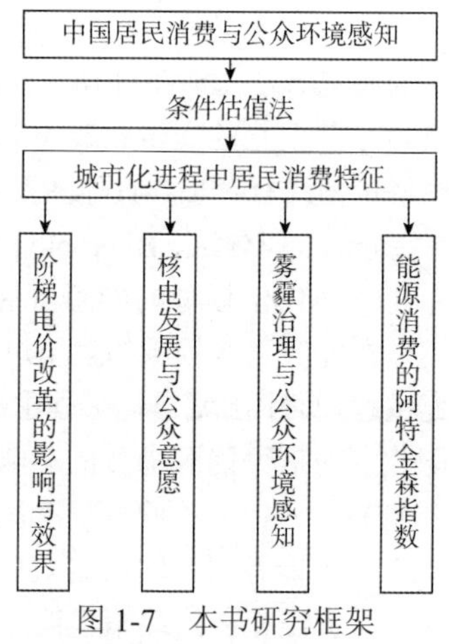


图 1-7　本书研究框架

## 第三节　研究方法

本书主要采用实证分析与规范分析相结合，并以实证分析为主。具体而言，本书主要采用了以下研究方法：

(1) 在定量与定性分析相结合的基础上，采用比较分析方法研究中国城市化进程中有关居民能源消费的特征；利用 LA AIDS 模型分析居民能源需求的价格弹性和支出弹性；用方差分析法(Analysis of Variance，ANOVA)探索居民能源消费的锁定效应。

(2) 分析居民阶梯电价改革的影响和效果时，本书运用 Translog 模型和反弹性拉姆齐定价原则来研究居民用电需求，以估计居民电力消费价格和收入弹性。采用家庭电力消费离散选择模型与价差法，重点考察阶梯电价机制在提高用电效率、促进补贴公平两个方面的执行效果。

(3) 对中国核电发展与公众意愿研究及中国雾霾治理与公众环境感知的研究主要是利用问卷调研获得的数据，基于条件价值法(CVM)从多个维度评估公众的支付意愿(WTP)。

(4) 采用阿特金森指数研究居民家庭能源消费分配的公平及效率。调整中国电力市场定价机制是监管能源价格、协调能源均衡分配的重要工具，推进能源消费分布公平性的研究是本书研究主题的升华。

## 第四节 贡献与未来研究方向

本书的主要贡献包括以下几个方面：

(1) 基于城市化进程视角，根据不同切入点和模型假设逐步剖析居民能源消费价格弹性与支出弹性；利用 LA-AIDS 模型分析居民能源需求的价格弹性和支出弹性；从太阳能的使用、汽车拥有量、电价和城市规模四个角度研究未来居民能源消费的路径选择。

(2) 采用中国 2000—2007 年 30 个省份的数据，基于 Translog 模型和反弹性拉姆齐定价原则研究居民用电需求，从而估计居民电力消费价格和收入弹性；基于 CRECS 十省市城乡居民能源消费的实地调研数据，分别采用家庭电力消费离散选择模型与价差法，针对阶梯电价机制在提高用电效率、促进补贴公平两个方面的执行效果进行研究。

(3) 基于中国公众核电感知调研(CPPNP)数据，采用 CVM 方法，应用四分法(Double-bound Dichotomous Choice，DBDC)模型，测算不同情境下人们为了替代核电愿意支付的额外费用，即公众拒绝核电建设的支付意愿。中国当前对福岛核电事故之后民众拒绝核电的支付意愿鲜有研究。

(4) 基于 2013 年和 2014 年公众对雾霾治理环境认知的两次调研数据，分别分析公众治理雾霾支付意愿的特征与影响因素。其中针对 2014 年的调研数据，着重讨论“NIMBY 效应”“家庭能源支出”“雾霾造成经济损失”

三个因素对民众支付意愿的影响。最后对两次调研数据的实证结果进行对比。

(5) 为揭示当前中国居民能源消费分布的现状，选取阿特金森指数测量公平程度；根据 CRECS 分别计算不同区域城市间能源消费，以及不同规模城市间能源消费的阿特金森指数。

当然受样本数据和作者能力的限制，本书尚有不足之处，因此未来的研究方向主要包括以下两个方面：

(1) 本书将居民能源消费特征、阶梯电价改革、公众关于核电发展以及雾霾治理的态度、能源消费分配公平性等问题置于城市化进程中的框架内探讨。关于城市化下能源消费问题还有更多扩展讨论，比如公众对众多新能源使用的态度、政府推行新能源的政策效果评价等。

(2) 本书在采用 CVM 方法分析时，着重讨论公众对相关能源环境问题的支付意愿(WTP)，通过讨论公众的补偿意愿(WTA)，对二者进行比较是进一步的研究方向。

**【参考文献】**

[1] 陈伟. 中国城市化滞后程度测度[J]. 河北经贸大学学报，2016，37(2)：123-129.

[2] 林伯强. 中国能源问题与能源政策选择[M]. 北京：煤炭工业出版社，2006.

[3] 林伯强. 中国能源政策思考[M]. 北京：中国财政经济出版社，2009.

[4] 林伯强，刘畅. 收入和城市化对城镇居民家电消费的影响[J]. 经济研究，2016，51(10)：69-81.

[5] 林美顺. 中国城市化阶段的碳减排：经济成本与减排策略[J]. 数量经济技术经济研究，2016，33(3)：59-77.

[6] 刘江华，邵帅，姜欣. 城市化进程对能源消费的影响：我们离世界水平还有多远?——基于国内和国际数据的比较考察[J]. 财经研究，2015(2)：111-122.

[7] 罗翔，朱平芳，项歌德. 城乡一体化框架下的中国城市化发展路径研究[J]. 数量经济技术经济研究，2014(10)：21-37.

[8] 倪鹏飞，颜银根，张安全. 城市化滞后之谜：基于国际贸易的解释[J]. 中国社会科学，2014(7)：107-124.

[9] 张平，刘霞辉. 城市化，财政扩张与经济增长[J]. 经济研究，2011(11)：4-20.

# 第二章

# 中国居民能源消费与公共环境感知

## 第一节　数据采集方法

能源设施具有公共物品的属性且存在外部性，故在探究其对周围环境、生态造成的影响时，缺少可直接获取的市场价格，以进行经济性决策。学术界在处理此类问题时，更多引入非市场条件来评估公共物品的价值。生态环境的经济价值包括使用价值和被动价值(Carson，2012)。前者即良好环境带给使用者身心的愉悦，而后者要么资本化在例如房地产的价值中，要么需要享受额外补充的私人物品。换言之，直接使用价值存在一个可测量的市场价格，而被动价值(又称为存在价值)是某种生态环境继续存续(即使人们不使用)所被赋予的价值，且这种价值并不能在市场选择中揭示，即其不存在直接的市场交易从而无法用市场价格来测量(Arrow et al.，1993)。

由于缺乏市场信息，考虑其他策略来发展涉及被动价值的经济权衡措施将是必要的。20 世纪发展起来的条件估值法(Contingent Valuation Method，CVM)已成为公共物品价值评估的一种重要方法。公共物品或服务所内涵的经济价值可以用个人或群体的支付意愿来衡量，而基于这种理念衡量该公共品的价值可以表示为个人的支付偏好(Smith，1993)。CVM 作为一种典型的陈述偏好估计法，先设定一个假想的市场，再针对公共品的经济性价值向受访者提出询问，或是引导受访者做出回答。一般地，条件估值分析采用两种可能的问题来评估个人对于环境物品或服务的经济价值，即对于环境改善或得到保护所愿意支付的价值(Willingness to Pay，WTP)和环境物品遭受破坏所愿意接受的补偿(Willingness to Accept，WTA)。而

WTP、WTA 是环境物品在非市场性条件下的经济性价值。基本上，两者的数值是相差无几的。但也有研究表明，WTP 小于 WTA(Ferreira & Gallagher，2010)。这主要是因为，比起继续享受公共物品存续的价值，个人在公共物品遭受破坏时会有更高的货币要求。但不管两者有何差别，实际上 WTP 和 WTA 都是由希克斯福利函数的等价变化(Equivalent Variation，EV)和补偿变化(Compensating Variation，CV)推导而来，即：

$$\mathrm{WTA}=e(p,q,U)-e(p,q^*,U)$$

$$V(p,q,y)=V(p,q^*,y+\mathrm{WTA})$$

$p$ 是一组市场商品的价格向量，$q$ 和 $q^*$分别代表原来和现在的环境质量(例如周围核电厂选址)，$U$ 是由间接效用函数 $V(p,q,y)$给出的最初效用，其中 $y$ 代表收入。从上式可以直观地看出，当个人周围环境发生潜在的恶化，即环境质量下降时，当期效用降低。为使间接效用函数中的效用保持不变，个人将要求补偿货币收入。WTP 的分析同理。

现阶段，CVM 已成为评估有关环境、生态等公共物品经济价值的主流方法。其中涉及的 LULUs(Locally Unwanted Land Uses)[①]和 NIMBY(Not In My Back Yard)现象，表示一些项目或设施对临近生态环境产生的潜在负面影响和居民产生的抵触情绪(Schively，2007)。CVM 可以通过问卷形式评估这些项目或设施所产生的外部性。例如，本书中核电厂选址、雾霾问题的评估过程都是先通过该方法得出居民的支付偏好，再进行一系列政策推荐。Sun 等(2016)指出，在中国重启核电的进程后，居民倾向于支付更高的电费来避免在临近地区修建核电站。同时，居民对于在 30km 和 80km 远的地方修建核电设施的 WTP 分别提高 56.7%和 69.1%。在另一篇文章中，Sun 和 Zhu(2014)认为给予居民准确的信息，会使居民抗议在邻近地区修建核电站的支付意愿显著降低大约 15%。此外，Sun 等(2016)在评估中国因燃煤、尾气排放造成的雾霾问题时发现，民众为减轻雾霾问题的支付意愿约为收入的 1%，且与家庭的能源消费支出紧密相关。

实际上，CVM 在国外已有 50 多年的历史。Davis(1963)首创了 CVM，

① LULUs(Locally Unwanted Land Uses)指的是项目或设施占用一定的土地利用，可为当地居民带来益处，但居民却不愿接受该项目或设施建在当地，例如核废料处理站等。

并用其研究缅因州露营、狩猎的经济价值。Carson 等(1992)使用 CVM 研究埃克森公司石油泄漏的外部性，并得出有关非使用价值的损失。此外针对此事件，美国海洋及大气管理局还曾邀请一系列专家研究 CV 技术的有效性，如 Arrow 等(1993)总结评估了 CV 技术的可应用性。CVM 通过构建虚拟市场引导个人支付意愿的特性，吸引了越来越多的学者基于该技术针对生态环境的外部性进行研究(张茵和蔡运龙，2005)。但是正如 Arrow 等所论述的，导致 CVM 所采集的数据发生偏误的原因有很多，例如，外部条件价值结果的可能性难以验证，通过直接询问调查个体对改善或保护某种生态环境的意愿支付而获得的信息又缺乏客观性，此外还存在虚拟市场环境偏差、支付手段偏差和抗议问题偏差等问题。并且 CVM 倾向于高估个体的支付意愿，从而使结果不符合合理性选择的假设。换言之，问卷中缺少足够的信息导致受访者不能基于问卷信息做出合适的回答。但总体而言，在研究公共物品外部性方面，通过 CVM 得到的估计量仍具有足够的可靠性。

## 第二节　问卷设计方案

经济学家自然也对由问卷回答生成的数据持怀疑态度。Whittington (2002)作为发展中国家从事 CVM 研究的先驱之一，感叹对于一些重度依赖于问卷调查数据诸如收入、消费、教育、就业的经济学科，快速和廉价的研究结果可能是没有根据的。为尽量避免误差，问卷设计方案尤为重要。

一般地，为准确了解个人对生态环境改变的支付偏好，构建一个良好的虚拟市场，从而使受访者能根据其做出判断是必要的。例如，为评估居民对核电站的支付偏好，问卷设计需要能够挖掘其对于核电的风险偏好，以及对通过边际支付来减轻或避免在周围建造核电站所产生的影响的偏好。而问卷的设计及应用是任何 CVM 研究的基本要素。一般而言，使用 CVM 揭示个体支付意愿的方法有三种。第一种是开放式问题，即受访者基于预先设定的虚拟市场，被询问为某一种公共物品或服务最多愿意支付多少。这种方法虽然获取数据简便，但在受访者不了解虚拟情境或问卷主题时，其支付意愿会产生偏颇(Carson，2001)。此外，开放问题下的估计量会显著低于下面介绍的两种方法。第二种是使用支付卡，即受访者面临一系列可能的支付数额，并从中选择一个更接近其个人价值的数额。虽然支付卡法能够有效避免第一种方法中受访者随心所欲选择支付意愿的问题，但是那些呈现给受访者的选项也会影响他们的判断。第三种是二分选择问题，即受访者在了解虚拟情境后，被询问为达成某目标是否愿意支付数额 *X*，如为避免核电站修建在其附近是否愿意多支付一定数额的电费。若受访者对于公共物品或服务的支付意愿高于 *X* 则回答“是”，反之回答“否”。

但是在具体问卷设计中，许多问题仍值得额外注意。有学者批评指出，如果受访者不能认真对待问卷，或对于设置的问题无法做出自己的判断，那么结果必定是有偏误的。因此，有效率的调研应引导受访者正确理解假设情境，并做出正确回答；在最初开始设计问卷问题时，应逐步引出所讨论的问题。

一般地，虚拟市场构建的前提建立在受访者了解该市场的基础上。因此，一些用于传达问卷所涉及项目信息的了解意向式提问是必要的。例如，Sun 和 Zhu(2014)关于核电问题的调查问卷，通过率先设置几道问题引出关于核电的问题。考虑到调研区域不同可能导致一些居民对发展或限制核电设施的措施保持共鸣并产生较多想法，而另一些却思之甚少；再者，本章问卷的最终目的是评估受访者对于核设施的认知和支付意愿。因此，为帮助受访者建立对核电的最初认知框架，本章调查问卷设置了如下一些问题。

1. 平时您对核电或清洁能源的发展，是否关心呢？(口头)

   A. 关心　　B. 不关心

2. 您一般是通过什么样的渠道了解到相关信息？

   A. 网络　　B. 电视广播　　C. 出版书籍　　D. 报刊

   E. 其他方式(请注明方式)______________________

3. 您认为核电站安全吗？(口头)

   A. 安全　　B. 不安全　　C. 不太确定

4. 您认为核电对当地城市经济的影响是正面的还是负面的？(口头)

   A. 正面　　B. 负面　　C. 不太确定

5. 您是否了解电价或家庭电费支出？(口头)

   A. 了解　　B. 不了解

6. 您经常遭遇停电吗？(口头，一个月 1～2 次算经常)

A. 经常　　　　B.不经常

除了有关调研项目介绍的问题，针对自身研究重点的问题也应该着重考虑。本章调研首先将核电与其他发电方式展现给受访者，从而进一步获取受访者对于发电方式的偏好，引出其经济性价值。各类发电方式具体情况如表 2-1 所示。考虑到有些居民对核电不了解，甚至存在误解，介绍可替代的商品有助于受访者更好地做出价值评估。因此，本章采用可替代商品相互比较的方式，逐步构建虚拟市场，其具体问题设计如下。

表 2-1　各类发电方式情况

| 发电方式 | 占比 | 清洁 | 稳定 | 经济 | 其他风险或压力 | 成本区间 |
|---|---|---|---|---|---|---|
| 煤电 | 78.6% | | √ | √ | 煤炭运输压力，不可再生 | 0.35～0.5 元 |
| 水电 | 15.8% | √ | | √ | 不可再生，生态风险 | 0.25～0.4 元 |
| 核电 | 2.0% | √ | √ | √ | 核安全的不确定性 | 0.40～0.5 元 |
| 风电 | 3.5% | √ | | | 布局地域受限，稳定性差 | 0.55～0.8 元 |
| 太阳能发电 | 0.1% | √ | | | 效率低，多晶硅污染，易受天气影响 | 0.80～1.5 元 |

1. 平时我们使用的电能，您最在乎它具有的特质是什么？

A. 清洁环保少排放

B. 稳定供应少停电

C. 价格经济低成本

2. 您认为我国目前最应该大力优先发展哪一种电力？

A. 煤电　　　　B. 水电　　　　C. 核电

D. 风电　　　　E. 太阳能发电

3. 您愿为此电力支付的最高电价是_________。(现行阶梯电价第三梯度为 0.8 元左右)

接下来，问卷设计需要更深入地询问居民对核电的偏好，探究居民在哪些方面对核电心存困惑。主要因为核电设施存在邻避效应，普遍受到社会民众的抗议，找出其原因具有政策性价值，其具体问题设计如下。询问居民对生态环境的支付意愿时，支付高价和出现抗议情绪不愿出价的原因都是由受访者对于该项目的风险感知决定的。在笔者研究雾霾问题的调研问卷中，也为进一步评估受访者而设置了雾霾成因、负面影响、政府行为评价等问题。

1. 如果将在您居住的邻近城市修建核电站，您最担心的风险是(　　)。

A. 日常辐射　　B. 废料处理　　C. 核事故

D. 生态影响　　E. 心理压力

2. 为了打消您对邻近城市核电安全的担忧，最值得信赖的一项措施是(　　)。

A. 严格监管　　B. 不住在核电厂附近　　C. 改进技术

D. 反对发展　　E. 透明的公众知情权

一般地，CVM 利用虚拟市场来货币化被动使用价值，其中最关键的是居民的支付意愿。为捕捉这种经济性价值，问卷需引入支付工具，即设定受访者通过哪一种支付手段来传达自己的意愿支付或接受数额(Morrison et al.，2000；Saz-Salazar et al.，2009)。同样重要的是，在评估居民支付意愿的情景中，支付工具必须以某种方式完整、明确地呈献给受访者，而一种比较推荐的方式是采取与项目相关的支付方式以更切合实际。只有这样，居民才会相信支付或获得补偿是有可能实现的。此外，通过问卷设计突出个人收入的预算限制也是真实模拟所必需的。这是因为，即使受访者认真考虑了假设的情境，但在回答有关支付意愿的问题时仍可能缺乏思考，即并没有从其个人可支配收入的角度考虑支付的数额，而这会导致结果的随意性(Kemp & Maxwell，1993)。因此，在问卷设计中尤其需要注意的是，向居民强调其选择将会被政府采纳，以突出重要性。例如，在该核电项目中，支付工具为电力价格，即居民是否为避免建造核电站而接受电价的提高。由于核电站与电价息息相关，是否支付高电价的选项可以将拥有不同支付偏好的居民区分开来。同时，征收电费也比较容易实施，因而居民有理由相信其选择会被政府采纳，其具体问题如下。在另外两篇研究雾霾的文献中，能源支出(水、电、燃气费)被选为支付工具(Sun & Yuan et al.，2015，2016)。

1. 为满足日益上涨的电力需求并减少排放，要么接受在邻近城市(100km 内)建立核电厂，要么选择成本更高的供电方式(将提高电价)，您的选择是(　　)。

A. 不接受建核电厂，采用更高成本的清洁供电方式

B. 接受建核电厂，保持现价

2. 针对第 1 题的 A 选项，您愿意支付_____元电价。(现行居民平均电价在 0.5 元左右)

(提示：请根据个人经济状况以及对核电的敏感程度进行回答，您真实的支付意愿，将有助于减缓或替代当地核电站的建设。)

实证经验和理论逻辑均表明，在涉及支付意愿时，对于开放式问题的回答是不稳定和有偏误的。这是因为，当受访者被询问为修复或改善某种生态愿意支付多少货币时，那些此前没有接触过此类需要给特定公共物品定价的问题的受访者，很可能得出不可靠的结果。此外，开放式问题也可能导致结果过分夸大。在这种情况下，一种比较好的问题设置方式是询问受访者，是否愿意支付 $X$ 数额促成某项生态修复(或解决某种邻避问题)。这一设计方法更现实，因为生活中关于公共物品提供的投票并非少见。在这种设计下，对于受访者而言，除了真实回答外没有其他更好的做法。上述设计的问题以平均电价为最低点，而只有风险偏好高的受访者才会选择高于最低值的电价。因为在正常情况下，WTA 会显著高于 WTP(Sun，2009)，所以 WTP 通常比 WTA 更适合评估居民偏好。而在涉及 WTA 的问题中，强调居民所宣称补偿的可获得性(漫天要价不会获得真实补偿)是必要的。

在初次询问意愿支付的数额后，问卷设计必须对上述问题进行追问。这涉及 CVM 模型的二分法和四分法的应用，而这些在下文的方法研究中有详细讨论，此处便不加赘述。问卷设计需仔细考虑追问的问题。总体而言，当回答比较简单时，问卷设置单变量描述性问题更有意义。因为这样问卷设计可以被更好地定义，并就问题及其答案的意义在采访者和受访者间形成较高的一致。但是，也正由于回答简单，进行二次追问是必要的。在设置一些只需回答是或否(或通过选项体现)的问题后，再次追问显得意义重大。在上述问题中，对于支付意愿的二次追问可以更精准地捕捉居民的

WTP。此外，因为存在抗议情绪的受访者，会产生不愿意、零支付意愿的现象，因此进一步让其说出拒绝的原因是非常有必要的。

CVM 认为，个体的不同特性造就了受访者不同的支付意愿(受偿意愿)，那么设计一些问题来区别这些特性就十分有必要。考虑到 CVM 模型的回归方法，这其实意味着需要添加不同的解释变量。常见的个人特性包括性别、收入、年龄、学历和职业等，在每个问卷中都很常见，却又是必不可少的。

整个问卷设计必须注意问题的数量，并且预估受访者完成所有问题的时间。因此，对于一些较为简单的单变量问题，如是否问题、询问个人信息等问题，可以做简易处理。实际上在正式访问时，如果呈现在受访者面前的是一份冗长的问卷，则其很可能拒绝回答。由于合理的面对面问卷通常不应该超过 10 分钟，所以一些问题需要被精简设计而又不失所表达的内容。在这种情况下，一种推荐的方法是将问卷设计分成受访者、采访者两个版本。受访者版本，顾名思义，是给居民看的，尽量将问题浓缩在一张 A4 纸上，使受访者见到仅有一页的问卷，从而更易于接受调研。一些次要问题可以通过口头交流获得答案，而不需要列在问卷上。例如开篇交流式的问题、询问个人信息的问题：性别(目测)，年龄(目测)，职业(直接询问记录，事后归类)。

而采访者版则必须非常详尽，把所有需要询问的问题都罗列在内，因此并没有所谓的页数限制。总的来说，问卷设计是 CVM 非常重要的一环。

## 第三节　实地调研方案

已有问卷设计后，如何正确实施调研是保证数据正确性的前提，其重要性不容忽视。以下对此提出几点建议。

(1) 问卷调研必须适合于面对面访问。线上调研(E-mail、网站等)由于不能很好地捕捉受访者的支付偏好，容易造成估计偏误。若受访者根据自己的理解解读问卷、领会假设情境并做出判断，由于不同个体存在差异，甚至连最基本的认知都会难达一致。以核电项目为例，很多受访者对核电根本无从了解，简略的问卷会使其一头雾水。而线下调研因为有采访人员

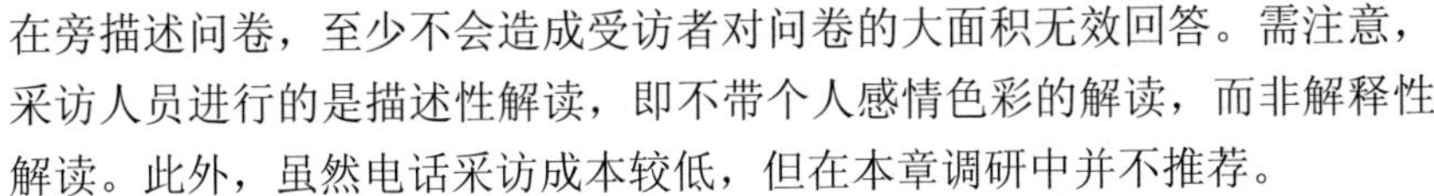


在旁描述问卷，至少不会造成受访者对问卷的大面积无效回答。需注意，采访人员进行的是描述性解读，即不带个人感情色彩的解读，而非解释性解读。此外，虽然电话采访成本较低，但在本章调研中并不推荐。

(2) 问卷调研要根据所需样本数预先规划。虽然一般而言，样本数量多多益善，但是由于人力和物力的原因，实际回收的问卷数量需要预先确定。对于局部区域的调研，700 份有效问卷是合适的；而对于全省乃至全国范围内的调研，更多的问卷支持将是必要的。同时，受访者的问卷分布，需要按照人口统计学来设计，尽量做到年龄、性别和统计信息相一致。此外，不同区域、职业和收入的受访者也应该做到有所区分。在核电项目中，问卷调查的最终受众是全国的 10 个省份 11 个城市的居民，共计 1324 份问卷。该问卷的人口统计信息与国内统计数据能做到很好的吻合。

(3) 在正式实施问卷调研前，为测试问题设置的有效性，适当的预调研是必要的。预调研可以先在小范围内进行，然后扩散到整个研究区域。在问卷设计过程中，设计者都是假想受访者会做出怎么样的回答，因此问卷调研不能做到面面俱到，实操过程中仍会遇到诸如问题不好询问、受访者理解不了、问题问不完等情况。此时正确的做法是，不停地修改问题以完善问卷，在最终调研时尽可能节省受访者和采访者的时间，同时获得想要的调研数据。

(4) 为实施正确的 CV 调研，从而使获得的结果更加精确，采访人员需要向受访者正确传达问卷所蕴涵项目的信息。在此有几点需要着重指出：采访人员需告知受访者最基本的项目信息，其主要指项目的介绍、发展。但采访人员不应将自身对项目的认知灌输给受访者，比如做出“其实我认为在当下技术下，核电还是很安全的”“雾霾主要是由燃煤造成，应减少石化能源的使用”等论断。由于这些论断都极易给那些原先并不知晓该项目的受访者造成先入为主的价值判断，采访人员应避免主观的介绍。因此，在某个项目或事件开始一段时间后，已有媒体首先进行相当程度的宣传，然后再进行调研是比较合适的。同时，作为“暖场”的开场沟通要控制好时间，以避免掩盖后面真正重要的问题。

(5) 最重要的询问风险偏好的阶段，在认真向受访者构建虚拟市场的同时，也要提醒受访者考虑可替代商品，即可比较的其他自然资源，或自然资源的未来状态，如核电之与火电、水电，当下核电技术与未来核电技术的比较。采访人员要认真解释支付工具，同时向受访者强调应根据自身意愿、个人实际收入来确定支付意愿。在雾霾项目中，受访者被询问能源支出占其总可支配收入的百分比，并被告知其支付意愿会减少其他商品的购买，以让其在预算约束内做出合理选择。然而，这并不简单，因为很多时候受访者只是草草说出一个数字，并没有做出任何思考。这也是导致回答的随意性的主要原因。所以，采访人员在整个采访的过程中，要不时强调居民选择的强制实施性，从而使受访者重视该调研(Carson，1991)。所谓选择的强制实施性，即受访者的选择会被提供给政府，而政府也会相当重视这次调研并根据民调来推行政策。

(6) 这样一份问卷的调研时间持续8～10分钟。推荐两个队员一组，其中一个询问，一个记录。事实上，问卷调研与其说是询问问题，不如说是双方沟通。记录的人应将居民的回答概括成要点记录在册，而非仅仅记录居民在问卷上选择的答案，这在涉及追问情况的居民拒绝支付(拒绝受偿)时更为关键。一般此情况的出现，主要因为居民存在抗议情绪，但是不同个体仍存在不同解读。任何有关价值判断的追问都是值得的。通过这些追问，采访人员可以在短短10分钟内尽可能了解受访者的支付偏好。

(7) 调研有必要设计受访者、采访人员两个版本的问卷。即使采访人员做好了本职工作，积极准备访问技巧，熟悉问卷，仍然会碰到有些受访者漏掉问题，或回答了一半就结束的情况。那么，对于一些并不重要问题的漏答(受访者回答了原则上最重要的关于支付意愿的题目，但没有回答如个人信息、观点等问题)，不妨与完整的问卷数据分作两份填写。当然，减少未回答、漏答的问卷更为关键，而这与采访人员的个人能力有莫大关系。

其实，对于CV调研，想要做到正确评估居民的支付偏好，良好的问卷设计自然是必不可少的。但是，实地调研作为理论的实践之花显得更为重要。

# 第四节 支付意愿估计法

## 一、二分法模型

正如前文所述，二分法模型克服了开放问题下受访者回答随意性的问题(Hannemann，1994)，在揭示受访者支付意愿的研究中被广泛应用。一般地，受访者 $i$ 面对采用二分法模型的价格，估计问卷有关的 WTP 问题。为了简化，笔者假设 $t_i$ 是预先决定的支付数额(根据不同受访者变动)，受访者的回答分为两种(若访者回答“否”，则 $y_i$=0；若受访者回答为“是”，则 $y_i$=1)。估计 WTP 的模型采用下列线性等式：

$$\text{WTP}_i(z_i,u_i)=z_i\beta+u_i \tag{2-1}$$

其中，$z_i$ 为一组解释变量的向量，$\beta$ 为一组系数向量，$u_i$ 为误差项。因此根据假设，若个人的支付意愿高于 $t_i$，那么其乐于接受该数额。在这种情况下，给定解释变量的基础上观察到正向反馈($y_i$=1)的概率，具体可有由下式表达：

$$\begin{aligned}P_r(y_i=1|z_i)&=P_r(\text{WTP}_i>t_i)\\&=P_r(z_i\beta+u_i>t_i)\\&=P_r(u_i>t_i-z_i\beta)\end{aligned} \tag{2-2}$$

同时，笔者假设 $u_i$ 服从正态分布，即 $u_i \sim N(0,\sigma^2)$，则有如下等式：

$$P_r(y_i=1|z_i)=P_r(v_i>\frac{t_i-z_i'\beta}{\sigma})=1-\Phi(\frac{t_i-z_i'\beta}{\sigma})$$

$$P_r(y_i=1|z_i)=\Phi(z_i'\frac{\beta}{\sigma}-t_i\frac{1}{\sigma}) \tag{2-3}$$

因此，当 $\sigma$=1，$u_i$ 服从标准正态分布，这与传统 Probit 模型类似。其实在大多数情况下，上述模型只比 Probit 模型多一个条件 $\text{WTP}_i>t_i$，用以限制居民的支付意愿条件(Cameron & James，1987)。评估这个模型的方法有两种，其中第一种利用最大似然估计和等式(2-3)来估计 $\beta$ 和 $\sigma$，另一种则通过 Stata 中的 Probit command 直接得出答案。在正态分布的假设下，$t_i$

充当一个解释变量。则 $\frac{\beta}{\sigma}$ 和 $-\frac{1}{\sigma}$ 的估计量可通过模型计算，即 $a'=\frac{\beta'}{\sigma'}$(与每个解释变量相关的系数向量)、$\eta'=-\frac{1}{\sigma'}$(这个系数反映了出价的大小)。事实上，这里要做的是得到民众支付意愿的估计。从正态性假设到通过等式(2-1)，WTP 的期望值可计算如下：

$$E\left(\mathrm{WTP}_i \mid z_i,\beta\right)=z'_i\,\beta$$

虽然 $\beta$ 的真实值未知，但通过 $\eta'$和 $a'$仍可以求出其一致估计：$\beta'=-\frac{a'}{\eta'}$。在一些其他的评估方法中，个体受访者的 WTP 由其特定的属性决定，且利用解释变量的平均数来估计 WTP。总体来讲，我们得到了下式：

$$E\left(\mathrm{WTP}_i \mid \tilde{z},\beta\right)=\tilde{z}\left[-\frac{a'}{\eta'}\right] \tag{2-4}$$

二分选择(Dichotomous Choice，DC)作为一种较为常用的 CV 调研问卷方法，仅仅通过一个问题来设定一个分界点。而因为高于此分界点的支付意愿区间为 $t_i \leqslant \mathrm{WTP}_i < +\infty$，该方法对于支付意愿较高的人可能存在较大误差。但不可否认，该方法是对开放问题的一个重大突破。在近些年，许多文献的主题不再局限于 CV 调研在各种生态领域的应用，而是逐渐针对所采用的问卷方法本身进行研究。考虑到二分法在估计居民支付意愿时存在一定误差，学者将其进一步完善，发展出其他补充性的模型，诸如具有追问的二分法(即四分法)、两个变量的双变量法，以及具有抗议情绪的抗议模型。

## 二、四分法模型

正如上文所述，DC 模型开创了 CVM 模型的先河。后续学者也对 DC 模型进行了不同程度的发展。其中，在二分法的基础上进行追问的四分法，顾名思义具有四种情况。在沿用二分法中情境的条件下，居民被询问是否愿意为改善某项环境或提供公共物品支付 $t_i$ 数额的货币。如果居民拒绝支付，则调查人员可以推断其支付意愿为 $0 \leqslant WTP_i < t_i$；如果同意支付，则其支付意愿为 $t_i \leqslant WTP_i < +\infty$。这说明，居民 WTP 更精确的评估需要大量样本。考虑这一问题，Hanemann 等(1991)为提高估计效率设计了一种替代方法，即四分法，换言之，其在一个二分法问题后面再叠加一个二分选择问题。如果受访者同意支付某一数额，则其将被继续询问是否愿意支付更高的价格；如果拒绝，则其将被继续询问是否接受一个较低的价格。这也表示第一个问题的数额是外生的，从而决定了进一步追问的支付价格(内生)。因此，这个方法将得到两个答案，相比之前的 DC 模型，结果会更具体、精确。下面罗列其四种情况：

(1) 如果受访者第一次同意，第二次不同意，$t_1 < t_2$，那么其 WTP 就是 $t_1 \leqslant WTP < t_2$。

(2) 如果受访者第一次同意，第二次也同意，$t_1 < t_2$，那么其 WTP 就是 $t_2 \leqslant WTP < +\infty$。

(3) 如果受访者第一次不同意，第二次也不同意，$t_2 < t_1$，那么其 WTP 就是 $0 \leqslant WTP < t_2$。

(4) 如果受访者第一次不同意，第二次同意，$t_2 < t_1$，那么其 WTP 就是 $t_2 \leqslant WTP < t_1$。

比较二分法可以发现，第(1)、(4)种情况为受访者的支付意愿定义了一个区间，而第(2)、(3)种情况虽然与二分法较为类似，但是其范围更小。总体而言，四分法第(1)、(4)种情况基于单变量函数的假设，较二分法提供更多信息，可以更好地估计 WTP(Haab & McConnell，2003)。定义 $y_1$、$y_2$ 两个二分变量，用以表示两个回答。同时基于等式(2-1)的假设，$WTP_i(z_i, u_i) = z_i\beta + u_i$，$u_i \sim N(0, \sigma^2)$。概率函数依然如上：$P_r(y_1, y_2 | z_i)$。则四种类型表示如下：

(1) $y_1 = 1,\ y_2 = 0$ (这里指特定的受访者)

$$P_r(y_1 = 1, y_2 = 0 | z_i) = P_r(t_1 \leqslant WTP_i < t_2)$$

$$= \Phi(t_2 \frac{1}{\sigma} - z_i' \frac{\beta}{\sigma}) - \Phi(t_1 \frac{1}{\sigma} - z_i' \frac{\beta}{\sigma})$$

由于上式服从 $P_r(a \leqslant X < b) = F(b) - F(a)$。因此，利用正态分布的对称性，可得到下式：

$$P_r = \Phi(z_i' \frac{\beta}{\sigma} - t_1 \frac{1}{\sigma}) - \Phi(z_i' \frac{\beta}{\sigma} - t_2 \frac{1}{\sigma})$$

(2) $y_1 = 1$，$y_2 = 1$

$$P_r(y_1 = 1, y_2 = 1 | z_i) = P_r(\text{WTP}_i > t_1, \text{WTP}_i > t_2)$$

利用贝叶斯法则以及正态分布的对称性，上式的最终结果为：

$$P_r = \Phi(z_i' \frac{\beta}{\sigma} - t_2 \frac{1}{\sigma})$$

(3) $y_1 = 0$，$y_2 = 1$。与第(1)种类型类似，可得结果：

$$P_r(y_1 = 0,\ y_2 = 1 | z_i) = P_r(t_2 \leqslant \text{WT}P_i < t_1)$$

$$P_r = \Phi(z_i' \frac{\beta}{\sigma} - t_2 \frac{1}{\sigma}) - \Phi(z_i' \frac{\beta}{\sigma} - t_1 \frac{1}{\sigma})$$

(4) $y_1 = 0$，$y_2 = 0$

$$P_r(y_1 = 0,\ y_2 = 0 | z_i) = P_r(\text{WTP}_i < t_1, \text{WTP}_i < t_2)$$

$$P_r = 1 - \Phi(z_i' \frac{\beta}{\sigma} - t_2 \frac{1}{\sigma})$$

与 DC 模型相比，DBDC 模型可以使用 Probit 模型估计受访者的支付意愿。参数 $\beta$、$\sigma$ 可以利用似然函数来直接获得其最大似然估计值。为找到模型参数，该函数必须先进行最大化：

$$\sum_{i=1}^{N} \left\{ \begin{array}{l} b_i^{ss} \ln\left[\Phi(z_i' \frac{\beta}{\sigma} - t_1 \frac{1}{\sigma}) - \Phi(z_i' \frac{\beta}{\sigma} - t_2 \frac{1}{\sigma})\right] + b_i^{sn} \ln\left[\Phi(z_i' \frac{\beta}{\sigma} - t_2 \frac{1}{\sigma})\right] \\ + b_i^{ns} \ln\left[\Phi(z_i' \frac{\beta}{\sigma} - t_2 \frac{1}{\sigma}) - \Phi(z_i' \frac{\beta}{\sigma} - t_1 \frac{1}{\sigma})\right] + b_i^{nn} \ln\left[1 - \Phi(z_i' \frac{\beta}{\sigma} - t_2 \frac{1}{\sigma})\right] \end{array} \right\}$$

其中，$b_i^{ss}, b_i^{sn}, b_i^{ns}, b_i^{nn}$ 是根据每个受访者的选择而取值的指示变量(1 或 0)。换言之，一个给定的受访者仅促成上述似然函数对数表达式四个部分中的一个。

实际上，DBDC 相比 DC，在更多有关 CV 研究的文献中被使用。Carson 等(1994)在评价澳大利亚 Kakadu 自然保护区应被列入国家公园还是立即开采时，利用 DBDC 方法进行 CV，调研居民支付偏好。结果表明，进行自然区保护(列入国家公园)的价值远远超过立即开采的净现值，故将 Kakadu 保护区列入国家公园，有利于社会福利的改善。Jun 等(2010)利用 DBDC 问卷模型评估韩国民众对于核电的风险偏好，发现有效、及时的信息能提高约 68.5%的公众对核电的认知。笔者的一篇核电项目的文章也利用 DBDC 问卷形式，来评估中国居民对核电项目重启的支付偏好，并发现不少居民愿意支付更多电费来避免核电站修建在其居住地周围，同时对核电持有模糊态度的人愿意支付最多。

## 三、Bivariate Probit 模型

虽然四分法有一个追问的过程，但是其两个回答都是利用单变量来处理的。换言之，模型依赖于一个支付意愿的数值的特征，导致受访者对于支付问题产生两种回答。但有一些研究表明，标准的 CV 模型并没有准确解释 CV 数据。Langford(1994)检测到这一偏差的存在，并建议以包含一个有偏参数的模型进行修正。Cameron 和 Quiggin(1994)则认为，关于受访者对最初问题和追问的回答，DBDC 模型在解释二者关系时是不完全正确的。此外，他们引入了一个双变量 Probit 模型的设定，即其中使用一个参数来代表两个回答的相关性。

经验显示，从第一个支付问题到追问的过程中，一定情况下受访者对所研究项目的质量、数量的认识将变化到一个新的水平，从而其两次回答并不是针对同一个问题。比如，许多受访者在原先的支付水平上偏好某种项目(环境改善、存续)，但是在某一更高支付水平上可能拒绝投赞成票(即使其支付意愿足够大来保证其接受项目)。这也许是因为，在原先的支付数额下，受访者确信政府会实施其偏好的项目，但在被要求支付额外的数额时，却认为可能会导致财政浪费。因此，这对受访者而言是不可取的，即对追问回复“否”。

对此，其他学者提出了不同的看法。基于 Kahneman 和 Tversky(1979)

的展望理论的研究结果，DeShazo(2002)提出的另一种理论框架指出，受访者只在其对第一次询问价格选择“是”时采取策略性行为。在启发式的问题下，对其他人的激励不会改变他们的行为。这是因为，如果受访者的WTP高于第一次询价，那么他们会期望获得消费者剩余，并将其作为一个参考点。相反，第一次拒绝的受访者不会期望消费者剩余，并不会将其作为一个参考点。在双重约束的协议下，对第一个问题的正向回复将导致更高的询价(升序)，相反则为降序。

总体上，双变量模型对于离散的独立变量而言是一个双等式系统：

$$Y_{1i} = x_{1i}\beta + u_{1i}$$
$$Y_{2i} = x_{2i}\beta + u_{2i}$$

其中，如果 $Y_{1i}>0$，则二分独立变量 $y_{1i}=0$；如果 $Y_{2i}>0$，则 $y_{2i}=1$。$x_{1i}$ 是外生变量的向量。$\beta_1$、$\beta_2$ 是未知参数的向量。$u_{1i}$、$u_{2i}$ 是零均值，方差为 $\sigma_1^2$、$\sigma_2^2$。边际概率分布函数为 $F_1$、$F_2$。联合概率分布为 $H$。

在有关CV研究的文献中，双变量Probit模型通过上式和如下表达式定义：

$$\ln L(\beta_1,\beta_2,\sigma_1,\sigma_2,\rho)=\sum_{i-1}^{n}(1-y_{1i})(1-y_{2i})\Phi(a_{1i},a_{2i},\rho)+y_{1i}y_{2i}\Phi(-a_{1i},-a_{2i},\rho)$$
$$+\sum_{i-1}^{n}(1-y_{1i})y_{2i}\Phi(a_{1i},-a_{2i},-\rho)+y_{1i}(1-y_{2i})\Phi(-a_{1i},a_{2i},-\rho)$$

其中，若 $Y_{1i}>t_{1i}$，则 $y_{1i}=1$；若 $Y_{2i}>t_{2i}$，则 $y_{2i}=1$，$t_1$、$t_2$ 是预先设定的价格；$H$ 是双变量的正态分布，其中相关系数为 $\rho$。若均值为0，方差为1，则 $H\sim\Phi(*,*,\rho)$。同时，定义 $a_{1i}=\dfrac{t_{1i}-x'_{1i}\beta_1}{\sigma_1}$，$a_{2i}=\dfrac{t_{2i}-x'_{2i}\beta_2}{\sigma_2}$。双变量的对数似然函数类似DBDC模型中的形式，即有四种类型。

上面似然函数中的四个部分是对于两次出价的四种回答，分别代表“否否”“是是”“否是”和“是否”。

在DBDC模型中，上式的 $\rho$=1，同时参数在各个等式中相等。但是，如果两个误差项不是完全相关的，则受访者对两个问题中出价的回答需要利用双变量模型来估计，进而其参数在各等式中就不一定相等。

此外，WTP 分布的正态性假设通常不能得到数据的支持，这可能引起严重的设定偏误问题。如果是单变量，那么研究者可以从广泛的可能适用的分布来与数据相匹配。如果是双变量，那么就会局限于双变量正态分布，正如上文所介绍的那样。WTP 一般被假设服从对数线性分布，而这也造成其偏度通常会定性其分布。然而，对数正态假设也不一定会被数据支持。因此，双变量 Probit 可能不是一个有效的估计量。换言之，当其他双变量分布，例如双变量 Logistic 或双变量绝对值在讨论各边际量的相关性时，其可行性就不如双变量的正态分布。

对此，Hanemann 和 Kanninen(1999)提出了一个可行的处理方法。虽然两个等式的随机部分都是非正态的，但是其可以转变成具有二元正态分布特性的随机变量。这里用到了逆标准正态分布，即二元 Copula 函数的特例(Lee，1982，1983)。

同时，多变量模型设定的理论基础参见 Sklar(1959)的研究。由于一系列的变换较为复杂，这里就不加以赘述。总体而言，二元方法能有效地纠正启发效应，同时为评估感兴趣的参数保持一个适当水平的效率。

## 四、Protest 模型

即使 CV 研究在生态修复、环境改善的评估中应用广泛，其中受访者对一些公共物品的支付偏好为 0 的现象仍然屡见不鲜。但这个零值的出现并不是因为受访者对于公共物品持有一种无所谓的态度，即建不建核电站、改不改善雾霾天气对他们而言无所谓，而是因为他们持有一种抗议的态度：要么是对采访的抗拒，要么是对于政府公共政策的抵触。一些方法能将具有抗议情绪的问题从样本中删除，在子样本中只保留那些正向反馈，并将其用以评估受访者的 WTP。除非没有样本选择偏误，从而使该操作不会影响估计的效度，否则估计会出现向上或向下的变差(Calia & Strazzera，1999)。

其实，可以通过构建序贯的问题系统来捕捉有抗议反应的受访者的支付意愿。面对这种情况，在问卷最初设计时，应该区分受访者的抗议情绪。评估受访者的支付偏好可以采用一种两阶段的连续问题，其类似于 DC 或 DBDC 的某种延伸。具体而言，对于某一环境修复问题，例如雾霾问题，受访者首先被询问是否愿意分摊治理雾霾的成本。然后受访者将接受一个引申提问，其存在两种情况：对于回答“是”的受访者，采访人员继续追问其对于雾霾治理的支付偏好(DC 或 DBDC)；对于回答“否”的受访者，采访人员继续追问其拒绝的原因，以区分受访者是存在抗议情绪还是无所谓的态度。

实际上，根据上述两个操作，受访者的回答可以被模型化为两个等式，其中第一个是选择等式，第二个是启发式等式。此处主要应用 DC 模型，但是在具有连续的 WTP 数据时，利用 Tobit 而非 Probit 进行回归分析。

定义二元变量$Y_1^*$和$Y_2^*$：

如果$Y_1^* > 0$，　则$Y_1=1$；

如果$Y_1^* \leqslant 0$，　则$Y_1=0$；

如果$Y_2^* > t$，　则$Y_2=1$；

如果$Y_2^* \leqslant t$，　则$Y_2=0$。

潜在变量$Y_2^*$表示支付意愿，即在 DC 模式下，如果个体的支付意愿超过设定标价$t$，则其接受支付数额$t$。但是$Y_2$只有在$Y_1=1$时才能被观察到，即$Y_2$的结果是以$Y_1=1$为条件的。因为个体根据自我选择在第一个问题回答“否”可能产生偏误，依赖于观测结果$Y_2$而进行的支付意愿估计也许是不正确的。

样本的选择偏差可以通过模型化上述两种选择来实现。令$x_1$、$x_2$代表受访者的社会经济学特性，则两种选择模型的线性假定具体如下：

$$Y_1^* = x_1'\beta_1 + u_1$$

$$Y_2^* = x_2'\beta + u_2$$

这里$u_1$和$u_2$满足联合概率密度函数的误差项$F(u_1,u_2)$。

因此，模型可以由下式总结归纳：

如果$x_1'\beta_1 + u_1 > 0$，则$Y_1=1$；

如果$x_2'\beta + u_2 > t$，　则$Y_2=1$；

如果$x_2'\beta + u_2 \leqslant t$，则$Y_2=0$；

如果$x_1'\beta_1 + u_1 \leqslant 0$，则$Y_1=0$。

因此，其似然函数可以用下式表示：

$$L=\prod_{Y_i=0}P(Y_1^*\leqslant 0)\prod_{Y_1=1}\left[\prod_{Y_2=1}P(Y_1^*>0,Y_2^*>t)\prod_{Y_2=0}P(Y_1^*>0,Y_2^*\leqslant t)\right]$$

上式内含 $Y_1^*$ 、$Y_2^*$ 的联合概率密度和各自的概率密度；$F(u_1,u_2)$ 假定服从二元正态分布，其中均值为零，方差矩阵为：$\sum=\begin{bmatrix}1 & \sigma_{12}\\ \sigma_{21} & \sigma_2\end{bmatrix}$；$Y_1^*$ 的方差被正规化为 1。由于个体受访者差异性的支付偏好，$Y_2^*$ 的方差是可估计的。对数似然函数可表达为下式：

$$l=\sum_{i=1}^{n}\left\{\begin{aligned}&(1-Y_{1i})\ln[1-\varPhi_a(x_{1i}'\beta_1)]+Y_{1i}[Y_{2i}\ln\varPhi_b(x_{1i}'\beta_1,\frac{(x_{2i}'\beta_2-t_i)}{\sigma_2},\ -\rho)+\\&(1-Y_{2i})\ln\varPhi_b(x_{1i}'\beta_1,\frac{(-x_{2i}'\beta_2+t_i)}{\sigma_2},\ -\rho)]\end{aligned}\right\}$$

这里 $\varPhi_a(*)$ 和 $\varPhi_b(*,\ *,\ \rho)$ 分别代表单变量的标准正态分布和相关系数为 $\rho$ 的二元标准正态分布函数。两个等式误差项之间的相关系数 $\rho$ 是造成模型参数估计选择偏误的原因：若 $\rho=0$，则在观察样本中两个选择是独立的，$Y_1$、$Y_2$ 的无偏估计只需要拟合两个独立的等式即可求得；如果 $\rho\neq0$，则支付意愿的估计是有偏的，符号由相关系数的符号决定。需要注意的是，当 $\rho<0$ 时，估计量倾向于低估 WTP；当 $\rho>0$ 时，估计量倾向于高估 WTP($Y_1=1$)。参数 $\beta_1$、$\beta_2$、$\sigma_2$、$\rho$ 的估计结果可以通过对最大化的似然函数求偏导获得，但只有在 $\rho=0$ 时才是无偏的。

许多学者利用样本选择模型开展支付意愿的研究。Yoo 和 Yang(2001) 在研究韩国居民对于自来水水质改善的支付意愿时发现，即使不存在因受访者未回答而产生的偏误，样本选择的偏误依然显著存在。他们利用样本选择模型纠正这种误差，并发现在未纠正的情况下，社会福利的结果会被扭曲大约 23.82%。Serge Garcia 等(2009)通过 CV 问题揭示居民对维持生态多样性的支付意愿。他们设计了二分选择(DC)和开放式(OE)两种类型的问题，其调研结果表明样本选择的 Probit 模型能够纠正 DC 问题中的偏误；而开放式回答中存在的非随机删减会导致选择偏误。实证结果也表明忽视样本选择问题，会造成居民对于生物多样性支付意愿的偏差。在研究雾霾的文献中，笔者利用 CV 调研的框架评估居民对于减轻雾霾的支付意愿，并评估其决定因素(Sun，2016)。考虑到抗议回答的存在，笔者还构建二元样本选择来进行参数估计。结果表明，约 14%的居民存在抗议情绪，而忽视样本选择的偏差会造成结果向下的偏误。

# 第五节　需求弹性估计

## 一、变弹性模型

实际上，针对中国推进能源消费的改革，逐步放开由政府管制的定价政策，在家庭侧更好地兼顾不同收入群体的消费特性，采取更人性的定价策略等措施，不仅考虑到社会福利，更能够改善经济运行效率。常见的定价方式包括线性定价、非线性定价等。对于能源消费这一具有公共物品特性的产品，采用统一定价即一刀切的方法，对所有消费侧人群征收相同的价格是不合适的。中国的能源消费价格，作为政策手段和经济调控的重要着力点之一，存在供给侧向消费侧的交叉补贴。由于低收入家庭因预算约束倾向于少消费能源，高收入人群将攫取大量交叉补贴。林伯强等(2009)的研究发现，高收入人群获得约 45%的电费补贴，而低收入人群却只获得约10.1%。因此，为改进这种低效且不平等的定价策略，中国正积极向世界学习发展阶梯电价。事实上，西方国家在 20 世纪 80 年代就普遍放松了如电力、通信、天然气等公共事业的规制，而非线性定价政策在这些行业中得到广泛应用。

非线性定价类似两部门定价法(即包括入门费和使用费)或多步定价法(即消费量与总支出间不存在线性关系)，而统一定价遵循消费量与总支出间的线性关系(即总支出与消费量间存在一个稳定的比例关系)。阶梯定价机制属于非线性定价的一种，即根据消费量的不同水平制定不同价格。

逆弹性定价是三级价格歧视下的一种定价策略，该定价方式给不同价格需求弹性的消费者制定不同价格。换言之，价格超出边际成本的溢价是价格需求弹性的倒数(Resende，1997)。这也是一些具有高固定成本且具有市场影响力的公共企事业所遵循的定价政策：

$$\frac{P_m - \mathrm{MC}_m}{P_m} = -\frac{\lambda}{1+\lambda} \cdot \frac{1}{\xi_m} \tag{2-5}$$

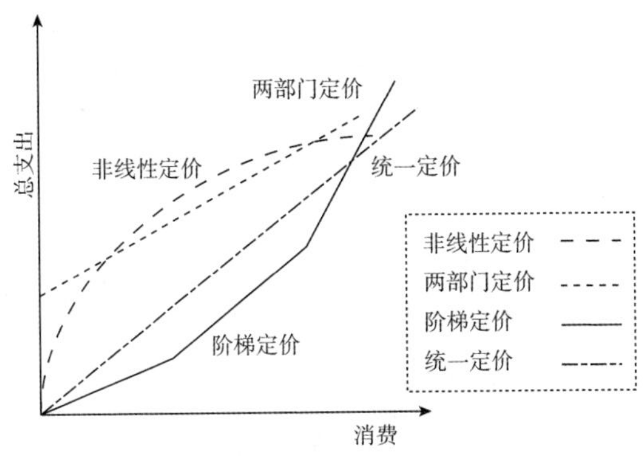


图 2-1　统一定价与非线性定价

其中，$P_m$ 代表商品 $m$ 的平均价格，$\mathrm{MC}_m$ 代表商品 $m$ 的边际成本，$\xi_m$ 代表价格弹性。$\lambda$ 为拉格朗日乘数，$\frac{\lambda}{1+\lambda}$ 为所谓拉姆齐乘数，其值恒小于 1。

根据非线性理论，不同消费者的异质性，导致他们即使面对相同的价格也会消费不同的数量。因此价格弹性 $\xi_m$ 不仅与价格本身有关，更与消费者类型有关(Brown & Sibley，1986)。因此，该弹性定价模型可以被修改如下：

$$\frac{P_m(\mu) - \mathrm{MC}_m}{P_m(\mu)} = -\frac{\lambda}{1+\lambda} \cdot \frac{1}{\xi_m(P_m(\mu), \mu)} \tag{2-6}$$

其中，$\mu$ 代表消费者的类型。因此，在不同购买力及消费偏好下，需求函数 $Q_m$ 也是 $\mu$ 的函数。同时，通过逆需求函数 $P_m(Q_m)$ 可以得到 $P_m$ 和 $\mu$ 的关系。而对于收入的需求弹性，应根据消费者的类型加以区分。即不同消费者的不同消费数量导致不同的价格弹性 $\xi_m(P_m(\mu),\mu)$。这对进行阶梯定价至关重要。

考虑到消费者剩余、生产者剩余和消费者的异质性，不同人群的逆弹性定价等式如下表示：

$$\frac{P_1-\mathrm{MC}_1}{P_1}\cdot\xi_1=\frac{P_2-\mathrm{MC}_2}{P_2}\cdot\xi_2=\cdots=\frac{P_\mu-\mathrm{MC}_\mu}{P_\mu}\cdot\xi_\mu \tag{2-7}$$

其中，$\mu=1$，…，$N$ 代表消费者类型；$P_\mu$ 代表不同类型消费者的平均价格；$\mathrm{MC}_\mu$ 为边际成本；$\xi_\mu$ 为需求价格弹性。

因为政府交叉补贴的存在，居民侧电价将低于电力部门生产的长期边际成本。在不考虑交叉补贴并确保电力部门盈利平衡的情况下，可利用逆弹性定价法则来最大化社会福利。

$$\sum(P_\mu-\mathrm{MC}_\mu)\cdot Q_\mu-\mathrm{FC}=0 \tag{2-8}$$

等式(2-8)反映电力部门的盈亏平衡。其中，$Q_\mu$ 代表 $\mu$ 的消费量，FC 代表固定成本。根据等式(2-8)，价格可表示如下：

$$P_\mu=\frac{\mathrm{MC}_\mu\cdot|\xi_\mu|}{|\xi_\mu|-R} \tag{2-9}$$

其中，$R$ 代表拉姆齐乘子。等式(2-8)代入 $P_\mu$ 后表达如下：

$$\sum\left(\frac{\mathrm{MC}_\mu\cdot|\xi_\mu|}{|\xi_\mu|-R}\right)^{1-|\xi_\mu|}\cdot\frac{k_\mu R}{|\xi_\mu|}=\mathrm{FC} \tag{2-10}$$

其中，$k_\mu=\dfrac{Q_\mu}{P_\mu^{|\xi_\mu|}}$。

传统理论方法基于整体数据，利用对数线性需求模型，估计居民电力消费的收入和价格弹性。这种方法虽然易于获得弹性估计，但其恒定系数代表全样本下的平均需求弹性，很难提供任何有关消费者异质性的信息。在统一价格下，相比低收入消费者，高收入消费者对电力消费更不敏感。这意味着价格弹性因消费者收入水平的不同而不同。因此，超越对数的需求模型更有利于捕捉价格和收入对弹性的影响，其表达式如下：

$$\ln C_{it} = \alpha_i + \beta_1 (\ln I_{it})^2 + \beta_2 (\ln P_{it})^2 + 1/2\beta_3 \ln I_{it} \cdot \ln P_{it} + \delta T + \varepsilon_{it} \tag{2-11}$$

其中，$C_{it}$ 为 $t$ 年份时区域 $i$ 的人均居民电力需求；$I_{it}$ 为个人收入；$P_{it}$ 表示电价；$T$ 是时间变量；$\alpha_i$ 表示截面及区域效应；$\beta_1$、$\beta_2$ 代表个人收入变量及居民电价变量二项系数；$\beta_3$ 代表交互项系数；$\varepsilon_{it}$ 代表误差项。则每类居民电力需求的价格弹性 $\xi_{P,it}$ 和收入弹性 $\xi_{I,it}$ 可以表示如下：

$$\xi_{P,it} = 2\beta_2 \ln P_{it} + 1/2\beta_3 \ln I_{it}$$
$$\xi_{I,it} = 2\beta_1 \ln I_{it} + 1/2\beta_3 \ln P_{it} \tag{2-12}$$

在研究阶梯定价的文章(Sun & Lin，2013)中，笔者利用上述模型评估该定价方式对社会福利和经济效率的影响。通过提出三种费率方案，笔者针对不同收入群体制定不同价格。结果表明，提高高收入人群的电力费率将激发其节能意识。此外，阶梯电价的上涨能有效提高交叉补贴的效率，并加强对碳排放的控制。最重要的是，对于那些贫困家庭，能够保障其最低生活水平的电力消费第一门槛电价的决定，将有效提高其生活水平。

## 二、AIDS 模型

目前，国内对家庭能源需求的研究主要集中于对居民能源价格补贴和能源定价机制影响的讨论(谢里 等，2017；周亚敏 等，2017；林伯强 等，2009；李虹 等，2011)，而有关中国家庭能源需求弹性的实证研究并不多。事实上，国际上不少学者着重研究家庭能源消费的需求价格、收入(支出)弹性(Holtedahl & Joutz，2004)。被政策广泛采用的涉及居民能源消费需求弹性估计的模型主要有：线性对数模型(Narayan et al.，2007)、超越对数模型(Sun & Lin，2013)和近乎理想的需求系统模型(Lin & Liu，2013;Ouyang & Sun，2016)。近乎理想的需求系统(AIDS)模型最初由 Deaton 和 Muellbauer (1980)提出，主要用来分析基于消费支出结构的居民商品需求系统。AIDS 模型的基本思路是在给定的价格水准和效用水平下，最小化消费者总支出。其通常假定家庭的消费行为满足价格独立一般化对数(Price Independent Generalized Logarithmic，PIGLOG)的偏好假说，即假设能源的支出函数满足 PIGLOG 条件，具体如下式所示：

$$\ln c(u, p) = (1-u)\ln[a(p)] + u\ln[b(p)] \tag{2-13}$$

其中，$u$ 为效用，位于 0 和 1 之间，$u$=0 表示居民能维持基本生活需求的能源消费效用；$u$=1 表示居民的能源消费效用达到最大满足。$p$ 为能源商品价格。因此，线性齐次函数和 $b(p)$分别可以被视为居民满足基本生理需求和满足最大效用的最小支出[①]。

$a(p)$和 $b(p)$的形式分别可表述如下：

$$\ln a(p) = \alpha_0 + \sum_k \alpha_k \log p_k + 1/2 \sum_k \sum_j \gamma_{kj}^* \ln p_k \ln p_j \tag{2-14}$$

$$\ln b(p) = \ln a(p) + \beta_0 \prod_k p_k^{\beta_k} \tag{2-15}$$

将式(2-14)、(2-15)带入式(2-13)可得 AIDS 成本支出函数：

$$\log c(u,p) = \alpha_0 + \sum_k \alpha_k \log p_k + \frac{1}{2} \sum_k \sum_j \gamma_{kj}^* \log p_k \log p_j + u\beta_0 \prod_k p_k^{\beta_k} \tag{2-16}$$

其中，$\alpha_k$，$\beta_k$ 和 $\gamma_{kj}^*$ 分别为参数。不难证明，$c(u,p)$是线性齐次方程。因此，可得：

$$\sum_k a_0 = 1，\ \sum_j \gamma_{kj}^* = \sum_k \gamma_{kj}^* = \sum_j \beta_j = 0$$

其中，能源需求函数可由式(2-16)推导而来，成本支出函数的一个重要特性是最小支出对价格的导数等于用价格和效用表示的最优需求量，即：

$$\partial c(u,p) / \partial p_k = q_k \tag{2-17}$$

其中，$q_k$ 为能源商品 $k$ 的需求量，式(2-17)经过调整，两边同时乘上 $p_k/c(u,p)$转变为下式：

$$\frac{\partial c(u,p)}{\partial \log p_k} = \frac{p_k q_k}{c(u,p)} = w_k \tag{2-18}$$

其中，$w_k$ 为能源商品 $k$ 的预算消费份额。能源支出函数对 $\log p_k$ 求偏导可得：

$$w_k = \alpha_k + \frac{1}{2} \sum_j \gamma_{kj} \log p_j + \beta_k u \beta_0 \prod_k p_k^{\beta_k} \tag{2-19}$$

其中，$\gamma_{kj} = \frac{1}{2}(\gamma_{kj}^* + \gamma_{jk}^*)$。

① $u=0$ 时，$c(u,p)=a(p)$；$u=1$ 时，$c(u,p)=b(p)$。

对于追求能源商品消费效用最大化的居民而言，能源消费总支出 $X$ 是实现其效用水平 $c(u,p)$的最小支出 $c(u,X)$。将由式(2-16)得到的 $u$ 代入式(2-19)，可得 AIDS 模型的预算份额形式方程式如下：

$$w_k = \alpha_k + \sum_j \gamma_{kj} \log p_j + \beta_k \log(X/P) \tag{2-20}$$

其中，$P$ 为能源价格指数，定义如下：

$$\log P = \alpha_0 + \sum_k \alpha_k \log p_j + \frac{1}{2}\sum_k \sum_j \gamma_{kj}^{*} \log p_k \log p_j, p = a(p) \tag{2-21}$$

然而，由于该方法参数和变量都是非线性的，其在实际估计中应用并不方便。因此，Deaton 和 Muellbauer(1980)将该模型进一步修正为 Stone 价格指数线性化 AIDS 模型(the Linear Approximate Almost Ideal Demand System，LA-AIDS)。作为 AIDS 模型的近似模型，LA-AIDS 模型简化了估计过程，从而使 AIDS 模型得到广泛应用。Green 和 Alston(1990)基于 LA-AIDS 拓展模型计算了收入和弹性。此外，AIDS 模型凭借其优越性和实用性，已被国际广泛应用于消费问题的实证研究(Halbrendt，1994；Kalwij，1998)。而在国内，目前利用 AIDS 模型对家庭能源消费进行的分析研究还不多，但也正逐渐引起学者们的重视。如 Lin 和 Liu(2013)利用 LA-AIDS 模型估算了成品油的价格弹性和支出弹性，并对成品油改革进行情景模拟分析。因此，本书采用 LA-AIDS 模型进行实证检验。

Lin 和 Liu(2013)对于 LA-AIDS 模型的表述如式(2-22)所示：

$$w_{k,i} = \alpha_k + \beta_k * (\ln X_i - \ln P_i) + \sum_{k=1}^{n} \gamma_{k,s} \ln p_{k,i} + \varepsilon_{k,i}, \quad k = 1,2,3 \tag{2-22}$$

其中，$k$ 为能源商品类型，$k$=1 表示成品油，$k$=2、$k$=3 分别表示用电和燃气；$w_{k,i}$ 表示家庭 $i$ 的能源商品 $k$ 的消费支出占比；$X_i$ 为居民家庭 $i$ 的平均消费支出；$p_{k,i}$ 表示能源商品 $k$ 的价格。

$\ln P_i$ 是 Stone 价格指数，计算方法如式(2-23)所示：

$$\ln P_i = \sum_{s=1}^{n} w_{k,i} \ln p_{k,i} \tag{2-23}$$

根据式(2-23)，可以推导 $p_{k,i}$ 和 $\ln P_i$ 的线性关系。

此外，在应用 LA-AIDS 模型时，以下几个条件必须满足：

$$\sum_n \alpha_r = 1,\ \sum_n \beta_r = 0,\ \sum_n \gamma_r = 0,\ \sum_{s=1}^{n} \gamma_{r,s} = 0$$

$$\gamma_{r,s} = \gamma_{s,r} \tag{2-24}$$

当式(2-24)的条件均满足时，式(2-22)代表整个能源消费需求系统，且满足总支出平衡和 Slutsky 对称性。当各类能源商品的相对价格和“实际”支出($X/P$)保持不变时，各类能源商品的支出份额不变。$\gamma_{r,s}$ 反映能源商品价格对居民支出份额 $W_k$ 的影响，表示“实际”支出($X/P$)保持不变。本书通过估算以上各式的系数来计算居民价格弹性和消费支出弹性。

消费支出弹性：

$$\varepsilon_{yj} = 1 + \frac{\beta_r}{w_r} \tag{2-25}$$

价格弹性：

$$\varepsilon_{ij} = -\delta_{ij} + \frac{\gamma_{ij}}{w_i} - \beta_i \tag{2-26}$$

其中，$\delta_{ij}$ 是一个克罗内克符号，当 $i=j$ 时，$\delta=1$，即代表商品的自价格弹性；当 $i\neq j$ 时，$\delta=0$。

## 第六节　其他估计模型——阿特金森指数模型

收入分配公平问题一直以来都是学术界探讨的焦点。现代福利经济学将福利与效应联系在一起，而之后的学者为评价该问题，也采用了一系列指标或模型，如洛伦兹曲线、基尼系数和阿特金森指数等。其中，阿特金森指数从社会福利角度评估收入的不公平性。

改善家庭能源消费分配的公平和效率，是中国的政策制定者在推进能源定价系统时必须全力解决好的事情。在中国，市场定价机制被认为是监管能源价格、调整均衡分配的重要工具。但是，相对低且固定的价格不仅不能很好地反映能源市场的供需，还会造成能源分布的不公平，即高收入家庭比低收入家庭以较少成本获取较高的能源消费。因此，该定价体系在一定程度上扭曲了能源分布的公平。具体而言，在评价能源消费的公平性时，利用阿特金森指数测度能源消费的分配是一个很好的选择。理论上，基于福利函数的阿特金森指数提供了一个衡量社会分配不平等的方法。假设个体福利不影响他人的收益，且社会总效益是所有个体效益的加总，则社会福利的分配可由阿特金森指数评估。为评价社会分布的有效性、公平性，指数取值范围为0～1，其中0代表分布的最大公平性，1则相反。

在阿特金森指数的表达式中，$T_i$是第 $i^{th}$ 个收入或支出范围内的收入或支出；$f_i$为第 $i^{th}$ 个群体的人口所占的比例；$\overline{T}$ 是家庭的平均收入或支出。阿特金森等式表示如下：

$$y_R=1-\left[\sum_{i=1}^{n}\left(\frac{T_i}{\overline{T}}\right)^{1-\varepsilon}f_i\left(T_i\right)\right]^{\frac{1}{1-\varepsilon}}，若\ \varepsilon\neq1 \tag{2-27}$$

$$y_R=1-\exp\left[\sum_{i=1}^{n}f_i\left(T_i\right)\log_e\frac{T_i}{\overline{T}}\right]，若\ \varepsilon=1 \tag{2-28}$$

如等式所示，阿特金森指数利用参数 $\varepsilon$ 评估家庭收入和能源支出的分配效应。由此可以观察阿特金森指数如何随收入不平等而变动。其他衡量不平等的指数，例如基尼系数，没有将社会福利考虑在内。因此，笔者利用阿特金森指数和 $\varepsilon$，能将社会发展拓展进来，并避免一些模棱两可的问题。$\varepsilon$ 参数是根据罗尔斯的正义原则，对社会可持续发展的理论背景的实证测度。

在阿特金森等式中，$\varepsilon$ 代表社会分配不公平的权重，即衡量各群体间不平等分配的程度。$\varepsilon$ 的提高表示，有更多社会资源被分配到低收入人群，而较少资源被分配给高收入人群。该参数使阿特金森指数在社会可持续发展中纳入社会福利函数，也就定义了阿特金森指数对社会不平等的敏感性。它的取值范围为0至无穷大，如果社会忽略分配不平等，则 $\varepsilon$ 值为0；如果社会只考虑把资源分配给低收入人群，则其值为无穷大。

那么如何正确决定这一参数？根据 Okun(2015)的假设，世界上各种资源的转移都存在交易成本，例如行政成本、工作努力等，而这些成本将减少穷人最终得到的数额。Okun 建立了一个等式来回答，高交易成本在不被社会所证明时的情形。假设 $z$ 代表资源转移的份额，$\varepsilon$ 可以由下式计算：

$$\varepsilon = \log_2\left(\frac{1}{1-z}\right) \tag{2-29}$$

利用该等式，再考虑转移份额，$\varepsilon$ 的精确值的计算就变得方便许多。实际上，交易的泄露不会超过 60%，相当于 1.3(以 $\varepsilon$ 的数值计)。Rawls(1971)和 Friedman(1962)从社会平等和经济效率两方面来分析 $\varepsilon$ 的数值，分别取值高于 2、小于 1。所以，综合考虑，取值 0.1、0.5、1、1.2、1.5 和 2[①]。由于没有统计上客观的不平等措施，每一项措施都隐性地包含一个理想收入分配的评价。虽然带参数 $\varepsilon$ 的阿特金森指数提供了能源利用的平等权利与经济效率标准的相关联系，但在确定各个国家能源消费 $\varepsilon$ 参数时，仍需要更深入的社会调查。

有时候，对该等式变形处理也是必要的。例如，为计算家庭消费、电力支出和交通运输支出，阿特金森指数需要变形为如下形式：

$$\mathrm{AIM}_g = 1-\left[\sum_{i-1}^{n}\left(\frac{T_{i,g}}{\overline{\overline{T_g}}}\right)^{1-\varepsilon_1} f_{i,g}\left(T_{i,g}\right)\right]^{\frac{1}{1-\varepsilon_1}}，当\ \varepsilon = 0.1, 0.5, 1.2, 1.5, 2 \tag{2-30}$$

$$\mathrm{AIM}_g = 1-\exp\left[\sum_{i-1}^{n}\log_{\mathrm{e}}\left(\frac{T_{i,g}}{\overline{\overline{T_g}}}\right)^{1-\varepsilon_1} f_{i,g}\left(T_{i,g}\right)\right]，当\ \varepsilon = 1 \tag{2-31}$$

其中，$T_{i,g}$ 代表在收入范围 $i^{th}$ 和 $g$(地理区域)内的特殊群体的家庭收入；$n$ 为收入种类之和；$f_{i,g}$ 为在收入范围 $i^{th}$ 下的群体在社会群组中的比例；$\overline{T_g}$ 为所有人群的平均收入。为计算电力支出和交通运输支出，笔者利用 $E_{i,g}$ 和 $K_{i,g}$ 而不是 $T_{i,g}$ 来计算这两个支出分配。

不少学者利用阿特金森指数来评价能源消费的平等性。Du 等(2015)借助该指数对家庭能源分配的公平和效率进行定量评估，结果表明交通支出比电力支出更能体现收入的差异性。Holger Schlör 等(2013)借助该指数评估德国能源消费变迁的分配效应，同时在参数 $\varepsilon$ 中引入社会公平与可持续发

① 这样取值仅是一种考虑。

展。他们指出，社会选择一个更高的 $\varepsilon$ 值是因为对于负担和成本公平分配的更高要求，即可以确定规范目标与社会现实之间的差距。Sun 等(2015)基于全国各城市的微观家庭数据，利用阿特金森指数来衡量公共物品消费的分配，并评估居民的水、电、天然气的收入、支出弹性。结果表明，中等规模城市中公共品的分配不公现象是最严重的。考虑到公共物品具有可持续性，政府部门应多思考分配的平等和效率问题。

**【参考文献】**

[1] Arrow K，Solow R，Portney P R，et al. Report of the NOAA panel on contingent valuation [J]. Federal Register，1993，58(10): 4601-4614.

[2] Brown S J，Sibley D S. The theory of public utility pricing[M]. Cambridge University Press，1986.

[3] Calia P，Strazzera E. Sample selection model for protest votes in contingent valuation analyses [J]. Social Science Electronic Publishing，1999，Anno LXI (3): 473-485.

[4] Cameron T A，James M D. Efficient estimation methods for “closed-ended” contingent valuation surveys [J]. The Review of Economics and Statistics，1987，69(2):269-276.

[5] Cameron T A，Quiggin J. Estimation using contingent valuation data from a “dichotomous choice with follow-up” questionnaire [J]. Journal of Environmental Economics and Management，1994，27(3):218-234.

[6] Cameron A C，Trivedi P K. Microeconometrics: methods and applications [M]. Cambridge University Press，2005.

[7] Carson R T. Constructed markets [J]. Measuring the Demand for Environmental Quality，1991: 121-160.

[8] Carson R T. Contingent valuation: A practical alternative when prices aren't available [J]. The Journal of Economic Perspectives，2012，26(4): 27-42.

[9] Carson R T，Mitchell R C，Hanemann W M，et al. A contingent valuation study of lost passive use values resulting from the Exxon Valdez oil spill [R]. University Library of Munich，Germany，1992.

[10] Carson R T，Flores N E，Meade N F. Contingent valuation: Controversies and

evidence [J]. Environmental and resource economics，2001，19(2): 173-210.

[11] Carson R T，Wilks L，Imber D. Valuing the preservation of Australia's Kakadu conservation zone [J]. Oxford Economic Papers，1994: 727-749.

[12] Davis R K. Recreation planning as an economic problem [J]. Nat. Resources J.，1963，3: 239.

[13] Du G，Sun C，Fang Z. Evaluating the Atkinson index of household energy consumption in China [J]. Renewable and Sustainable Energy Reviews，2015，51: 1080-1087.

[14] Del Saz-Salazar S，Hernández-Sancho F，Sala-Garrido R. The social benefits of restoring water quality in the context of the Water Framework Directive: A comparison of willingness to pay and willingness to accept [J]. Science of the Total Environment，2009，407(16): 4574-4583.

[15] Deaton A，Muellbauer J. An almost ideal demand system [J]. The American Economic Review，1980，70(3): 312-326.

[16] DeShazo J R. Designing transactions without framing effects in iterative question formats [J]. Journal of Environmental Economics and Management，2002，43(3): 360-385.

[17] Ferreira S，Gallagher L. Protest responses and community attitudes toward accepting compensation to host waste disposal infrastructure [J]. Land Use Policy，2010，27(2): 638-652.

[18] Friedman M. Capitalism and freedom [M]. University of Chicago Press，2009.

[19] Garcia S，Harou P，Montagné C，et al. Models for sample selection bias in contingent valuation: Application to forest biodiversity [J]. Journal of Forest Economics，2009，15(1): 59-78.

[20] Green R，Alston J M. Elasticities in AIDS models [J]. American Journal of Agricultural Economics，1990，72(2): 442-445.

[21] Haab T C，McConnell K E. Valuing environmental and natural resources: the econometrics of non-market valuation [M]. Edward Elgar Publishing，2002.

[22] Halbrendt C，Gempesaw C，Dolk-Etz D，et al. Rural Chinese food consumption: the case of Guangdong [J]. American Journal of Agricultural Economics，

1994，76(4): 794-799.

[23] Hanemann W M. Valuing the environment through contingent valuation [J]. The Journal of Economic Perspectives，1994，8(4): 19-43.

[24] Hanemann M，Kanninen B. The statistical analysis of discrete-response CV data[M]//Valuing environmental preferences: theory and practice of the contingent valuation method in the US，EU，and developing countries. Oxford University Press，1999: 302-443.

[25] Hanemann M，Loomis J，Kanninen B. Statistical efficiency of double-bounded dichotomous choice contingent valuation [J]. American Journal of Agricultural Economics，1991，73(4): 1255-1263.

[26] Holtedahl P，Joutz F L. Residential electricity demand in Taiwan [J]. Energy Economics，2004，26(2): 201-224.

[27] Jun E，Joon Kim W，Hoon Jeong Y，et al. Measuring the social value of nuclear energy using contingent valuation methodology [J] . Energy Policy，2010.38(3): 1470-1476.

[28] Kalwij A，Alessie R，Fontein P. Household commodity demand and demographics in the Netherlands: A microeconometric analysis [J]. Journal of Population Economics，1998，11(4): 551-577.

[29] Kemp M A，Maxwell C. Exploring a budget context for contingent valuation estimates [J]. Contributions to Economic Analysis，1993，220: 217-269.

[30] Kahneman D，Tversky A. Prospect theory: An analysis of decision under risk [J]. Econometrica: Journal of the Econometric Society，1979，47(2): 263-291.

[31] Langford I H. Using a generalized linear mixed model to analyze dichotomous choice contingent valuation data [J]. Land Economics，1994，70(4): 507-514.

[32] Lee L F. Generalized econometric models with selectivity [J]. Econometrica: Journal of the Econometric Society，1983，51(2): 507-512.

[33] Lee L F. Some approaches to the correction of selectivity bias [J]. The Review of Economic Studies，1982，49(3): 355-372.

[34] Lin B，Liu X. Reform of refined oil product pricing mechanism and energy

rebound effect for passenger transportation in China [J]. Energy Policy，2013.

[35] Morrison M D，Blamey R K，Bennett J W. Minimising payment vehicle bias in contingent valuation studies [J]. Environmental and Resource Economics，2000，16(4): 407-422.

[36] Narayan P K，Smyth R，Prasad A. Electricity consumption in G7 countries: A panel cointegration analysis of residential demand elasticities[J]. Energy policy，2007，35(9): 4485-4494.

[37] Okun A M. Equality and efficiency: The big tradeoff [M]. Brookings Institution Press，2015.

[38] Rawl J. A theory of justice [M]. Bamforth N，Malik M and O'Cinneide Cambridge，MA: Harvard University Press，1971.

[39] Resende M. Ramsey pricing and regulator's social welfare weights: an empirical application [J]. Review of Industrial Organization，1997，12(3): 413-416.

[40] Schively C. Understanding the NIMBY and LULU phenomena: Reassessing our knowledge base and informing future research [J]. Journal of Planning Literature，2007，21(3): 255-266.

[41] Schlör H，Fischer W，Hake J F. Sustainable development，justice and the Atkinson index: Measuring the distributional effects of the German energy transition [J]. Applied Energy，2013，112:1493-1499.

[42] Sklar M. Fonctions de répartition à n dimensions et leurs marges [M]. Université Paris 8，1959.

[43] Smith V K. Nonmarket valuation of environmental resources: an interpretive appraisal [J]. Land Economics，1993: 1-26.

[44] Sun C，Yuan X，Yao X. Social acceptance towards the air pollution in China: Evidence from public's willingness to pay for smog mitigation [J]. Energy Policy，2016，92: 313-324.

[45] Sun C，Zhang Y，Peng S，et al. The inequalities of public utility products in China: From the perspective of the Atkinson index[J]. Renewable & Sustainable Energy Reviews，2015，51: 751-760.

[46] Sun C，Zhu X，Meng X. Post-Fukushima public acceptance on resuming the

nuclear power program in China [J]. Renewable and Sustainable Energy Reviews，2016，62: 685-694.

[47] Sun C，Zhu X. Evaluating the public perceptions of nuclear power in China: Evidence from a contingent valuation survey [J]. Energy Policy，2014，69: 397-405.

[48] Sun L，van Kooten G C，Voss G M. What accounts for the divergence between ranchers' WTA and WTP for public forage? [J]. Forest Policy and Economics，2009，11(4): 271-279.

[49] Whittington D. Improving the performance of contingent valuation studies in developing countries [J]. Environmental and Resource Economics，2002，22(1/2): 323-367.

[50] Yoo S H，Yang H J. Application of sample selection model to double-bounded dichotomous choice contingent valuation studies [J]. Environmental and Resource Economics，2001，20(2): 147-163.

[51] 李虹，董亮，谢明华. 取消燃气和电力补贴对我国居民生活的影响[J]. 经济研究，2011，46(2)：100-112.

[52] 林伯强，蒋竺均，林静. 有目标的电价补贴有助于能源公平和效率[J]. 金融研究，2009(11)：1-18.

[53] 林伯强，刘希颖. 中国城市化阶段的碳排放：影响因素和减排策略[J]. 经济研究，2010，8(1)：22.

[54] 林伯强，杨芳. 电力产业对中国经济可持续发展的影响[J]. 世界经济，2009 (7)：3-13.

[55] 谢里，魏大超. 中国电力价格交叉补贴政策的社会福利效应评估[J]. 经济地理，2017，37(8)：37-45.

[56] 张茵，蔡运龙. 条件估值法评估环境资源价值的研究进展[J]. 北京大学学报(自然科学版)，2005，41(2)：317-328

[57] 周亚敏，冯永晟. 中国的电价改革与二氧化碳排放——来自市级层面的实证研究与政策启示[J]. 城市与环境研究，2017(1)：85-99.

# 第三章

# 城市化进程中的居民能源消费特征研究

## 第一节　城市化与居民能源消费

城市化是社会发展到一定阶段的产物。随着农村生产力的提高和经济的发展，人民生活水平也日益改善，农村出现剩余劳动力推动城市化进程。城市化的定义有广义和狭义之分。狭义的城市化仅指人口城市化，即农村居民户口转变为城镇居民户口，城市人口规模扩大，占总人口比重提高。广义的城市化有两种实现形式：第一，农村人口向原先城市区域转移；第二，农村地区变成城市。随着经济发展，一些地区实现产业转移，突破原本的产业结构，第二产业和第三产业比重逐渐提高，最终实现城市化。广义的城市化，除人口城市化以外，还包括生活方式和土地城市化等。即城市化不仅仅是农村人口脱离农村，这些人还应适应城市的生活，融入城市生活中。

从时间维度看，城市化是一个过程，一个地区实现城市化需要长时间的积累。我们可以将其分为城市化初期和中后期。根据刘易斯经济增长理论，农村生产力在经济发展初期十分落后，仅靠耕地无法满足居民生活需求，且劳动力过剩现象很严重。即使此时城乡收入差距很小，仍有大量农村居民进入城市寻求谋生之路，形成早期的城市化。在经济增长达到刘易斯拐点以后，城市和农村的边际生产力水平一致。这时决定农村居民实现城市化的动力主要来自工资水平，当城市的工资水平高于农村时，大量农村居民将由农村转向城市，从而城市化逐渐进入中后期。

按照基本实现城市化的一般定义，当一个国家的城市人口占总人口比重达到70%以上时，可以认为基本实现城市化。根据国家统计局最新数据，2016年中国城市化率为57.35%，正处于城市化中后期。城市化是中国现阶段经济增长的重要特征，改革开放以来，中国的城市化保持高速的增长势头。《2017年政府工作报告》中进一步指出，要完善区域发展格局，扎实推进新型城镇化，并于该年4月份设立雄安新区，加快新时代的城市化进程。由政府的战略目标和中国现今的经济增长情况可以预测近些年中国城市化率将保持高速增长。然而城市化水平不断提高会带来能源消费快速增长的问题(何晓萍 等，2009；林伯强和刘希颖，2010；程开明 等，2016)。如图3-1所示，中国在2016年的城市化水平相比于1990年上涨31个百分点，同期能源总消耗量提高了33.73亿吨标准煤，翻了4.4倍。进一步从能源消费构成对比分析(如图3-2所示)，中国在2016年的城市化水平相比于1990年增加了一倍多，但国内主要一次能源的消耗量都上涨了很多倍，尤其是天然气的消费量较1990年，2016年的消耗量翻了13倍。作为全球一次能源消费量最多的经济体，城市化进程的加快无疑会对中国的能源消费形成巨大压力。

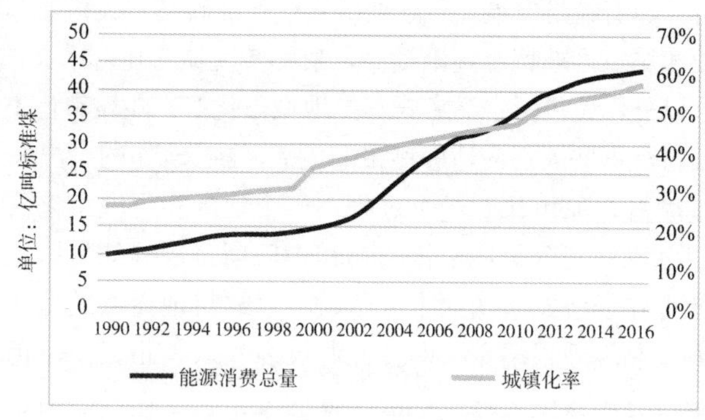


图3-1 中国城市化率与总能源消费量的变化趋势(1990—2016)

数据来源：中国国家统计局官网、中国能源统计年鉴(各年份)。

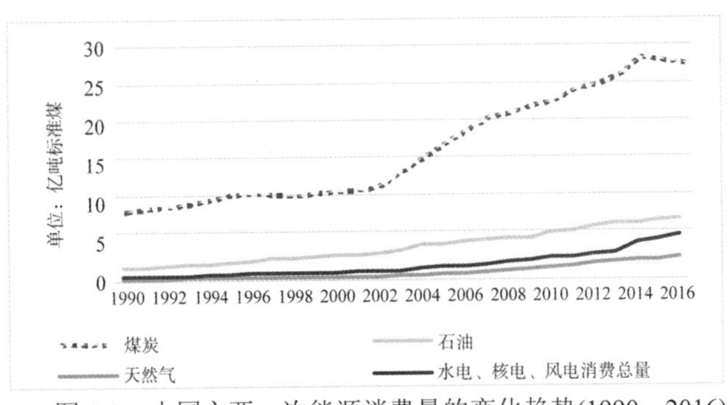


图 3-2　中国主要一次能源消费量的变化趋势(1990—2016)

数据来源：中国国家统计局官网。

城市化导致能源消费过快增长的原因主要有两个：

(1) 城市化伴随着工业化进程的加快与基础设施的大规模建设，这直接导致能源消耗增加。与此同时，对高耗能产品的巨大需求在很大程度上拉升了能源消费。据国家统计局统计，2015 年工业能源消耗量占总能源消耗量的 68%，工业主要包括钢铁、水泥、建材、冶金和机械等，这些都与基础设施建设存在高度相关性。

(2) 居民生活能源消费量是衡量一个国家人民生活水平的重要指标。由农村住户向城市住户转变所带来的家庭生活以及用能方式的改变，导致了居民生活能源消费增长。居民生活能源消费主要涵盖了居民日常生活中照明、供暖、炊饮、洗浴以及使用家用电器和车辆代步等行为对电、燃气、成品油等能源的消费。2000 年以来，随着城市化持续推进，城市家庭对能源的需求快速上涨，居民家庭占能源消费总量的比例逐渐提高。根据 2014 年笔者开展的 CRECS①的调查数据，被调研家庭的平均家庭成员数量为 3.08 人，与第六次全国人口普查平均每个家庭户的人口 3.10 人差异不大。其中，被调研家庭既有单身住户，也有 9 名成员的大家庭。样本家庭的平均住宅

① CRECS，全称 China Residental Energy Consumption Survey，即中国家庭能源消费调查。此调研由厦门大学中国能源经济研究中心开展，所得数据库包含三个东部省份(山东、江苏与福建)、四个中部省份(黑龙江、山西、内蒙古与安徽)以及三个西部省份(新疆、四川、贵州)等不同地区的城市家庭生活能源消费情况，基本覆盖全国，具有较强的代表性。

面积为 121 平方米，年均收入为 9.15 万元，与调研地区的相关统计数据也比较接近。从统计数据上来看，城乡家庭生活用能支出方面的差异比较明显。

在交通出行方面，自 2002 年以来，中国居民人均收入不断提高，从农村交通方式就可以看出，居民由步行、自行车、三轮车逐渐转变为自行车、摩托车和私家车。全国私人汽车拥有量从 2005 年的 1848 万辆，增长至 2016 年的 16559 万辆，平均每年增长约为 1337 万辆(见图 3-3)。不难看出，从农村摩托车到城市私家车这种交通出行方式的转变，必然拉升市场对成品油的需求。在供给方面，据中国汽车工业协会数据，2016 年，国内共生产汽车 2819 万辆，同期销售量达到 2619.6 万辆，同比分别增长了 14.7%和 6.5%，中国已经成为全球最大的汽车生产国和消费市场，由此进一步刺激居民的消费欲望，增加成品油等一次能源的需求。根据 2014 年 CRECS 的调研结果(如表 3-1 所示)，被调研的城市家庭的生活人均用电支出为 124.7 元，燃气支出为 44.5 元，交通用能支出 442.7 元。交通用能支出最高，明显高于用电和燃气支出，这是家用汽车的普及率不断提高的体现。根据中国社科院《中国汽车社会蓝皮书》的研究，2016 年年底中国每百户家庭私人汽车拥有量超过 36 辆，成都、深圳、苏州等城市已经超过 70 辆。由于城市规模的扩大和家庭用车需求的增加，交通用能支出已经成为家庭生活能源支出中最重要的一部分。林伯强和刘希颖(2013)的研究也同样表明，中国每年大致一半以上的石油进口增量来自交通运输行业。

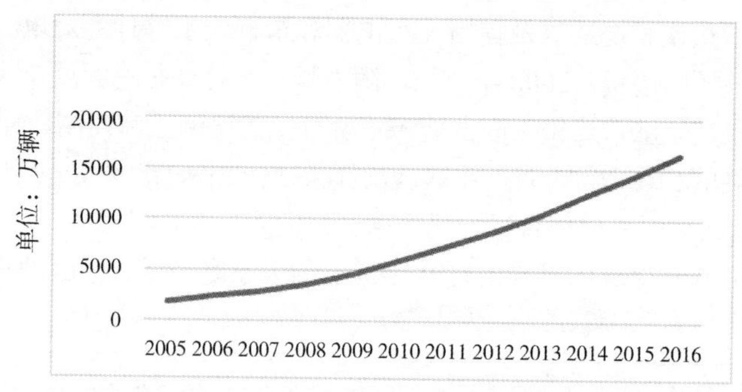


图 3-3　中国私人汽车拥有量(2005—2016 年)

表 3-1 城市居民主要信息及其统计特征

| 数据信息 | 单位 | 平均数 | 标准差 | 最小值 | 最大值 |
|---|---|---|---|---|---|
| 用电支出 | 元 | 124.650 | 89.637 | 6 | 800 |
| 燃气支出 | 元 | 44.496 | 47.869 | 0 | 1000 |
| 交通用能 | 元 | 442.880 | 554.642 | 0 | 6000 |
| 家庭人数 | 人 | 3.062 | 1.019 | 1 | 9 |
| 居住面积 | 平方米 | 121.282 | 63.942 | 30 | 480 |
| 家庭收入 | 万元 | 9.153 | 10.691 | 0.5 | 200 |

数据来源：CRECS 数据库。

CRECS 的调研结果显示，在居民用电方面，家庭生活用电支出是城市家庭生活能源消费的主要部分。以 2011 年为例，城市家庭人均电力支出大致是农村家庭的 1.4 倍，而城市家庭人均交通支出则要比农村家庭高出近 1 倍。根据国家统计局 2017 年公布的数据，2016 年年底中国农村家庭的洗衣机、电冰箱、彩电、空调的拥有率分别达到 84 台/百户、89.5 台/百户、118.8 台/百户、47.6 台/百户，而城市居民分别为 94.2 台/百户、96.4 台/百户、122.3 台/百户、123.7 台/百户，农村家庭向城市每转移一百户，将带来 10.2 台洗衣机、6.9 台电冰箱、3.5 台彩电、76.1 台空调以及其他电器的增长。城市化进程所带来的家庭用电方式以及用电习惯的转变，将成为推动电力需求上涨的重要力量。另外，家庭生活用电的时段比较集中，负荷曲线存在较大的峰谷差，意味着电力装机的增长可能会更加明显。但与交通用能和燃气支出的不同之处在于用电是家庭用能的必备支出。CRECS 的调研数据显示，在所有样本中有 4.9%的家庭没有交通用能方面的支出，15.3%的家庭没有使用燃气设备，但所有的家庭在用电方面都有支出，这表明生活用电在家庭城市中已经完全覆盖，成为满足城市家庭基本用能需求的主要保障。笔者和林伯强(2013)研究指出，2009 年中国家庭共消耗 457.1 亿 kWh 电力，占全国电力消费的 12.5%，其中，居民部门年人均电力消费 303.8kWh，平均电力价格为 70 美元每千瓦时，人均消费为 21.3 美元，在居民人均可支配收入和支出中的占比分别为 1.45%和 1.64%。综上对城市和农村在交通出行和用电等能源消费支出的对比可以发现，城乡能源消费确实存在较大差异，并且城市居民用能远高于农村居民用能，可见城市化进程加快导致能源消费量迅速增长。

国际历史经验表明，工业化进程中的能源需求增长具有刚性特征①(林伯强和孙传旺，2011；马海良 等，2017；蒋雪梅，2014)。但这种刚性增长只是一个阶段性的过程，随着产业结构的调整和工业化进程的结束，工业部门能源消费的比重会有所下降，阶段性的刚性特征也随之消失。从美国、日本的工业化历程来看，在工业发展的初期，由于技术和产业结构等方面的制约，工业耗能量很大，导致工业部门占能源消费总量的比重较高。而城市化进程的推进正是伴随着工业的发展而发展，所以，随着工业的发展、产业结构的调整和优化以及工业用能效率逐渐提高，工业部门能源消耗的比重将下降。例如，在 1950 至 1970 年期间，美国的工业能耗比重从 46.92%降至 43.67%，日本工业用能占比从 1955 年的 55.61%下降到 2000 年的 47.40%。难以否认到工业化后期，中国工业用能占比也必然会达到一个拐点。

然而，与工业化的阶段性影响不同，由家庭用能方式转变而引发的能源消费增长则是一种比较长期的过程，并且很难轻易改变。这与家庭能源消费路径的锁定效应密切相关(Unruh G C，2000，2002；Unruh G C & Carrillo-Hermosilla J，2006)。如果短期内技术无法突破且居民无法获得更便捷和更节能的生活方式，居民将按照已经形成的生活习惯消费能源，即未来的能源需求和相关的温室气体排放将被锁定在目前的能源消费模式(He et al., 2016; El Badaoui & Touzani, 2017)。路径锁定或路径依赖体现了城市发展的本质内涵和居民节能意愿。例如，居民的交通能源消耗取决于城市规模、交通状况和生活方式，而家庭生活能源消费主要受家电设备的数量、功能和质量的影响。在快速城市化过程中，生活方式的转变导致了对现代燃料的需求不断增长(Mahlia et al., 2003；林美顺，2016)，并产生了能源使用的根本变化(Cai & Jiang，2008；Tampakis et al., 2017)。但是居民家

① 中国 2012 年水泥消费量占全球的 57%，钢铁消费量占 45.8%。因为没有一个国家可以为中国提供城市化所需要的钢筋和水泥，中国无法像其他小国一样通过进口解决城市化对高耗能产品的需求。

庭能源消费的路径选择除了受到技术更新的阶段性导致的锁定效应的影响外，还可能受能源政策和战略的影响，即政府的政策制定的有效性会对中国城市化进程中的能源消耗量产生长期影响。换句话说，城市化进程的推进使能源消费增加的同时，也为城市居民提供了创造高效的能源消费模式和节能减排实现低碳生活的机会。然而，政府决策者可能没有充分认识到，借助城市化进程的机会来提高城市整体运行效率，降低由城市化带来的能源需求的压力，可以实现节能减排的战略目标(Dhakal，2009)。

而政府决策的有效性与能源定价机制和引导居民采用合理的能源消费结构相关。能源定价政策的可行性取决于居民对不同能源价格的敏感度，而这种敏感度的衡量指标便是价格弹性和支出弹性。但是现有文献鲜有对能源价格弹性进行深入探究，并为能源价格制定提供理论支持。所以，很有必要对能源价格弹性和支出弹性进行研究，理顺定价机制并引导居民在未来选择合理的能源消费的路径，使中国充分利用城市化进程加快的机会转变能源消费模式，选择高效节能的能源消费路径。

现阶段，相关领域的学者对城市化与居民能源消费关系的研究主要集中在两个方面：能源需求函数的经验估计和居民家庭能源消费行为的计量分析。家庭能源需求的实证研究突出了能源需求与经济增长或经济转型之间的关系。例如，Kraft J 和 Kraft A(1978)是研究美国能源消耗和 GNP 增长关系的先驱。此后，类似的实证研究被扩展到其他工业国家，如英国、意大利、德国、法国和日本(Yu & Choi，1985；Erol & Yu，1987)。Lee 和 Glasure(1997)在亚洲新兴工业化经济体突然崛起的背景下，研究了韩国和新加坡能源消费与 GDP 之间的因果关系。Wei 等(2003)发现，城市化会带来一系列的能源消耗变化。家庭生活水平在快速城市化阶段得到改善，导致住宅能源需求显著增加。此外，住宅能耗结构的调整对家电升级、提高能源使用热效率有很大影响，有利于节能。Shen 等(2005)探讨了城市化与能源需求之间的关系，并预测了 2050 年中国未来的能源需求。Liu(2009)利用向量自回归(Vector Auto Regression，VAR)模型研究了城市化与能源消费增长之间的因果关系，以及城市化到能源消耗变化的因素分解分析。Lin 和 Ouyang(2014)的研究表明，中国的一次能源需求将在中长期持续增长。

在人均家庭消费支出不断增长的背景下，Wang 等(2012)以及 Lin 和 Liu(2013)都曾估计了中国城市客运的能源需求弹性。Fan 等(2017)采用 DIVISIA 分解方法，从汇总和分类两个角度分别讨论了中国的城市化进程与居民能源消费的关系。

能源需求的研究通常使用的是汇总的时间序列数据。家庭层面的数据越来越多地用于分析居民家庭能源消费行为的研究中。以往的研究已经从不同角度评估了家庭能源消费行为对能源消耗的影响。一些学者的研究主要集中于家庭能源使用和家庭生活方式的能源消费行为。例如，Diepen(2013)认为家庭能源使用主要包括烹饪的能源消耗、家用电器的能耗。Schipper 等(1989)发现 45%～55%的能源使用受到消费者家庭能源消耗、个人交通、服务等行为的影响。童泉格等(2017)研究了家庭的能源消费行为对居民建筑能耗的影响。Taylor 等(2001)发现，能源利用率的提高使家庭能源需求降低，但是能源需求随住房面积扩张和收入的增加而增加。Sathaye 和 Tyler(2001)研究了城乡生活消费结构变化对未来能源使用的影响。其他研究集中在居民电力消费和交通运输能源使用情况等方面。Achão 和 Schaeffer(2009)基于指数因子分解(Index Factor Decomposition，IFD)方法，探讨了巴西居民家庭电力消费行为。Riley(2002)研究了人口、城市化和经济增长对中国交通能源消费快速增长的影响。Filippini 和 Pachauri(2004)估计了印度居民用电的收入弹性和价格弹性。Holtedahl 和 Joutz(2004)分析了家庭可支配收入、人口增长、电价和城市化等因素对中国台湾居民用电需求的影响。

通过以上文献综述可以发现，用微观数据进行家庭能源消费行为的研究主要集中于国外。由于数据可用性，几乎所有关于中国居民能源消费的研究都使用的是中国国家统计局的宏观统计数据。具体来说，Zhang(2004)利用宏观统计数据分析了中国不同地区电力、煤气、液化石油气、天然气和供热用煤等家庭能源消费行为。由于微观层面的数据具有更大的灵活性和可靠性，使用基于实践调查的微观数据研究中国城市化进程中居民用能行为对能源消耗的影响至关重要。微观层面的家庭数据包括家庭特征、家庭规模、年龄分布、教育水平和消费者对节能政策的反应等信息。但是由于缺乏调查数据，中国住宅能源需求的微观研究仍然很少。Wang 和 Zhenming(1996)根据对中国六个不同地区 3240 户家庭的调查，研究了农村地区的家庭能源消费结构。研究结论认为主要是城乡存在能源供应不平衡问题，导致城乡居民能源消费行为存在较大差异，政府应该进行能源价格改革来调节居民能耗。Sun 和 Lin(2013)使用中国的面对面调查数据来检查消费者对住宅区块关税定价的反应。

本章使用中国居民家庭能源消费调查(CRECS)的微观数据进行实证研究。居民家庭能源消费行为因中国人口众多和地域广阔而有所不同。为阐明中国各地区的能源消耗差异，选择中国十个省份作为样本，包括中国东部三省(山东、江苏、福建)、中部四个省份(山西、安徽、黑龙江、内蒙古)和西部三省(新疆、四川、贵州)。此外，还通过在省会城市、地级市、县级市和乡村的调查，进一步深入研究城乡居民能源消费差异。在 2013 年进行的调查中，1200 户家庭回答了现场调查问卷。城市和农村居民的调查数据是通过随机抽样收集的，所选省份的特点和抽样描述见表 3-2。

表 3-2 样本城市及数据的统计描述

| 地区 | 城市规模 | 一月份的气温(℃) | 人均消费支出(人民币元) | 城市-农村抽样点 | 样本量 |
|---|---|---|---|---|---|
| 新疆 | 省会城市 | −14.9 | 8752 | 城区 | 122 |
| 四川 | 地级市 | 5.5 | 7623 | 城区 | 120 |
| 山东 | 县级市 | −1.4 | 10598 | 城区和乡村 | 127 |
| 内蒙古 | 县级市 | −13.1 | 9347 | 城区和乡村 | 120 |
| 江苏 | 省会城市 | 2 | 15133 | 城区和乡村 | 131 |
| 贵州 | 省会城市 | 4.9 | 10507 | 城区 | 104 |
| 福建 | 县级市 | 10.5 | 11928 | 城区 | 118 |
| 山西 | 县级市 | −6.6 | 9685 | 城区和乡村 | 108 |
| 安徽 | 地级市 | 2.1 | 8958 | 城区和乡村 | 121 |
| 黑龙江 | 地级市 | −19.4 | 8900 | 城区 | 109 |

为进行综合调查，需要考虑城市规模对实证结果的影响。所以调研数

据共1180份，包括省会城市357份、地级市350份、县级市325份和乡镇148份。与居住在小城镇或乡村的家庭相比，大城市中的家庭(超过100万人)可能具有不同的能量消耗模式(牛凤瑞和潘家华，2007)。表3-3概述了本章研究的关键变量。其中，电费、天然气成本、交通运输能源成本和供热能源成本是月度数据。汽车保有量是一个虚拟变量，如果一个家庭至少有一辆私家车，该变量的值等于1，否则为0。在城市化过程中，中国的居民汽车拥有量大幅增加，导致燃料消耗增加和交通拥堵情况更加恶化。TPHE(Tiered Pricing for Household Electricity)是“阶梯电价”的缩写，该电力定价模式自2012年7月开始实施。如果被调查家庭在实施阶梯电价的地域，则TPHE等于1，否则为0。太阳能电池板安装是实现能源替代的重要途径，有助于未来家庭能源使用的低碳模式。因此，太阳能变量在本章中被引入为一个虚拟变量，如果被调查家庭安装了太阳能热水器，这个变量等于1，否则为0。家庭收入是可支配家庭收入，即家庭总收入减去个人所得税。为研究农村居民向城市转移对能源消费总量的影响，我们引入了农村居民对照组。如果一个家庭生活在农村地区，“农村家庭”的变量等于1，否则为0(Lam，1998)。从调查结果可以看到，家庭平均每月用电支出为124.650元，标准差为89.637元；平均每月燃气支出为44.496元，标准差为47.869元；平均每月交通运输能源成本为442.880元，标准差为554.642元；平均每月供热能耗支出为172.1953元，标准差为247.33元。总体上看，能源消费支出是家庭支出的重要组成部分，运输能源成本、供热能源消耗、电力和天然气占总能源消耗支出的份额较大。

表3-3　关键变量的统计描述

| 变量 | 单位 | 平均值 | 标准差 |
|---|---|---|---|
| 用电支出 | 元 | 124.650 | 89.637 |
| 燃气支出 | 元 | 44.496 | 47.869 |
| 交通运输能源支出 | 元 | 442.880 | 554.642 |
| 供热耗能支出 | 元 | 172.1953 | 247.33 |
| 汽车保有量 | — | 0.1068 | 0.30896 |
| 太阳能的使用 | — | 0.219 | 0.466 |

(续表)

| 变量 | 单位 | 平均值 | 标准差 |
|---|---|---|---|
| 阶梯电价制度 | — | 0.7610 | 0.42664 |
| 居民收入 | 万元 | 9.316 | 10.691 |
| 农村家庭 | — | 0.125 | 0.331 |

注：调研统计量均为 1180 份。

为检查调查数据的代表性，将家庭级数据与国家统计数据进行比较(见表 3-4)。结果表明，调查数据符合国家统计的家庭规模。

表 3-4　样本调查数据与国家统计局统计数据的比较

| 变量 | 指标 | 国家统计局 | 调查数据 |
|---|---|---|---|
| 家庭人口数(人) | 城市 | 2.89 | 3.02 |
| | 农村 | 3.98 | 3.37 |
| | 男性人口比例 | 51.4 | 55.83 |
| 人均居住面积($m^2$) | 城市 | 32.70 | 41.70 |
| | 农村 | 36.24 | 44.16 |
| 家庭能源消费(元) | 电力 | 32.00 | 44.32 |
| | 燃气 | 12.35 | 15.67 |
| | 交通 | 179.08 | 156.29 |

数据来源：《中国统计年鉴 2014》《中国能源统计年鉴 2014》。

中国的气候在各个地区有很大差异，从严寒到炎热，从干旱到潮湿，这对家庭能源使用具有重大影响(Lau et al., 2007)。由于经济发展水平、天气和地理位置等方面的差异，中国不同地区的家庭能源消费模式有所不同。中国北方和华南地区的被调查省份的家庭能源消费结构如图 3-2 所示。由于冬季气温较低，位于中国北方的新疆、山东、内蒙古和黑龙江等省的家庭取暖费用远高于其他省份。相比之下，位于中国南方的四川、贵州、江苏、安徽和福建等省的住宅采暖费用为零，冬季气温较高，没有暖气供应(Salvalai et al., 2013；蔡慧敏，2016)。此外，太阳能的使用也受天气和地理位置的影响。例如，由于盆地地形，四川省的阳光较少，导致家用太阳能电池板的安装非常罕见。然而，位于长江三角洲(如江苏、安徽)的省份有更多的阳光，因此家用太阳能电池板的安装比较常见(Lu & Wu，2010)。由于燃气通常只用于烹饪，燃气支出在各个地区占能源消费总支出的比例都较小。

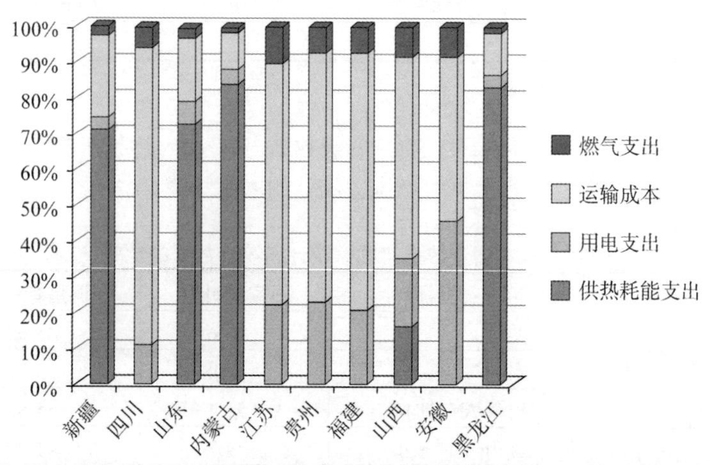


图 3-4　样本城市的居民能源消费结构

值得注意的是，在所有被调查的省份中，运输成本占家庭能源消费的最大份额。这个特点在四川和贵州省最为显著，因为这些地区拥有汽车的家庭在被调查家庭中的比重较大，分别为 32.5%和 22.1%。为研究汽车使用对交通成本的影响，我们将居民分为两组：有私家车的家庭和没有私家车的家庭。在调查中，每 100 个家庭拥有汽车的比重为 12.5%，略低于国家统计局的数据，可能因为我们的调查排除了三轮汽车和低速卡车。

在居民能源消费行为与能源需求的研究方面，本章的主要贡献在于:

(1) 这是第一篇基于微观家庭数据分析中国农村和城市家庭的电力、供暖和交通能源消耗的文献。

(2) 研究强调了家庭生活方式与住宅能源需求之间的关系，这恰当地证明了中国城市化进程中居民能源消费的“路径锁定效应”。

(3) 研究了居民能源需求的价格弹性和支出弹性。

(4) 为政策制定者能源价格改革、未来居民能源消费路径选择以及城市发展和实现节能减排的战略目标提供理论指导和建议。

## 第二节　居民能源需求的价格弹性与支出弹性

能源需求的价格弹性指的是能源价格变化百分之一，引起能源需求变化的百分比。能源需求的价格弹性越大，居民对能源的价格越敏感，较小的价格变化将导致能源需求大幅波动，产生杠杆效应。能源需求的支出弹性是指居民的总支出或收入的变化引起的能源需求的变化程度。若居民的能源需求支出弹性很大，说明居民自身总收入或总支出对能源的消费产生较大的影响，即能源消费在居民总体消费中属于刚性需求的比例较小，节能潜力很大。

居民家庭能源消费主要包括石油、天然气和电力。由于目前能源市场上民用天然气的价格相对较低，且普及范围小，因此所占份额最小。尽管目前中国的天然气开发处于起步阶段，但无论是市场还是政府，都充分重视对天然气的发展。2017 年 5 月中共中央、国务院印发《关于深化石油天然气体制改革的若干意见》，明确了深化石油天然气体制改革的指导思想、基本原则、总体思路和主要任务，在上游领域首先就提出完善并有序放开油气勘查开采体制，提升资源接续保障能力。2016 年中国天然气消费占一次能源比重为 6.2%，同比增加 0.4 个百分点，根据天然气“十三五”规划到 2020 年该比例将达到 8.3%~10%，未来，中国将迎来天然气快速发展期。可以预见，中国未来的天然气需求增长必将超过电力和石油。因此在中国居民能源消费定价改革过程中，应同时兼顾三大能源的需求弹性。中国作为最大的发展中国家，在节能减排方面肩负重大责任。研究能源需求弹性，并为能源定价机制设计提供理论依据，将为优化能源需求配置和实现节能减排起到很大的促进作用。

## 一、文献综述

目前国内对家庭能源需求价格方面的研究主要集中在对居民能源价格补贴及能源定价机制影响的讨论(林伯强 等，2009；李虹 等，2011)，而有关中国家庭能源需求价格弹性的实证研究并不多。2012 年 7 月，居民阶梯电价改革方案正式在全国范围施行，居民电价被分为三档，各省市根据当地家庭用电特点划分不同的用电阶梯。Sun 和 Lin(2013)利用国内各地区居民用电消费的统计数据，通过面板分析之后指出，低收入者对现行电价比较敏感，其价格需求弹性为-0.4，而高收入者对现阶段的电价则较不敏感。继阶梯电价改革之后，在经过之前两次因暂缓调整国内成品油价格而遭社会质疑后，2016 年 1 月 13 日，国家发展改革委发布了新的成品油定价机制，并同时下调国内成品油价格。Wang 等 (2012)、Lin 和 Liu(2013)对成品油的自价格弹性和总支出弹性进行了估算，并提出了进一步完善成品油价格机制的改革建议。2017 年 5 月中国展开了新一轮的天然气改革，此轮改革强调要完善成品油价格形成机制，发挥市场决定价格的作用，保留政府在价格异常波动时的调控权。推进非居民用气价格市场化，将进一步完善居民用气定价机制，通过市场竞争形成价格。

对比国内研究，国际上有关中国家庭能源消费的理论和实证研究相对丰富，研究方向覆盖了能源消费结构和需求弹性等。但主要的研究方向集中在对需求价格弹性与需求收入(支出)弹性的估计。例如，Holtedahl 和 Joutz(2004)讨论家庭可支配收入、人口增长率、居民电价、城市化率与气温情况对中国台湾居民电力需求的影响，通过误差修正模型对 1955—1996 年的数据分析表明，电力需求的价格弹性为-0.15，而收入弹性较大，从短期到长期分布在 0.23～1.04。其他相关文献的研究结果见表 3-5。

表 3-5　有关家庭能源消费需求弹性的实证研究概览

| 文献来源 | 研究对象 | 价格弹性 | 收入(支出)弹性 | 时间段 | 研究地区 |
| --- | --- | --- | --- | --- | --- |
| Holtedahl 和 Joutz (2004) | 电力 | −0.15 | 0.23~1.04 | 1955—1996 | 中国 |
| Sun 和 Lin(2013) | 电力 | −0.12 | 0.47 | 2000—2007 | 中国 |
| Zhou 和 Teng(2013) | 电力 | −0.35~0.50 | 0.14~0.33 | 2007—2009 | 中国 |
| Lin 和 Liu(2013) | 成品油 | −0.7172 | 1.9635 | 1995—2011 | 中国 |
| Wang 等(2012) | 交通(油) | −0.4135 | 1.8578 | 1994—2009 | 中国 |
| Tinic 等(1973) | 天然气 | −0.44~2.13 | 0.018~0.02 | — | 多国 |
| Maddala 等(1997) | 天然气 | −0.24~ −0.13 | −0.43~0.49 | 1970—1990 | 多国 |

在对中国居民能源消费结构的研究方面，Wang 和 Feng(1996)通过调查中国发达地区的农村能源消费水平和结构，发现发达地区的农村能源消费主要问题是供给不平衡，政府应该推行价格管制来调整能源消费结构。Zhang(2004)利用统计数据，对中国不同地区的城市居民每年消耗的电力、煤气、液化石油气、天然气以及采暖费用进行定量分析，比较了中国、加拿大、日本、美国的每户能源消费和采暖期度日数的关系。这些文献从侧面对中国居民能源消费的研究进行了补充。

在已知的对中国居民能源消费需求弹性的研究中，学者采用的大多基于时间序列、面板及横截面等宏观统计数据，而采用微观家庭实地调研数据分析居民能源消费问题的研究还非常少。在居民用电需求方面，目前仅有 Murata 等(2008)、Feng 等(2010)以及 Zhou 等(2013)在研究中引入家庭住户层面的数据。其中，Murata 等(2008)和 Feng 等(2010)的分析都没有从价格弹性入手，只有 Zhou 等(2013)利用普通最小二乘法测算了四川省居民用电的价格弹性和收入弹性。而关于居民天然气需求的价格弹性及收入弹性的估算，在中国几乎没有相关的研究。国外对于民用天然气需求的研究，目前主要集中在短期及长期的收入、价格弹性。Tinic 等(1973)与 Berndt 和 Watkins(1977)分别利用横截面数据和面板数据研究了不同国家的居民天然气的自价格弹性和支出弹性，此类研究还存在于 Maddala 等(1997)的文献中。

## 二、能源需求的价格弹性和支出弹性

居民能源消费主要受能源价格和可支配收入两方面因素的影响。不同收入的居民对能源价格变化的敏感度有所不同。一般情况下，高收入居民的能源价格弹性较小，低收入居民的能源价格弹性更大。

笔者通过 LA-AIDS 模型得如表 3-6 所示的实证结果。从 R2 的值可以看出，三个方程均有较为合理的拟合度。几乎所有的估计系数都在 0.01 的水平上显著。这意味着居民的三种能源消费的份额受各自价格、其他能源商品价格以及 Stone 价格指数的影响。可以发现，交通出行的复合项前的系数为 0.1370，从中可以初步推断出成品油的支出弹性大于 1。而电力和燃气的系数均小于 0，由此可得知电力和燃气的支出弹性均小于 1，是缺乏弹性的。根据表 3-6 所得参数，进一步计算出三类能源的价格弹性和支出弹性。

表 3-6　LA-AIDS 模型回归结果

| | $k_1$ | $k_2$ | $k_3$ |
|---|---|---|---|
| $\ln p_1$ | 0.0810*** | | |
| $\ln p_2$ | −0.0750 *** | 0.0911*** | |
| $\ln p_3$ | −0.0060 | −0.0162** | 0.0222*** |
| ln X -ln P | 0.1370*** | −0. 1141*** | −0.0228** |
| R2 | 0.8160 | 0.9113 | 0.1271 |
| Chi2 | 4628.71 | 10602.62 | 158.53 |

注：$k_1$、$k_2$、$k_3$ 分别是成品油、电力和燃气。$\ln p_1$、$\ln p_2$、$\ln p_3$ 分别为成品油、电力、燃气的价格指数的对数形式。***、**、*分别代表在 0.01、0.05 和 0.1 水平上的显著性。

正如前文所述，三种民用能源的支出弹性均为正数(如表 3-7 所示)，由此可以断定其非吉芬商品，随着收入的增长，城市居民对成品油、电力、燃气的消费需求都将上涨。交通出行的支出弹性最大，表明城市家庭收入条件的改善对交通出行方式具有实质性改变作用。当人均收入提高时，往往伴随着人均消费支出的提高。弹性系数 1.2351 表明城市家庭消费支出，每提高 10%，成品油支出将上升 12%。居民收入提高所带来的更高的交通支出，将对中国节能减排规划产生巨大压力。根据国家统计局 2016 年发布的数据，1990—2013 年城市居民人均消费性支出增长了 14 倍左右，交通支出同期增长了近 68 倍，这再一次验证了本书的结论，交通出行的支出弹性远大于 1。燃气的支出弹性仅次于交通出行，随着收入增长，城市家庭消费支出每提高 10%，居民燃气支出将上升 8%。通过统计数据我们发现，2011 年中国城市居民的交通支出和水电燃料支出占居民总消费支出的比重分别为 9.2%和 5.55%，而 2000 年的相关数据仅为 3.24%和 5.9%。由于交通的收入弹性大于 1，水电燃料小于 1，因此，从 2000 年到 2011 年，交通支出占比呈现出显著的提高，而同时水电燃料消费的增长小于收入的增长，其占比反而略微下降。居民在收入增长和向城市转移过程中，越来越重视交通通信以及能源消费，生活质量得到显著提高。

**表 3-7　自价格弹性和支出弹性**

| | 电力 | 燃气 | 交通 |
|---|---|---|---|
| 自价格弹性 | −0.3874 | −0.7794 | −0.9601 |
| 总支出弹性 | 0.6262 | 0.7963 | 1.2351 |

从自价格弹性来看，交通、燃气、电力的弹性均为负，这意味着控制其他能源商品价格不变时，某一特定能源商品价格的上升导致其需求量下降。电力作为城市居民家庭生活的必需商品，具有相对较低的价格弹性，如果电力价格每提高 10%，居民家庭用电将减少 3.9%，这体现出电力缺乏弹性的特征。长期以来，政府行政定价导致城市居民电价严重低于其边际成本，与工业电价之间存在着巨大的交叉补贴，补贴总额已超 3000 亿元(林伯强　等，2009)。与发达国家不同，中国在经济转型中实行过渡性的居民电价补贴是合理的，有时甚至是必需的。但以往的居民用电定价模式使得每个居民消费单位电量受到的补贴额是一样的，电力消费量大的群体受到补贴也多，极易造成电力的过度消费和补贴的低效率。因此，旨在打破既影响公平又缺乏效率的定价模式——居民电价机制改革势在必行。交通出行的自价格弹性最大，均值为−0.9601，原因在于中国成品油市场的要素价格扭曲程度以及不恰当的定价现象

在多类能源中最严重。人口增长和城市化是一种长期趋势，政府应当大力倡导公共交通，同时应把目标放在清洁能源对一次能源的替代上，提高能源利用率，从而减轻节能减排的压力。根据《BP世界能源展望2016》公布的数据，2016年中国单位GDP能耗是世界平均水平的1.4倍，与美国、日本、英国相比分别高出2.1倍、2.3倍和3.7倍。与发达国家相比，中国的能源消费存在效率不足问题。此外，由于政府行政干预所导致的能源商品价格过低，无法体现资源的稀缺程度现象日渐严峻。Lin和Liu(2013)的研究表明，成品油使用效率的提高存在“反弹效应”。因此在提高能源使用效率的同时，应当辅以价格手段，来减少反弹效应的影响。

此外，电力和交通的自价格弹性均小于支出弹性，这说明居民的用电和交通出行的消费需求对收入的改变更为敏感，提高收入带来的效应足以缓解能源价格上涨带来的负面效应，从而不影响居民能源消费的福利水平。天然气的价格弹性为-0.7794，表明其价格每提高10%，需求将降低7.8%。在电价改革和成品油改革政策相继出台的情况下，天然气价格改革也应逐渐提上议程。总而言之，如何把握好价格区间，利用价格杠杆来调节居民能源消费结构成为政府政策制定的一大关键。

## 三、稳健性检验

一个值得进一步挖掘的问题是：不同特征的家庭(例如，收入不同)的能源商品的需求弹性是否具有差异性？本章假设认为：家庭收入通过居民对能源商品价格的敏感度(价格弹性)影响能源消费。因此，最好能够得到关于居民对能源价格弹性是否随着城市家庭收入而变化的证据。

笔者将城市家庭平均收入从低到高进行3等分，通过观察不同收入群体的能源价格弹性来判断能源价格改革可能带来的影响。表3-8是对应的报告结果。从表中可以看出，平均收入最低的30%城市家庭，其用电的自价格弹性为-0.44，高于全样本的-0.39的平均水平以及中等收入-0.39和高等收入-0.24的水平。随着家庭收入增加，城市居民对电力价格的敏感度减弱。第三分组(高收入)的家庭，电价每上涨10%，家庭电力消费仅下降2.4%。对电价最敏感的群体是低收入家庭，而中间收入与高收入家庭的用电习惯受电价影响逐级递减。然而，第一阶梯的设计初衷是为了保障居民的基本生活用电，第一阶梯政策效果的公平作用大于效率作用。而且家庭用电量可能还跟生产力成正比，是社会进步与家庭生活条件改善的体现，如果电价提高到影响部分居民的基本生活所需，虽然节电，但必然影响到社会劳动生产力，反而成为政策的弊端。因此，分组的实证结论直观地表明，处于第一阶梯的家庭已经敏感地认识到电价变动对其生活方式的影响，若提高该群体的用电成本可能对生活造成严重影响。而处于第二阶梯与第三阶梯的家庭对所处阶梯的电价水平并不敏感，可以进一步设计更合理的电价方案让这些家庭对电价“敏感”，从而促使交叉补贴更有效的分配。

分组对燃气的自价格弹性的检验结果呈现出与电力一样的特征，如同电力、成品油的价格机制改革，天然气价格改革机制也正处于酝酿之中。目前中国的天然气定价仍然由政府主导，相对低廉且很难与国际接轨的定价无法起到价格杠杆的作用，也不利于形成兼顾公平及效率的配套机制。进入2013年以来，天然气供需缺口不断增加，天然气进口亏损加剧。江苏、浙江、长春等多地纷纷召开民用燃气价格调整听证会，预期将上调民用天然气价格，地方调价可能倒逼全国性的天然气价格机制调整(林伯强，2013)。2013年7月国家发改委宣布调整非民用天然气门站价格，2017年6月23日国家发改委印发《加快推进天然气利用的意见》，随后国家发展改革委公布天然气跨省管道运输价格核定结果，并同步将各省(区、市)非居民用气基准门站价格每千立方米降低100元。在非民用天然气价格改革之后，民用天然气价格机制方案的出台呼之欲出。正因为民用天然气占居民生活能源消费比重较小，对外依存度也未达到原油的对外依存度水平，因此应把握时机有计划地逐步推进，以免重蹈成品油价格改革的困境。由于燃气与电力互为替代商品，其自价格弹性分布情况与电力一致，因此，阶梯电价改革是民用天然气改革的一个重要参照系。

表 3-8　分组样本弹性测算

| | 低收入家庭 | | | 中间收入家庭 | | | 高收入家庭 | | |
|---|---|---|---|---|---|---|---|---|---|
| 能源种类 | 1 | 2 | 3 | 1 | 2 | 3 | 1 | 2 | 3 |
| 样本数 | 387 | 315 | 387 | 342 | 308 | 342 | 393 | 342 | 393 |
| 价格弹性 | −0.44 | −0.71 | −0.94 | −0.39 | −0.69 | −0.95 | −0.24 | −0.35 | −0.99 |

注：1、2、3 分别代表电力、燃气与交通。有些家庭不使用燃气，无法测算价格弹性，因此样本数略少于其他类别。

无论在哪类分组，交通出行的自价格弹性总是最大，但其大小始终小于 1。由此我们进一步发现中国成品油市场是缺乏弹性的。此外，居民交通的自价格弹性在各个分组里差别不大，高收入群体的敏感度略高于另外两组，这或许缘于高收入群体的私家车拥有率较高，对成品油的日常需求也更大，因此对成品油价格的变化会略加敏感。与电力、燃气相反，居民对油价的敏感度并没有随收入的提高而下降，这进一步验证了前文的结论。政府应当参照日本的经验之路，以绿色清洁的新能源为发展目标。虽然中国的成品油定价机制是以市场为导向的，但机制本身通常会受限于价格调整的滞后效应，中国成品油市场仍不能真实反映国际原油市场价格变化。因此，在与国际原油市场定价的接轨上，中国还有很长的路要走。

面对各个不同收入家庭的能源价格敏感度差异，本章进一步对价格弹性与人均收入之间的关系进行分析。

以燃气为例，图 3-5 反映了其自价格弹性与家庭平均收入的关系。居民对燃气价格的敏感度在 0 到 10 万元的收入区间内稳步增加，在 10 万元到 30 万元之间保持一个相对稳定水平。因此，我们可以参照“阶梯电价”模式，对不同收入阶层的城市居民的家用天然气采取“阶梯气价”的收费模式。较低的收入家庭由于生活用能比例较大，对能源价格的改变较为敏感。然而当家庭收入上升，能源消费只占家庭可支配收入较小的一部分时，其对能源消费变为不敏感，能源价格的上涨无法对该部分家庭造成影响。因此，较低收入人群是政府在能源价格改革中重点保护和补贴的对象。中间收入者的弹性最小，即绝对值最小，弹性的真实值最大，政府适当提高能源价格可以促进该阶层人群的环保节能意识，从而在整体上降低节能减排压力。高收入人群由于能源消费方面的收入弹性大于支出弹性，因此对该组家庭征实行较高的能源价格和消费税不仅不会降低他们的福利水平，还可利用该部分剩余对低收入人群进行消费侧补贴和转移支付，从而使能源价格改革政策有利于促进社会的公平和效率。

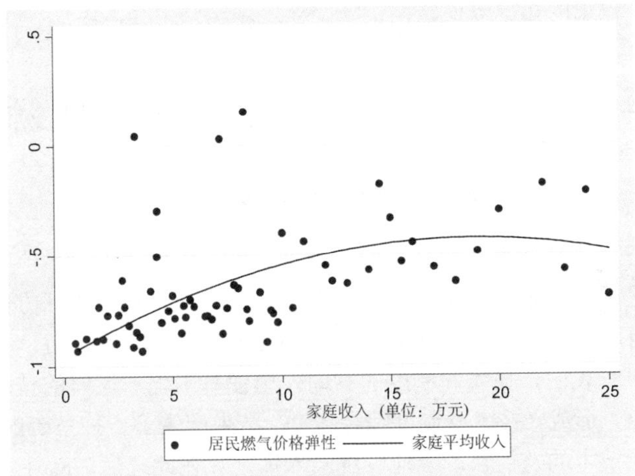


图 3-5　燃气价格弹性与家庭平均收入的关系

当前正是中国能源价格改革的黄金时期，在目前居民部门占能源消费总量比例仍然很小的情况下进行价格机制改革，可减少改革整体影响。此外，随着城市化的迅速发展，民用能源消费比重增速加快，居民对能源价格调整的敏感度会上升，改革阻力会相应增加，因此改革越早越主动，而且可以一定程度上解决目前能源进口倒挂窘境，保障市场供应。

在加快推进价格改革的同时，政府应该不断完善配套措施以减少改革带来的影响。从公平和效率的角度考虑居民能源价格改革，补贴设计尤其重要。为了照顾城市化过程中不同地区和不同收入群组对价格的承受能力，新的定价方案必须设计有目标的补贴措施。例如对经济相对欠发达省份的中心城市门站采取适当的优惠，同时对低收入群体以及农户进行补贴，尽量减小能源提价对低收入群体和农业的影响。不同收入阶层居民的能源价格敏感度存在巨大差异，减少收入差距有利于促进居民对价格调整的接受程度，缓解中国天然气市场的要素价格扭曲现象。此外，政府还应该完善操作细节，提高执行效率。在调研中，部分城市居民表示能源收缴方式对能源商品价格敏感程度有一定影响，如在银行代扣、全年预缴等方式下，居民很难及时了解近期能源商品价格的变动，因此无法对能源价格变化产生反应，在很大程度上削弱了政策的实施效果。

## 第三节　城市化进程中居民能源消费的锁定效应

学者对于能源消费的锁定效应研究主要集中在工业和生活方面。在工业领域，西班牙学者 Unruh(2000, 2002, 2006)最早提出和使用了“锁定”的概念。其研究表明，技术和制度的共同作用使基于化石燃料的技术系统规模报酬递增，形成“技术—制度综合体”，结果产生了一种系统内在惯性，阻碍低耗能技术的发展，即工业经济陷入锁定。在此之后，Karlsson(2012)聚焦于中国，进一步深入研究了中国能源领域的锁定效应：当高耗能产业随着城市化和工业化进程推进而继续扩张时，现有经济结构的路径依赖会进一步加强，这些高耗能产业就会拥有更大的政治影响力，很难转变为低耗能的产业。在生活领域，Christensen(1997)选取了交通、住房、取暖、用电以及食物五方面因素，然后选取了四个在这五方面有显著差异的典型家庭作为分析对象，用生命周期法分别计算各个家庭的能源消费量及其环境影响，结果显示，能源消费型的生活方式比绿色生态型的生活方式多消费 8 倍的初级能源，所以，一旦选择能源消费型的生活方式，就会有相当数量的能源消费锁定在一些日常的生活习惯中；Druckman 等(2009)关于居民生活产品和服务的能源消费量的计算结果表明，奢侈化导向不但引起英国居民娱乐方面能耗增加，而且有相当数量的能耗被锁定在一些基本的居住行为中，包括采暖、炊事等，结构和制度因素迫使居民为了满足日常生活需要而消费大量能源；Roy 等(2009)提出消费者行为是受社会经济系统中人为设计的选项和激励机制驱动的，当生产商通过诸如广告这样的途径成功地将炫耀性消费、奢侈性消费等混入高质量生活的概念之中，那些不太富有的人群就会渴望仿效这种生活方式，因此，改变上述生活方式的发展趋势有助于实现节能减排，而这种改变需要公众对低碳节能的紧迫性有一致的认识，并且愿意积极承担其私人成本。

以上关于生活能源消费的锁定效应的研究表明，有相当一部分能源被锁定在基本生活方面，使减排难度大大增加。作为一个拥有世界 1/5 人口的大国，中国城市家庭所选择的能源消费方式和经济技术路线，对未来较长一段时间的能源需求和温室气体排放具有显著的“锁定效应”[①]。这解释了虽然中国政府一直在倡导绿色消费和可持续发展，但是人均能源消费量却节节攀升的原因。这种“锁定效应”主要表现在城市功能规划和居民用能观念上，如城市规模与交通布局对居民出行用能方式的影响，家庭电器功耗的选择对居民用电量的影响等。以美国和日本为例，在工业化和城市化阶段，美国居民始终倾向于高耗能的用能习惯，时至今日，美国家庭仍持续着较高的能源消费量。反观日本，由于推行严格的节能政策，倡导节能观念，日本在城市化过程中锁定了相对节能的消费方式，日本居民生活能源消费一直处于较低的水平。表 3-9 显示了美日中三国在不同城市化水平下的居民生活用能情况。一方面随着城市化水平提高，美日两国家庭生活用能在一次能源总消费量中的比重不断提升，而且这种“锁定效应”的影响会持续一个相对长期的过程，即使在两国的后工业化时期，家庭生活用能的比重也仍然一直提高。但另一方面，由于美日两国在城市化进程中锁定的家庭用能方式不同，即使在两国同样的城市化水平条件下，日本家庭的人均能源消费大致只有美国的 30%～50%。对比中国，虽然现阶段中国居民部门能耗的总量远低于工业部门，但其增长速度却不断攀升。在 2000 至 2011 年间，增长幅度达到每年 12.5%，超过工业部门年均 10.4%的增长速度。2011 年城市化水平达到 51.3%，家庭生活能源消费占比为 10.64%，人均生活能源消费约为 278kg 标准煤，达到 2000 年的 2.3 倍。现阶段中国

---

① 林伯强在首届诺贝尔奖经济学家中国峰会提出，如果在短时间内没有发生重大的技术突破，经济可能会面对一个所谓的“锁定效应”。如果现在用常规的低效或高碳技术去装备基础设施系统，那么它可能决定了未来几十年的系统效率，未来几十年的排放状况不可避免地在最近几年内就被锁定。

的城市化水平、家庭生活能源消费占比以及家庭人均生活能源消费，大致同 20 世纪 70 年代的日本比较接近。随着中国城市化的推进，越来越多的农村人口将实现城市的生活与用能方式，预计居民部门能源消费量的快速增长将是长期的，而且“锁定效应”也将是明显的。鉴于美国与日本的发展经验，在城市化水平达到 50%左右的阶段，及早研究城市化进程中家庭能源消费方式，探讨保障能源可持续发展的措施与政策，无疑已经成为现阶段中国一个十分重要与紧迫的话题。

表 3-9　美国、日本和中国不同城市化水平下的居民生活用能

| 国家 | 年份 | 城市化率 | 家庭生活能源消费占比 | 居民人均生活能源消费(kg 标准煤) |
|---|---|---|---|---|
| 美国 | 1920 | 50.9% | — | 506.62 |
| | 1950 | 69.9% | 13.95% | 1138.25 |
| | 1970 | 73.5% | 20.05% | 1453.80 |
| 日本 | 1955 | 36.33% | — | 120.81 |
| | 1970 | 45.68% | 8.67% | 250.81 |
| | 1985 | 58.48% | 13.80% | 441.38 |
| | 2000 | 64% | 14.21% | 601.10 |
| 中国 | 2000 | 36.22% | 10.73% | 123.7 |
| | 2011 | 51.3% | 10.64% | 278.32 |

数据来源：《中国统计年鉴 2012》，日本统计局《日本能源统计年鉴》，世界银行，美国能源信息署(EIA)：http://www.economagic.com/em-cgi/data.exe/doeme/tetcbus。

政策制定者一般通过技术与市场两种手段转变并锁定家庭用能方式。尽管城市化进程中重工业与高耗能产品需求所拉动的能源消费增长是刚性的，像美日中这样的大国是难以回避的，但城市化过程中居民生活用能方式的“锁定效应”影响并不是固定的，不同的国家可以主动选择家庭能源消费模式与增长路径。然而，大量的研究认为通过技术改进实现的节能，

会因为“反弹效应”[①]而失去预期的效果，只有市场的手段才可以真正形成节能的动力(Wang et al.，2012；Lin & Liu，2013)。建立反映市场供求和资源稀缺程度、体现生态价值和代际补偿的资源有偿使用制度，改变缺乏公平与效率的能源定价机制，在城市化进程中促进家庭生活节能观念与方式的形成，已成为现阶段中国能源价格改革的重要议题。

本书选用能够有效解释群组间差异的方差分析方法(ANOVA)，探索不同因素对居民能源消费的影响。这些因素包括居民对阶梯电价的敏感度、是否使用太阳能、机动车保有量、居民收入、地域和城市规模。然后进一步使用 Tobit 模型和 OLS 模型进行稳健性检验。实证结果表明：变量(i)(居民是否对阶梯电价敏感)的 F 值等于 35.97，P 值等于 0(见表 3-10 中的第 1 类)。这说明变量(i)对电力使用具有显著影响，而且对天然气的使用也有显著的影响(P 值为 0.018)。由于天然气是电力的替代品，电价上涨将导致天然气的消费增加。

但是，变量(i)对交通运输成本和热能成本的影响不显著，其对应的 F 值分别为 1.87 和 2.28。可能的原因是：第一，阶梯电价对居民用电量有直接影响；第二，交通运输所耗用能量和热能不是电力的替代品。变量(ii)(居民是否使用太阳能)的结果表明，电力和天然气替代了太阳能(表 3-10 第 2 类)，变量(ii)对电力成本影响的 P 值为 0.003，对天然气成本的 P 值为 0.002。如预期，变量(iii)(汽车保有量)只影响交通运输成本，P 值为 0.001(表 3-10 第 3 类)。也就是说，居民是否拥有汽车不会影响其他类型的能源支出。变量(iv)(家庭收入)对电力成本、天然气成本和交通运输成本均有显著影响(1%显著性水平)，而对热能成本的影响不显著。如表 3-10 第 5 类所示，变量(v)(地域)对电力成本(10%显著性水平)，天然气费用(5%显著性水平)，运输成本(5%显著性水平)和加热成本(10%显著性水平)都有显著影响。He 等(2009)认为城市化是影响中国电力需求的重要因素，城

① 提高某种能源产品的使用效率，最初会降低该种能源的消费；然而如果能源价格不变，因节能而获得的产品成本或能源服务使用成本的下降，会引起能源需求的反弹。许多研究证实了这种反弹效应的存在，它使政府为提高能源效率而进行节能投入的效果小于预期(Wang et al.，2012；Lin & Liu，2013)。

市家庭的人均能源消耗约为中国农村家庭的 3.5～4 倍。根据中国的行政区划，本书将被调查的城市分为三类：省会城市、地级市和县级市。为消除家庭收入的部分影响，我们计算每个城市的平均收入，然后根据收入指数收集不同规模的城市样本。表 3-10 最后两行的结果表明，城市规模对各种家庭能源支出有显著影响。因此，我们需要进一步使用变量(vi)来区分被调查的城市，分析城市规模与家庭能源消耗之间的关系，计算不同城市的能源消耗弹性和能源替代弹性，讨论家庭能源消费的趋势，探讨家庭能源消费选择的影响以及关于中国未来的总能源需求。

**表 3-10　不同因素对居民能源消费的影响**

| 电力成本 | 天然气成本 | 交通运输成本 | 热能成本 | | 能源消费类型 |
|---|---|---|---|---|---|
| 35.97*** | 6.05** | 1.87 | 2.28 | F 统计量 | (i) 居民是否对阶梯电价敏感 |
| 0.000 | 0.018 | 0.180 | 0.141 | P 值 | |
| 28.38*** | 7.09*** | 0.463 | 3.42 | F 统计量 | (ii) 居民是否使用太阳能 |
| 0.003 | 0.002 | 0.710 | 0.102 | P 值 | |
| 0.157 | 0.014 | 12.06*** | 0.995 | F 统计量 | (iii) 汽车保有量 |
| 0.694 | 0.906 | 0.001 | 0.326 | P 值 | |
| 8.534*** | 13.57*** | 408.04*** | 2.70 | F 统计量 | (iv) 家庭收入 |
| 0.006 | 0.001 | 0.000 | 0.120 | P 值 | |
| 3.885* | 3.3812* | 7.043** | 4.00* | F 统计量 | (v) 地域(农村或城市) |
| 0.056 | 0.060 | 0.012 | 0.054 | P 值 | |
| 6.95*** | 12.227*** | 17.509*** | 8.38*** | F 统计量 | (vi) 城市规模 |
| 0.007 | 0.002 | 0.006 | 0.007 | P 值 | |

注：①***、**、*分别代表在 0.01、0.05 和 0.1 水平上的显著性；②由于样本规模存在差异，导致不同列的自由度不同。

Tobit 模型和 OLS 模型的结果列于表 3-11 中，变量($TPHE_i$)的结果表明，敏感客户(电力需求量更大且电价更高的高收入居民)每月电费为 0.351 千元，高于不敏感客户(电力需求更少且电价更低的低收入居民)每月电费为

0.062 千元。居民用电的阶梯定价(TPHE)旨在减少高收入客户不必要的电力消费，可进而有效降低电力总需求。

表 3-11 OLS 和 Tobit 模型的回归结果

| 解释变量 | OLS 模型 | Tobit 模型 |
|---|---|---|
| $TPHE_i$ | 0.351***<br>(4.45) | 0.062***<br>(4.09) |
| $SOLAR_i$ | −0.257***<br>(−3.16) | −0.060***<br>(−3.89) |
| $AUTO_i$ | 1.230***<br>(10.12) | 0.093***<br>(4.05) |
| $INC_i$ | 0.139*<br>(1.73) | −0.151***<br>(−9.90) |
| $UOR_i$ | −1.003***<br>(−8.78) | −0.1737***<br>(−7.97) |

注：①家庭能源消费的单位是：千元/月；②***、**、*分别代表在 0.01、0.05 和 0.1 水平上的显著性。

变量($SOLAR_i$)的结果表明，使用太阳能的家庭较不使用太阳能的家庭，其月能源支出要低 0.257 千元，并且在 1%水平上通过显著性检验，意味着太阳能利用率的提高有助于降低中国家庭的能源消耗。变量($AUTO_i$)结果表明，拥有私家车的家庭的月能源支出要高于没有私家车的家庭，幅度约为 1.23 千元。居民汽车保有量的增长是生活质量改善的结果，政府不能人为地阻碍这种增长趋势。但是，为了倡导绿色的生活方式，政府可以鼓励普通公众使用更多的公共交通，减少私家车的使用。变量($INC_i$)结果表明，收入高的家庭要比收入低的家庭有更高的能源消费支出，平均收入每高一万元，能源支出增加 0.139 千元。变量($UOR_i$)的结果表明，农村家庭的平均月能量消耗要比城市家庭低 1.003 千元，这意味着家庭收入是能源消费的决定因素。作为一个人口众多的发展中国家，中国应更多地关注城乡之间的能源消耗差距，以保证公平和效率。

在 Tobit 模型中，本书以家庭能源支出在总可支配收入中所占的份额作为因变量。总体上，Tobit 模型的结果与 OLS 模型的结果一致，并在 1%置信水平下通过检验。例如，变量(TPHEi)的结果表明，敏感客户(高收入居民)家庭能源支出的份额比不敏感客户(低收入居民)的家庭能源支出份额高 6.2%；变量(SOLARi)的结果表明，使用太阳能的家庭的能源支出份额比不使用太阳能的家庭的能源支出份额低 6.0%；变量(AUTOi)的结果表明，拥有私家车的家庭的总能源消耗比没有私家车的家庭的总能源支出份额高 9.3%；变量(INCi)的结果显示，随着收入提升，家庭花在其他方面的支出往往要比花在能源方面的支出增长更快，导致家庭收入每增加一万元，其能源消费份额反而会下降 15.1%；变量(UORi)的结果表明，农村家庭的总能源消耗比城市家庭的总能源消耗低 17.37%。上述结论说明家庭的生活方式与能源消费存在密切关系，这也印证了在城市化进程中居民能源消费的“锁定效应”。

不论从发展阶段还是从宏观经济状况来看，中国目前经济现状与日本 20 世纪 70 年代接近，日本大力倡导节能来应对石油危机并推动经济转型的经验值得我们借鉴。城市家庭的能源消费方式对中国未来较长一段时间的能源需求和温室气体排放具有显著的“锁定效应”，由于居民住宅公共服务设施的更新时间较长，一旦建成投入使用，将持续较长周期。如果在短时间内没有发生重大生活方式的改变，城市化过程中经济可能会面对一个所谓的“锁定效应”。它将导致未来几十年的系统效率、未来几十年的排放状况不可避免地在最近几年内就被锁定。若政府要改变该能源消费模式，不仅可供选择的空间小，成本也将大大增加。因此，如果确定低碳经济发展方向，那就应尽快实现城市化过程中从传统消费模式向低碳能耗的转变。在这一过程中，作为能源消费主体，城市居民对减排的理解和态度转变是关键，而他们的消费习惯和观念则是城市化进程中发展低碳经济的主要支撑。此外，当前政府为居民所规划的经济技术路线也应当建立在长足的考虑之上。

# 第四节　未来居民能源消费的路径选择与政策建议

## 一、未来居民能源消费的路径选择

上一节的实证结果表明城市规模会对能源消费产生影响，有助于探索中国未来的城市发展模式，进一步评估不同规模的城市对家庭能源消耗的影响。结果示于表 3-12。

表 3-12　城市规模对居民不同类型的能源消费的影响

| | 家庭电力消费支出 | 燃气消费支出 | 交通能源消费支出 |
|---|---|---|---|
| 县级市 | 0.0350*** | 0.0175*** | 0.0297*** |
| 地级市 | 0.0670*** | 0.0323*** | 0.0315*** |
| 省会城市 | 0.0840*** | 0.0517*** | 0.0323*** |

注：①家庭能源消费的单位是：千元/月；②***代表 0.01 的显著性水平。

如表 3-13 所示，不同规模城市的能源消耗差异很大。例如，省会城市的居民家庭月度用电支出比地级市高出 0.017 千元，比县级市高出 0.049 千元；省会城市的家庭月度燃气支出比地级市高 0.0194 千元，比县级市高出 0.0342 千元；省会城市交通能源消费的月度支出比地级市高出 0.0008 千元，比县级城市高出 0.0026 千元。可以得出结论，大城市的平均能源消耗量高于中小城市。因此，政府应该在不同地区和不同规模的城市实施不同政策，以引导居民选择合理的能源消费路径。

基于 OLS 和 Tobit 模型的结果来进一步模拟家庭能源消费的路径选择，具体对太阳能的使用、汽车拥有量、电价和城市规模这四个对家庭能源消耗有显著影响的解释变量进行模拟，结果如下。

(1) 太阳能的使用。太阳能热水器的安装在中国很常见：西藏和云南等阳光充足的地区的家庭安装率约为 30%，特别是在地方政府大力推广使用太阳能的省份(如江苏和安徽)，安装率已经达到 60%以上。到目前为止，世界上最大的太阳能热水器制造商和消费者都在中国；太阳能相关产品的库存约占世界总量的 76%，年消费增长率为 20%～30%。模拟结果表明，如果政府更加努力推动太阳能热水器的使用，太阳能的使用将翻倍；更重要的是，平均家庭能耗将因此降低 5.58%。因此，提高太阳能利用率有利于节约能源和减少排放。

(2) 家庭汽车拥有量。拥有私家车家庭的比例随着生活水平的提高而增加。根据调查数据，中国家庭汽车保有率为12.5%。回顾美国和日本的工业化进程我们可以发现，如果中国拥有汽车家庭的比重像日本一样达到59.1%，中国居民的能源消费将增加13.46%；如果拥有汽车的家庭像美国一样达到 79.7%，中国居民的能源消费将增长 19.50%。由此可见，汽车保有量和交通能源需求的不断增长将对中国未来能源供应、能源价格和国家能源安全造成巨大压力。因此，中国未来的政策应集中于鼓励使用公共交通，降低居民汽车保有量的增长率。

(3) 能源价格。能源价格上涨有助于降低家庭能源消费。Green 等(1990)使用 LA-AIDS 模型进行实证研究，得出石油需求的价格弹性为-0.93 的结论，这意味着如果石油价格上涨 10%，石油的需求量将下降 9.3%。中国的能源价格由于受政府管制相对较低，不能反映真实的环境和资源成本。例如，2011 年中国的平均油价为 7.36 元/升；相对而言，日本和美国的平均油价分别为 10.61 元/升和 5.04 元/升。应调整中国的石油价格的定价机制，使国内石油价格与国际原油价格接轨。我们的模拟结果表明，如果石油价格提高 10%，石油需求量可以减少 9%。因此，能源价格改革是政府倡导绿色生活方式的重要工具。

(4) 城市规模。如上所述，城市规模也是影响家庭能源消耗的重要因素。在评估之前，我们需要预测中国的城市化率。中国在 2000 年之后进入加速城市化的阶段，城市化率从 2000 年的 36.22%提高到 2010 年的 49.68%。根据世界银行的预测，中国的城市化率预计在 2030 年达到 65%，也就是说到时候将有超过 1.5 亿人口从农村转移到城市地区。我们的模拟结果显示，不同规模的城市家庭能源支出差异很大。因此，未来人口流向大城市、中型城市或小城市将导致家庭能耗的巨大变化。到 2030 年，人口从农村向城市转移 1.5 亿，相当于建立 100 个新的大城市(人口 150 万)，居民家庭能耗将增加 27.45%；如果这 1.5 亿农村人口转移到中型城市(人口 75 万)，相当于将建立 200 个新的中型城市，居民家庭能耗将增加 21.37%；然而，如果这 1.5 亿农村人口转向小城市(人口为 30 万)，则相当于将建立 500 个新的小城市，居民家庭能耗只会增加 14.17%。表 3-13 给出了不同规模城市增量人口迁移的模拟结果。一些学者认为，判断城市规模是否合理的基本标准是城市完成工作的便捷性和分配资源的有效性。根据我们的模拟结果，如果转移到城市的 1.5 亿农村人口流向中小城市而不是大城市，居民家庭能耗增幅较小。由此可见，大城市的发展阻碍了节能减排。因此，中国城市化进程中城市发展战略的设计将影响家庭能源消费的路径选择。一旦选择了能源消费的家庭路径，居民的未来能源需求将被锁定。

中国建设低碳城市项目于 2010 年启动，并倡导居民选择绿色的生活方式。地方政府还应鼓励家庭用绿色能源代替常规能源，来控制相关的温室气体排放。重点关注小城市和中型城市的发展，以平衡不同规模城市的发展，缩小不同类型城市居民用能消耗的差距。总之，促进小城市和中型城市的发展，同时引导大城市居民向中小城市转移，应该是中国在城市化进程中减少居民家庭能源消费的长期战略，并影响城市居民家庭未来能源消费的路径选择。

表 3-13 城市规模对居民能源消费增长率的影响

| 城市人口增长量 | 城市人口聚集形式 | 形成的新城市数量 | 居民能源消费增长率 |
|---|---|---|---|
| 1.5 亿 | 大城市 | 100 | 27.45% |
|  | 中型城市 | 200 | 21.37% |
|  | 小城市 | 500 | 14.17% |

## 二、政策建议

基于 10 个省的调查数据，本章探讨了影响家庭能源消费的因素和中国居民能源消费结构的第一个案例。基于方差分析(ANOVA)的结果，本章应用 Tobit 模型和 OLS 模型来研究“家庭用电分层定价”“太阳能利用”“汽车所有权”“农村或城市地区”“家庭收入”和“城市规模”。此外，通过模拟不同的情景来估计未来居民的家庭能源消耗量，例如提高太阳能使用率、能源价格上涨以及增加汽车保有量。

城市家庭用能模式与能源消费增长息息相关，并且对中国未来能源需求和节能减排规划存在“锁定效应”。为探讨中国居民部门能源结构调整的可行之路，本章构建几乎理想需求系统(AIDS)模型，引入“自价格弹性”和“支出弹性”，来研究能源价格改革对中国居民能源消费结构的影响。研究发现，近年来随着城市化水平的显著提高，中国能源需求市场发展迅速，国内能源消费总量及其在世界能源消费量中的占比，都经历了较快增长，并且在可预见的未来，三种能源的消费还将继续保持快速的增长。然而，长期低于国际正常水准的定价导致中国城市居民用电、燃气、交通燃油在价格上都不同程度地缺乏弹性。城市不同收入群组的价格弹性和支出弹性存在巨大差别。高收入人群对能源价格的敏感度显著低于中等收入和低收入家庭，不同地区的城市家庭能源消费也存在巨大差异。综上所述，我们给出如下政策建议。

(1) 城市化是节约能源和减少排放的关键。中国的城市化率在 2016 年为 57.35%，低于中等收入国家(约 61%)和高收入国家(约 78%)。由于大规模的基础设施建设，居民和工业部门的能源消耗将在城市化进程中不断增加。然而，能源消耗和环境污染可以受经济发展模式、政府规划以及能源和环境政策的影响。在家庭能源消费方面，倡导绿色生活方式将是中国城市化进程中低碳转型的主要战略。居民家庭能源消耗的路径选择可受政府政策和媒体宣传的影响。中国政府应该提倡节能的生活方式，如鼓励居民使用太阳能、节能家用电器和公共交通等。

(2) 建立新能源的发展机制。环保的新能源将成为未来节能环保的主要力量。随着新能源和分布式能源(Distributed Energy Resource，DER)的广泛使用，新能源在城市建筑的应用也日趋频繁。当能源消耗量、能源效率和能源技术确定时，城市建筑能耗占城市能源消费总量的比重约为 20%，远低于发达国家。太阳能、风能、地热能等清洁能源的使用是提高建筑节能的重要组成部分。因此，一方面，中国政府可以通过提高节能标准和规范认证过程来促进建筑节能效果的提高；另一方面，考虑到投资的要求和风险，新能源发展需要政府提供政策和融资支持。

(3) 中国的城市发展将对未来居民能源消费产生重大影响。家庭路径选择能耗由城市规模决定。研究结果表明，中国大城市的平均家庭能源消耗远高于小城市和中型城市。因此，从技术经济学和资源优化配置的角度来看，中小城市的发展有利于节约能源，减少有害气体及二氧化碳的排放。这种发展模式可以在三个方面影响未来的能源消耗：第一，家庭对私人汽车的依赖可以通过缩短交通距离来减少；第二，公共交通系统可以更好地发展，因为城市规模和人口密度都比较适中；第三，交通通畅，通勤距离缩短，可大大降低运输能耗。此外，应仔细设计城市交通和土地的规划。

(4) 不论从发展阶段还是从宏观经济状况来看，中国目前的经济现状与日本 20 世纪 70 年代接近，日本大力倡导节能来应对石油危机并推动经济转型的经验值得我们借鉴。城市家庭的能源消费方式对中国未来较长一段时间的能源需求和温室气体排放具有显著的“锁定效应”，由于居民住宅公共服务设施的更新时间较长，一旦建成投入使用，将持续较长周期。如果在短时间内没有发生重大的生活方式的改变，城市化过程中经济可能会面对一个所谓的“锁定效应”。它将决定未来几十年的系统效率，未来几十年的排放状况不可避免地在最近几年内就被锁定。若政府要改变该能源消费模式，不仅可供选择的空间小，成本也将大大增加。因此，如果确定低碳经济发展方向，就应尽快实现城市化过程中从传统消费模式向低碳能耗的转变。在这一过程中，作为能源消费主体，城市居民对减排的理解和态度转变是关键，他们的消费习惯和观念是城市化进程中发展低碳经济的主要支撑。此外，当前政府为居民所规划的经济技术路线也应当建立在长足的考虑之上。

(5) 当前正是中国能源价格改革的黄金时期，在目前居民部门占能源消费总量比例仍然很小的情况下进行价格机制改革，可减少改革整体影响。此外，随着城市化的迅速发展，民用能源消费比重增速加快，居民对能源价格调整的敏感度将上升，改革阻力将相应增加，因此改革越早越主动，而且可以一定程度上解决目前能源进口倒挂窘境，保障市场供应。

(6) 在能源价改呼声日益高涨的时刻，政府应更加注意在加快推进价改的同时，不断完善配套措施以减少改革带来的影响。从公平和效率的角度考虑居民能源价格改革，补贴设计尤其重要。为照顾城市化过程中不同地区和不同收入群组对价格的承受能力，新的定价方案必须设计有目标的补贴措施。例如对经济相对欠发达省份的中心城市门站采取适当的优惠，同时对低收入群体以及农户进行补贴，尽量减小能源提价对低收入群体和农业的影响。

(7) 完善收入分配政策，减少城乡差异。不同收入阶层居民的能源价格敏感度存在巨大差异，减少收入差距有利于促进居民对价格调整的接受程度，缓解中国天然气市场的要素价格扭曲现象。

(8) 完善操作细节，提高执行效率。在调研中，部分城市居民表示能源收缴方式对能源商品价格敏感程度有一定影响。如在银行代扣、全年预缴等方式下，居民很难及时了解近期能源商品价格的变动，因此无法对能源价格变化产生反应，这在很大程度上削弱了政策影响。

## 【参考文献】


[1] Achão C，Schaeffer R. Decomposition analysis of the variations in residential electricity consumption in Brazil for the 1980-2007 period: Measuring the activity，intensity and structure effects[J]. Energy Policy，2009，37(12): 5208-5220.

[2] Berndt E R，Watkins G C. Demand for natural gas: Residential and commercial markets in Ontario and British Columbia[J]. Canadian Journal of Economics，1977，10(1): 97-111.

[3] Cai J，Jiang Z. Changing of energy consumption patterns from rural households to urban households in China: An example from Shaanxi Province，China[J]. Renewable Sustainable Energy Reviews，2008，12(6): 1667-1680.

[4] China Energy Statistical Yearbook 2012[M]. Beijing:China Statistical Press，2012.

[5] Dhakal S. Urban energy use and carbon emissions from cities in China and policy implications[J]. Energy Policy，2009，37(11): 4208-4219.

[6] Dianshu F，Sovacool B K，Minh Vu K. The barriers to energy efficiency in China: Assessing household electricity savings and consumer behavior in Liaoning Province[J].Energy Policy，2010，38(2): 1202-1209.

[7] Diepen A. Households and their spatial-energetic practices: Searching for sustainable urban forms[J]. Nederlandse Geographische Studies，2000，16(3/4): 349-351.

[8] El Badaoui M，Touzani A. Comparison and evolution of energy consumption in Moroccan agro-food industries[J]. IOP Conf. Series: Materials Science and Engineering，2017，212(1): 012023.

[9] Erol U，Yu E S H. Time series analysis of the causal relationships between U.S. energy and employment[J]. Resources & Energy，1987，9(1): 75-89.

[10] Fan J L，Zhang Y J，Wang B. The impact of urbanization on residential energy consumption in China: An aggregated and disaggregated analysis[J]. Renewable & Sustainable Energy Reviews，2017，75: 220-233.

[11] Filippini M，Pachauri S. Elasticities of electricity demand in urban Indian households[J]. Energy Policy，2004，32(3): 429-36.

[12] Green R，Alston J M. Elasticities in AIDS models[J]. American Journal of Agricultural Economics，1990，72(2): 442-445.

[13] He Y，Yang X，Pang Y，et al. A regulatory policy to promote renewable energy consumption in China: Review and future evolutionary path[J]. Renewable Energy，2016，89: 695-705.

[14] Holtedahl P，Joutz FL. Residential electricity demand in Taiwan[J]. Energy Economics，2004，26(2): 201-224.

[15] Kalwij A，Alessie R，Fontein P. Household commodity demand and demographics in the Netherlands: A microeconometric analysis[J]. Journal of Population Economics，1998，11(4): 551-577.

[16] Kraft J，Kraft A. Relationship between energy and GNP[J]. Journal of Energy Finance & Development，1978，3(2): 401-403

[17] Lam JC. Climatic and economic influences on residential electricity consumption[J]. Energy Convers Manage，1998，39(7): 623-629.

[18] Lau C，Lam J C，Liu Y. Climate classification and passive solar design implications in China[J]. Energy Conversion & Management，2007，48(7): 2006-2015.

[19] Lee AR，Glasure YU. Public confidence in political and private institutions in Korea[J]. Pacific Focus，1997，12(2): 79-91.

[20] Lin B，Liu X. Reform of refined oil product pricing mechanism and energy rebound effect for passenger transportation in China[J]. Energy Policy，2013，57(7): 329-337.

[21] Lin B，Ouyang X. Energy demand in China: Comparison of characteristics between the US and China in rapid urbanization stage[J]. Energy Conversion & Management，2014，79: 128-139.

[22] Liu YB. Exploring the relationship between urbanization and energy consumption in China using ARDL (autoregressive distributed lag) and FDM (factor decomposition model)[J]. Energy，2009，34(11): 1846-1854.

[23] Lu S，Wu J Y. Optimal selection among different domestic energy consumption patterns based on energy and exergy analysis[J]. Energy Conversion & Management，2010，51(7): 1398-1406.

[24] Maddala G S，Trost R P，Li H，et al. Estimation of short-run and long-run elasticities of energy demand from panel data using shrinkage estimators[J]. Journal of Business & Economic Statistics，1997，15(1): 90-100.

[25] Mahlia TMI，Masjuki HH，Saidur R，et al. Projected electricity savings from implementing minimum energy efficiency standard for household refrigerators in Malaysia[J]. Energy，2003，28(1): 751-754.

[26] Murata A，Kondou Y，Hailin M，et al. Electricity demand in the Chinese urban household-sector[J]. Applied Energy，2008，85(12): 1113-1125.

[27] National Bureau of Statistics of China. China Statistical Yearbook 2012[M]. Beijing:China Statistical Press，2012.

[28] Riley K. Motor vehicles in China: the impact of demographic and economic changes[J]. Population & Environment，2002，23(5): 479-494.

[29] Salvalai G，Pfafferott J，Sesana M M. Assessing energy and thermal comfort of

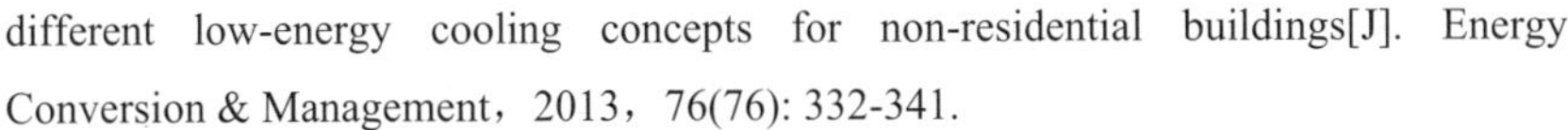

different low-energy cooling concepts for non-residential buildings[J]. Energy Conversion & Management，2013，76(76): 332-341.

[30] Schipper L，Bartlett S，D Hawk A，et al. Linking life-styles and energy use: A matter of time?[J]. Environment & Resources，1989，14(1): 273-320.

[31] Shen L，Cheng S，Gunson A J，et al. Urbanization，sustainability and the utilization of energy and mineral resources in China[J]. Cities，2005，22(4): 287-302.

[32] Sun C，Lin B. Reforming residential electricity tariff in China: Block tariffs pricing approach[J]. Energy Policy，2013，60(6): 741-752.

[33] Taylor RP，Liu F，Meyer AS. China: opportunities to improve energy efficiency in buildings[R]. Asia Alternative Energy Program and the World Bank，2001.

[34] Tinic S M，Harnden B M，Janssen C T L. Estimation of rural demand for natural gas[J]. Management Science，1973，20(4-Part-II): 604-616.

[35] Tampakis S，Arabatzis G，Tsantopoulos G，et al. Citizens' views on electricity use，savings and production from renewable energy sources: A case study from a Greek island[J]. Renewable & Sustainable Energy Reviews，2017，79: 39-49.

[36] Unruh G C，Carrillo-Hermosilla J. Globalizing carbon lock-in[J]. Energy Policy，2006，34(10): 1185-1197.

[37] Unruh G C. Escaping carbon lock-in[J]. Energy Policy，2002，30(4):317-325.

[38] Unruh G C. Understanding carbon lock-in[J]. Energy Policy，2000，28(12): 817-830.

[39] Wang H，Zhou P，Zhou DQ. An empirical study of direct rebound effect for passenger transport in urban China[J]. Energy Economics，2012，34(2): 452-60.

[40] Wang X，Feng Z，Jiang K. On household energy consumption for rural development: A study on Yangzhong County of China[J]. Energy，1999，24(6): 493-500.

[41]Wei BR，Yagita H，Inaba A et al. Urbanization impact on energy demand and $CO_2$ emission in China[J]. Journal of Chongqing University，2003，2: 46-50.

[42] Wang X，Zhenming F. Survey of rural household energy consumption in China.[J]. Energy，1996，21(7): 703-705.

[43] Yu ESH，Choi JY. Causal relationship between energy and GNP: an international comparison[J]. Journal of Energy Finance & Development，985，10(2) .

[44] Zhang Q. Residential energy consumption in China and its comparison with Japan，Canada，and USA[J]. Energy and Buildings，2004，36(12): 1217-1225.

[45] Zhou S，Teng F. Estimation of urban residential electricity demand in China using household survey data[J]. Energy Policy，2013，61(8): 394-402.

[46] 蔡慧敏. 中国南北地区居民生活人均二氧化碳排放影响因素分析[D]. 广州：暨南大学，2016.

[47] 程开明，张亚飞，陈龙. 中国城市化影响能源消耗的效应分解及机制探析[J].地理科学，2016，36(11)：1661-1669.

[48] 何晓萍，刘希颖，林艳苹. 中国城市化进程中的电力需求预测[J]. 经济研究，2009，44(1)：118-130.

[49] 蒋雪梅. 我国内外资工业企业能源消耗特点分析[J]. 统计研究，2014，31(4)：57-63.

[50] 李虹，董亮，谢明华. 取消燃气和电力补贴对我国居民生活的影响[J]. 经济研究，2011，46(2)：100-112.

[51] 马海良，王若梅，丁元卿，等. 城市化对工业能源消费的门槛效应研究——以长江经济带省份为例[J]. 中国人口・资源与环境，2017，27(3)：56-62.

[52] 牛凤瑞，潘家华. 城市蓝皮书：中国城市发展报告 No.1[R]. 北京：社科文献出版社，2007.

[53] 林伯强，蒋竺均，林静. 有目标的电价补贴有助于能源公平和效率[J]. 金融研究，2009(11)：1-18.

[54] 林伯强，刘希颖. 中国城市化阶段的碳排放，影响因素和减排策略[J]. 经济研究，2010，45(8)：66-78.

[55] 林伯强，孙传旺. 如何在保障中国经济增长前提下完成碳减排目标[J]. 中国社会科学，2011(1)：64-76.

[56] 林美顺. 中国城市化阶段的碳减排：经济成本与减排策略[J]. 数量经济技术经济研究，2016(3)：59-77.

[57] 童泉格，孙涵，成金华，等. 居民能源消费行为对居民建筑能耗的影响——以悉尼典型居民家庭为例[J]. 北京理工大学学报(社会科学版)，2017，19(1)：9-19.

# 第四章

# 中国居民阶梯电价改革的影响与效果研究

## 第一节　居民电力价格改革的必要性

### 一、阶梯电价改革前居民用电量与电价状况

在国内大力推进资源价格改革、促进节能减排的号召下，中国居民阶梯电价改革工作自 2009 年起就开始了紧锣密鼓的筹备。国家发改委 2010 年颁布的《关于居民生活用电实行阶梯电价的指导意见(征求意见稿)》，更是标志着中国全民低电价时代的终结(新华网，2010)。习近平总书记在十九大上就推动能源生产和消费革命提出了五点要求，即推动能源消费革命，抑制不合理能源消费；推动能源供给革命，建立多元供应体系；推动能源技术革命，带动产业升级；推动能源体制革命，打通能源发展快车道；全方位加强国际合作，实现开放条件下能源安全。目前，能源价格仍是改革的关键，而与居民生活息息相关的居民电力价格改革，无疑成为诸多能源价格改革中最敏感的问题。

居民用电是全国电力消费的一个重要组成部分，其重要性在发达国家更加突出。如在 2015 年，中国居民使用了约 7565 亿千瓦时的电力，占全国总能耗的 13.04%；人均居民用电消费量为 551.7 千瓦时，消费 1000 千瓦时的电力需

缴费约 548.04 元人民币①。在美国，2015 年居民使用了约 13998.84 亿千瓦时的电力②，占全国电力消费总量的 37.6%；按居民户数平均计算，每户消费约 13068.3 千瓦时电量，若假设每户有 3 人，则人均居民用电消费量约为 4356.1 千瓦时，是中国人均居民用电消费量的 7.9 倍。因此，能源价格改革从居民电力价格改革出发，可以说是一个相对较好的切入点与突破口。

首先，笔者以 2015 年中国 30 个省份的数据③为准，作图分析居民用电、居民生活用电消费占比、人均收入这三者间的关系。如图 4-1 所示，横轴上由左至右，依次按人均收入由高到低的顺序列出 30 个省份。总体而言，个人收入越高的省份，将消耗更多的人均居民生活用电(柱状图)。在人均收入排名前十的省份中，人均居民生活用电均超过 500 千瓦时，其中六个省份甚至超过 600 千瓦时。而人均收入最低的八个省份人均居民生活用电除广西、贵州以外均低于 500 千瓦时。此外，由居民生活用电消费占比(折线)可知，居民生活用电支出占个人消费支出的比例，维持在 1.26%～2.65%。由此可见，尽管收入存在较大差距，但电力作为一种生活必需品，人们在满足对其的基本需求之外，不会刻意增加不必要的用电需求，因此在收入发生波动时，居民用电支出的比重仍然能够保持相对稳定。

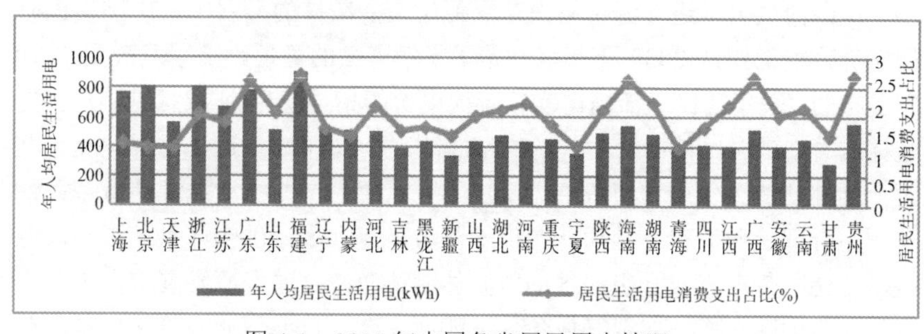


图 4-1　2015 年中国各省居民用电情况

其次，笔者基于对中国家庭生活能源消费情况的研究(Sun & Lin,

① 资料来源：根据中华人民共和国国家统计局官网及国际电力网数据资料整理。

② 数据来源：能源信息管理局，EIA-861 表，《年度电力行业报告(2015)》，EIA-861S 表，《年度电力行业报告(简表(2015))》和 EIA-923 表。

③ 数据来源：《中国能源统计年鉴 2016》，中国国家统计局官网。

2013)，采用中国2000—2007年间30个省份的数据，分析了居民用电与人均收入的联系。图4-2中的横轴代表以2000年为基准年的人均收入，纵轴代表年人均居民生活用电。图4-2中240个样本点的分布呈现出高度正相关，即收入水平越高，电力消费也越高，这与普遍常识和经济学理论相契合。按照常理，居民收入越高，相应的购买力也越大，意味着家庭拥有的电器种类和数量也越多，用电需求自然也更加旺盛。中国传统电价机制为按月耗电量乘以同一单价来计算月缴费额，这种计价模式过于简单，并没有对用户进行区分。根据拉姆齐定价原则，合理的电力定价策略应为低收入居民低电价，高收入居民高电价，其不仅考虑到不同收入的消费者对电价变化的敏感性区别，对价格弹性高低不一的用户进行差别定价，同时也兼顾生产者成本，对价格弹性较低的用户收取较高价格来补偿固定成本。然而，在传统电价定制模式下，所有用电消费者在每一千瓦时用电量上得到的补贴一致。这时补贴就不再具备针对性，高收入居民因用电量较大，享受的补贴也就更多。而类似于电力价格等公共物品的补贴，往往属于国家财政支出，倘若资源和公共财富大部分流向富人，实质上相当于大部分贫困群体在补贴小部分的富人，电价补贴最初想实现的公平性则被严重违背了。

为更进一步地观察，笔者研究居民用电和电价之间的关系。如图4-3所示，横轴表示居民用电的平均电价，纵轴表示年人均居民生活用电。显然，240个样本点呈现随机分布，表明电价与消费之间不存在明显相关性。因此，笔者将240个样本点分为高收入、中等收入、低收入三组，来观察变量间是否存在某种相关性。在低收入组中，笔者发现居民用电与电价间存在相对明确的负相关关系，即电价上涨，一定程度上推动居民用电减少。在中等收入组中，居民用电与电价呈现出相对微弱的负相关性。而在高收入组中，80个样本点随机分布，相关性不明显。综上所述，与电价对居民用电量的影响相比，收入对居民用电量的影响更显著。且从图4-3可知，对低收入消费者而言，住宅电价对居民用电有着较大的负影响，Huang (2015)以及Holtedahl和Joutz (2004)对中国台湾的研究结果类似。居民电力统一定价时，因高收入人群对价格变化不太敏感，从而即使电价调增，高收入家庭仍然有财力维持原有电力消费水平，其用电状况在很大概率上不会发生巨大变化。然而，低收入人群对价格变化要敏感得多，电价调增对他们的冲击较大，因此低收入家庭很可能会缩减用电需求。这样的结果只会造成电价补贴这架天平更大程度地往高收入人群倾斜。某种程度上，贫富差距会越拉越大，越不利于社会公平的实现。

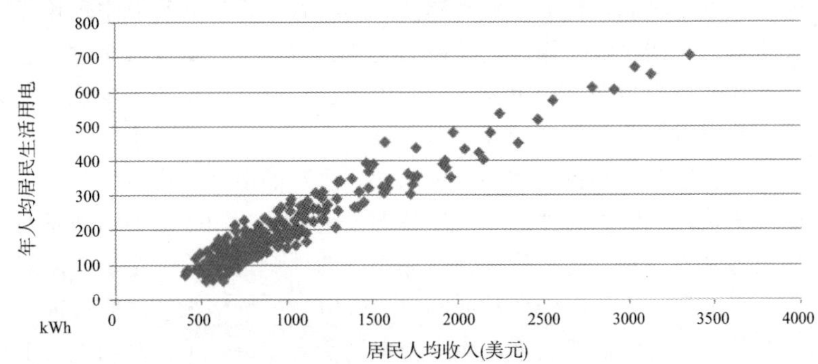


图 4-2　居民用电量和人均收入的关系图

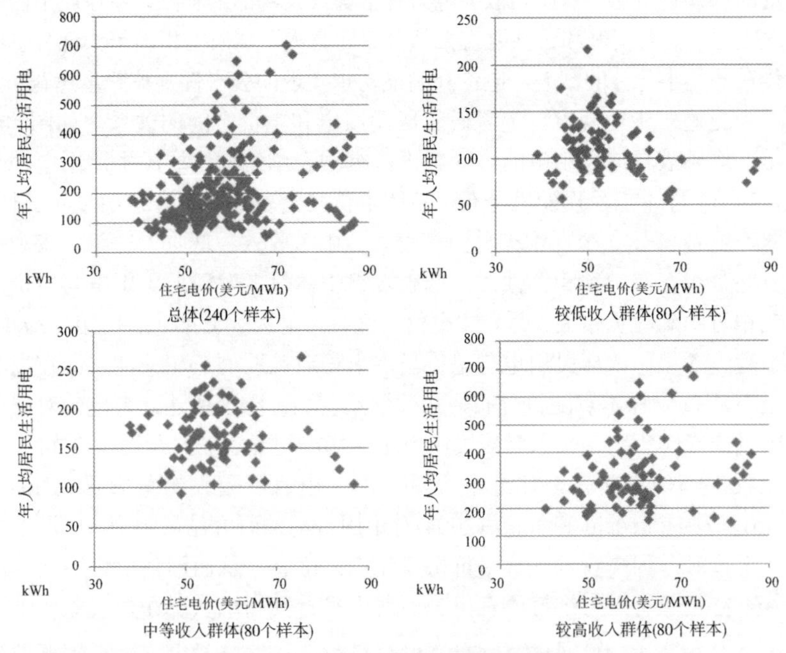


图 4-3　居民用电量和电价的关系图

从图 4-4 中可以看出，近十年来，与世界其他各国相比，中国的人均用电需求增长较快，且人均用电量与美国、日本等国相比仍处于较低水平。据中国国家能源局发布的数据显示，2017 年全国用电量同比增长了 6.6%，较 2016 年的增速还要高出 1.6 个百分点。一般而言，随着中国经济和社会的不断发展，人均用电量也会逐渐攀升，电力价格也倾向于随之上涨。电力价格的上涨，其实合情合理：一方面，长期以来，我国对居民电价采取低价交叉补贴政策，居民电价调整幅度和频率均低于其他行业用电，并长期处于较低水平，造成社会福利净损失(叶泽，等，2017；林伯强，2016，2010)。如国外居民电价一般为工业电价的 1.5～2 倍，而中国居民电价低于工业电价。另一方面，近年来中国能源供应紧缺、雾霾状况频发等矛盾逐步凸显。从长远来看，煤炭价格等一次能源价格呈现持续增长之势，故电力价格应考虑三大要素，一是供需矛盾仍未得到有效解决，二是发电成本(主要体现在资源价格上)与日俱增，三是环境保护任务，尤其是改善空气质量迫在眉睫。因此，居民电价长期处于较低水平，不能合理体现电力资源的价值，也不利于资源节约和环境保护(谢里，等，2017；林伯强，2016，2010)。此外，从历史经验推断，如燃气、成品油价格的改革，推动了两种商品价格的上涨。同时，国内正处于电力价格改革的焦灼期。考虑到与日俱增的资源成本和环境成本，电力价格难免会出现相应幅度的上涨。因此，设计一种合理的电力价格体系，有利于优化中国电价结构，在实现社会公平的同时有效地促进节能减排。

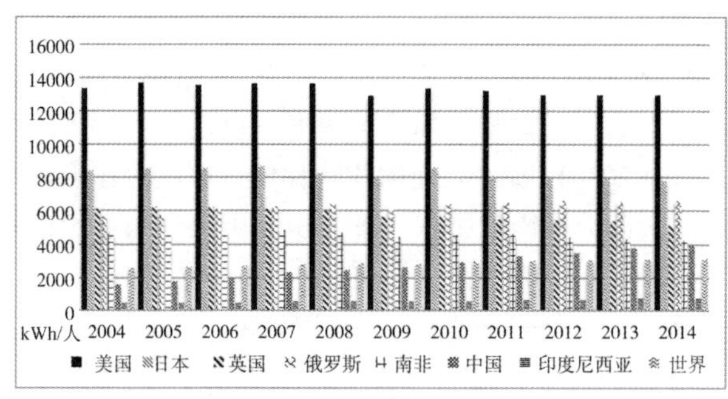


图 4-4　世界各国人均用电量

数据来源：世界银行数据库。

对发展中国家而言，尤其是像中国这样的发展中大国，政府在制定电价政策时，需要考虑诸多方面的因素，如社会稳定、经济发展、物价整体水平稳定等，同时又要汲取国外电力价格政策之长，综合考虑中国国情，结合社会和公众需求，政府肩负的责任可谓“重于泰山”。电力价格的高低，不仅关系国计民生，更是直接与老百姓的切身利益挂钩。而一项合理的居民电价制度，最基本得达到两个层次的目标：一方面，居民用电价格机制应能提高效率，如对居民用电形成节能增效的激励；另一方面，该机制应能增进公平①，让补贴②更具目标性地导向最需要的群体。如今，中国经济已发展到了一个新阶段，前些年的城市化和工业化留下了许多隐患，尤其是资源与环境局势日益紧张。电力行业在提供服务时，不能再像以往一样只考虑安全和经济，环保与低碳也该得到相应的重视。这也意味着，许多传统的电力体制已不再适用，特别是电力定价方面，亟待根据相关技术以及环境的变化来做出改革，以进一步实现资源优化配置。因此，合理设计居民电价机制，是中国近年来面临的十分重要且较为新颖的课题之一。

## 二、阶梯式居民电价的改革方案

在电力价格改革方面，阶梯电价近年来一直是社会争议焦点之一，赞誉之声很多，反对的人也不少。阶梯电价是指将用电量分为若干个阶梯，分段或分档次定价和结算电费的电价制度，其包括阶梯式递增电价和阶梯式递减电价两种形式。阶梯电价的提出，最早可追溯到20世纪70年代的全球石油危机时期，当时燃油短缺，电力供应严重收紧，先是美国和日本等经济发达国家或地区，为促进节约能源，开始实行居民阶梯式递增电价制度。随后，马来西亚、希腊和韩国等国家，也逐步实行居民阶梯式递增电价制度(王慧丰，2014)。如今，递增式阶梯电价广泛存在于美国和澳大利亚的部分地区、大部分东南欧国家、部分中东国家、东亚的日本、韩国以

① 在以往电力定价的模式下，简单地采用用电量乘以相同电价的计价方法，无疑使得电力消费量大的高收入家庭得到更多的补贴，而真正需要补贴的低收入家庭却享受的不多。

② 中国的电价存在交叉补贴，即工业和商业的电力消费价格高于其长期边际成本，而居民、农业等电价低于其长期边际成本，用工业和商业的收益补贴居民和农村生产性用电等的亏损。

及中国的香港等(杨娟和刘树杰，2010)，同时基于阶梯电价而衍生的各种电价设计方案，也在不断地创新中。表 4-1 大致呈现了美国、日本和韩国的阶梯电价方案。

表 4-1　美日韩阶梯电价方案

| 国家 | 阶梯电价内容 |
| --- | --- |
| 美国 | 20 世纪 70 年代中期开始实行阶梯电价机制，特点是分月分地。一方面，在阶梯定价基础上对夏季和冬季实施价格双轨制，夏季用电需求大则定价高些，冬季需求小则定价稍低一些；另一方面，美国电力公司将基本费用、燃油费、消费税、州税等固定项目和配点费用、发电费用、电力输送费用等也纳入居民的每月电费账单中，按照用电量计算的费用相加，就能算出某地区的阶梯电价标准。<br>以宾夕法尼亚州为例，在夏季(6～9 月)，500 千瓦时以内的用电量每千瓦时 14.72 美分，超出部分每千瓦时 16.74 美分；而在冬季(10 月～次年 5 月)，每千瓦时一律为 14.63 美分。 |
| 日本 | 1974 年开始实行居民用电阶梯电价，特点是按照用电量将电价划分为 3 个档次，电费还包含了基本费用、燃料调整费和促进太阳能发电附加费。以东京电力公司为例，第一档为 120 度，每度电价为 17.87 日元，为基本生活保障用电量；第二档为 120 度～300 度，每度 22.86 日元，电价与发电平均成本持平；第三阶段是 300 度以上，每度 24.13 日元，比第一档定价高出约 35%，以促进节约用电。<br>此外，东京电力公司还推出分时电价套餐，以鼓励居民错峰用电。如一项分时电价套餐，每月缴纳基本费用 300 度电量的费用，但每天晚 11 点至早 7 点间，每千瓦时电费价格为 9.17 日元，比白天电费便宜将近一半。 |
| 韩国 | 1973 年开始实施阶梯电价，至今电价体系经历多次调整，目前电价计算十分细化。韩国的“累进制”阶梯电价分为 6 个档次，以每户为单位，每 100 千瓦时为一跨度。1～100 千瓦时，每千瓦时 55 韩元，此后每 100 千瓦时区间的用电价格分别为 114 韩元、168 韩元、248 韩元和 366 韩元。一旦超过 500 千瓦时，每千瓦时竟达 644 韩元超高价，最高档比最低档电价要高出 10 多倍。 |

中国的阶梯电价改革起步稍晚，但发展较为迅速。十一五规划期间，中国提出阶梯电价，并在四川、浙江、福建三个省先后开办试点。2009 年

11 月，国家发改委起草《关于加快推进电价改革的若干意见(征求意见稿)》，首次提出在全国推行居民生活用电阶梯式递增电价(简称阶梯电价，Rising Block Tariffs，RBT)的改革政策。该阶梯电价规定，居民用电将被分为基本需求用电、正常合理用电和较高生活质量用电三档，并分别针对每一档来制定不同的电价水平，总体上是用电越多，电价越高，且“保证 80%的居民用电不涨价”。第一档主要满足居民基本生活用电需求，电价维持较低水平；第二档体现正常合理用电需求，电价逐步调整到弥补电力企业合理成本加上合理收益的水平；第三档反映较高生活质量的用电需求，电价反映资源稀缺状况和环境损害成本(刘卫，2011)。实证表明，阶梯电价比单一定价更符合边际成本定价与反弹性定价[①]的原则，能更好地促进效率同时保障公平(Sun & Lin，2013)。2012 年 7 月，居民阶梯电价在除西藏和新疆以外的 29 个省市区正式实施。按国家发改委的建议，每个地区当地的电价实施方案可以由各地政府自主确定(类似美国的分地定价)，但各地公布的方案都不约而同地严格遵照了国家发改委的指导意见，即“第一阶电价不变，第二阶上涨 0.05 元，第三阶上涨 0.3 元”，且“保证 80%的居民用电不涨价”。国内一些省份的居民生活阶梯电价设定如表 4-2 所示。

**表 4-2　各省阶梯电价设定**

| 省份 | 第一档 | 第二档 | 第三档 |
| --- | --- | --- | --- |
| 北京 | ≤240<br>(0.4883 元/千瓦时) | 240～400<br>(0.5383 元/千瓦时) | ＞400<br>(0.7883 元/千瓦时) |
| 天津 | ≤220<br>(0.49 元/千瓦时) | 221～400<br>(0.54 元/千瓦时) | ＞400<br>(0.79 元/千瓦时) |
| 山西 | ≤170<br>(0.477 元/千瓦时) | 171～260<br>(0.527 元/千瓦时) | ＞260<br>(0.777 元/千瓦时) |
| 内蒙古 | ≤170<br>(0.43 元/千瓦时) | 171～260<br>(0.48 元/千瓦时) | ＞260<br>(0.73 元/千瓦时) |

① 反弹性定价也称为拉姆齐定价原则。

(续表)

| 省份 | 第一档 | 第二档 | 第三档 |
|---|---|---|---|
| 吉林 | ≤170<br>(0.525 元/千瓦时) | 171～260<br>(0.575 元/千瓦时) | ＞260<br>(0.825 元/千瓦时) |
| 黑龙江 | ≤170<br>(0.51 元/千瓦时) | 171～260<br>(0.56 元/千瓦时) | ＞260<br>(0.81 元/千瓦时) |
| 江苏 | ≤230<br>(0.5283 元/千瓦时) | 231～400<br>(0.5783 元/千瓦时) | ＞400<br>(0.8283 元/千瓦时) |
| 福建 | ≤200<br>(0.4983 元/千瓦时) | 201～400<br>(0.5483 元/千瓦时) | ＞400<br>(0.7983 元/千瓦时) |
| 山东 | ≤210<br>(0.5469 元/千瓦时) | 211～400<br>(0.5969 元/千瓦时) | ＞400<br>(0.8469 元/千瓦时) |
| 河南 | ≤180<br>(0.56 元/千瓦时) | 181～260<br>(0.61 元/千瓦时) | ＞260<br>(0.86 元/千瓦时) |
| 湖北 | ≤180<br>(0.57 元/千瓦时) | 181～400<br>(0.62 元/千瓦时) | ＞400<br>(0.87 元/千瓦时) |
| 重庆 | ≤200<br>(0.52 元/千瓦时) | 201～400<br>(0.57 元/千瓦时) | ＞400<br>(0.82 元/千瓦时) |
| 甘肃 | ≤160<br>(0.51 元/千瓦时) | 161～240<br>(0.56 元/千瓦时) | ＞240<br>(0.81 元/千瓦时) |
| 宁夏 | ≤170<br>(0.4486 元/千瓦时) | 171～260<br>(0.4986 元/千瓦时) | ＞260<br>(0.7486 元/千瓦时) |
| 安徽 | ≤180<br>(0.5653 元/千瓦时) | 181～350<br>(0.6153 元/千瓦时) | ＞350<br>(0.8653 元/千瓦时) |
| 贵州 | ≤183<br>(0.4556 元/千瓦时) | 183～333<br>(0.5056 元/千瓦时) | ＞333<br>(0.7556 元/千瓦时) |

注：每户月用电量单位：千瓦时。

然而与美国等相比，中国的电力销售市场远不够完善(Sueyoshi，2010；

王向，2016)。在中国，国有电网公司(国家电网公司和中国南方电网公司)基本垄断了全国的电力输送和销售，导致了电力价格主要由政府调控而非市场决定的尴尬局面。此外，长期以来，中国主要采用工业用电补贴生活用电政策，导致居民生活用电价格一直处于较低水平。而居民用电单一定价，造成了用电越多、享受补贴越多，用电越少、享受补贴越少的欠合理现状。林伯强等(2009)的研究结果表明，约 45%的补贴流向了高收入群体(占总人口 27%)，而仅 10.1%的补贴流向了低收入群体(占总人口 22%)。相关数据显示，2010 年中国用电最多的高收入家庭(占用电户数总数 5%)消费 24%的电量，而用电较少的约 66%的居民家庭只使用了 33%左右的电量。由此可见，居民用电单一定价机制，不利于社会公平实现，也导致了一定程度的无效补贴。与单一居民生活电价相比，阶梯电价有两大优点：一是阶梯电价政策反映不同用电需求的用电成本，同时兼顾不同收入居民的经济能力，既保证大部分居民电价的稳定性，又能促使用电需求旺盛的居民承担更多电费，从而建立较为合理的公平负担机制。二是阶梯电价的推进，不仅能引导居民合理、节约用电，更重要的是，还能促进居民用电补贴有效分配。我们不仅要借鉴美国、日本等阶梯电价运用的成功经验，更要结合中国国情。只有融会贯通，不断革新，才能设计出一套更加完善、富有中国特色的电价体系。

居民阶梯电价在中国各省市推行已有五年，在此期间各省市就其当地实际状况对居民阶梯电价方案的计价方式、分档标准等做出了大大小小的修改。2015 年，许多地区(广西、云南、河南、湖北黄石等)出台政策，将居民阶梯电价由“按月执行”调整为“按年执行”，以方便居民们在一年内统筹安排用电时间，降低用电成本。如 2015 年 7 月 1 日广西出台的《广西壮族自治区物价局关于完善居民生活用电阶梯电价政策有关问题的通知》，明确提出当年 7 月 1 日起全区阶梯电价开始“按年执行”。政策实施前，广西居民生活用电阶梯电价按高峰和非高峰月份，分别设置三档用电量，均为按月计算。调整后，阶梯数仍为三档，每户年度第一档为 0～2040 千瓦时(含)，第二档为 2040～3240 千瓦时(含)，第三档为 3240 千瓦时以上。此外，2016 年 9 月 1 日，贵州居民阶梯电价新规正式实施。该新规规定，第一档电量覆盖率从当前的 74%提升至 82%，每月第一档电量从月均 183 千瓦时提升至 250 千瓦时。经济与社会不是一成不变的，随着城镇化率不断提升，以及人民生活水平稳步提高，居民用电需求也出现相应增长。因此，与时俱进，不断完善居民生活用电阶梯电价，从而不断给老百姓带来实实在在的改革红利，应进一步推进电力供给侧结构性改革。

## 三、关于居民电价改革的主要研究

尽管居民电力价格改革从酝酿到执行，政府一直保持谨慎态度，经历了将近三年的科学论证与充分准备。但改革正式执行后，仍然引起社会各界对阶梯电价设计方案、改革目的以及执行效果的激烈讨论。不仅在中国，其他世界各国对电力定价机制的讨论也持续了多年，国外学者在各类电力定价机制方案、目标和影响方面的公众调查以及研究，可谓是百花齐放、见解深刻。笔者比较分析了表 4-3 中的一些经典研究，研究发现：许多电力定价机制差异化明显，不一而足。

表 4-3　电价定价机制改革研究文献综述

| 学者 | 时间 | 研究对象 | 电价方案 | 主要研究成果 |
|---|---|---|---|---|
| Filippini | 1987—1990 | 瑞士 | 分时电价 | 分时电价比电力统一提价效率更高 |
| Dilaver 和 Hunt | 1961—2008 | 土耳其 | 居民部门用电 | 居民电力需求的价格弹性在-0.10 至 0.57 之间，而居民电力消费的弹性在 0.41 至 2.29 之间 |
| Wang 和 Li | 2012 | 美国 | 分时电价 | 不同的电价套餐和梯度策略带来的成本节约幅度差异较大，从-72.0%至+82.6%不等 |
| Torgeir Ericson | 2003 | 挪威 | 时变电机制 | 需求灵活性越高，选择动态电价的倾向性越大，而消费模式不会显著地影响电价选择 |

(续表)

| 学者 | 时间 | 研究对象 | 电价方案 | 主要研究成果 |
|---|---|---|---|---|
| Erdogdu | 1982—2009 | 63 个国家(包括发展中国家和发达国家) | 居民和工业部门的电力改革 | 固定或一致的电力市场模式不宜被不同的国家或地区采用，电价和交叉补贴的水平应该由国家电力消费水平、收入水平和区域特征等因素来决定 |
| Chattopadhyay 和 Duflo | 2004 | 印度 | 电价交叉补贴 | 印度电价交叉补贴效率低且不可持续，并提出了相应的电改计划 |
| Upton 等 | 2015 | 爱尔兰 | 假设了五种不同的电价方案 | 通过模拟未来可能存在的各种电价方案以及研究这些电价方案对农场管理模式的影响，从而给奶牛场的电力消费和成本提供建议 |
| Robert Passey 等 | 2017 | 悉尼3876个居民用户 | 按需收费的电价方案 | 通过调整按需收费的电价方案可以更为有效地降低电力成本 |

由表 4-3 可知，采用不同的电力定价机制，结果会大相径庭。基本不存在一套统一的定价机制，能够在世界各国通用。对任何国家而言，研究出一套合理有效的电力定价机制并能广泛实施，并非易事。而中国正处于经济变革的关键时期，研究电力定价机制，尤其是居民电价机制，其重要性不言而喻。

更进一步来看，目前有关居民电力价格机制的研究主要集中在以下两个方面。一方面是居民用电行为对价格变化的敏感程度，如 Huang (2015)，Sun 和 Lin(2013)以及 Holtedahl 和 Joutz(2004)等的研究。另一个方面则是有关价格机制对补贴再分配的影响，如 Li (2018)，Erdogdu (2004)以及林伯强等(2009)等的研究。

不同群体对电力价格的敏感程度不同，因此价格变化对居民用电行为的影响可能存在差异。从家庭(或所处城市)的不同特征入手，Holtedahl 和 Joutz(2004)讨论家庭可支配收入、人口增长率、居民电价、城市化率和气温情况对台湾地区居民电力需求的影响，对 1955—1996 年间的数据通过误差修正模型的分析表明，电力需求对价格的弹性较小，为-0.15。Filippini

(1999)基于对数线性模型对瑞士40个城市1987—1990年间的面板数据进行分析，认为与一般电价总体上涨相比，采用分时电价模式能更有效地实现节约用电。Sun 和 Lin(2013)采用 2000—2007 年间中国 30 个地区居民用电消费的统计数据进行非线性面板分析的结论表明，低收入者对现行电价较为敏感，而高收入者对现阶段电价较不敏感，电价机制改革应进一步提高高收入者电价水平，更有针对性地促进居民节约用电。Lin 和 Jiang(2012)的研究表明中国采取的单一电价体系无法解决复杂的社会与环境问题，应该从居民收入与用电量考虑，设计具有四个阶梯的递增式阶梯电价机制，以促进公平与效率。Zhou 和 Teng(2013)基于四川省家庭电力消费的调研数据，考查收入、价格以及生活方式变量对居民用电需求的影响。Wang 等(2011)以北京市家庭为例，采用 Logit 回归模型研究家庭的节电意愿与节电行为，结论表明经济收益、以往用电习惯以及政策与社会准则对居民节电会产生正面影响。一般而言，政府推行居民阶梯电价改革，能够通过传达有差别的价格信号，为家庭主动选择用电方式提供一种机会，并合理引导居民提高电力使用的效率。而现实情况是不同家庭对价格变动的敏感程度很可能不同。探讨居民阶梯电价的完善机制，有必要对影响家庭用电方式选择的诸多因素进行研究，分析更有针对性的改革方向。

合理的价格机制往往有利于提高补贴的效率，并保障分配的公平。Erdogdu(2011)采用63个国家(包括发展中国家与发达国家)1982—2009年间的面板数据，实证分析电力市场化改革对电价和交叉补贴的影响。结论表明不同国家和地区，无法采用固定或一致的电力市场模式，而其电价和交叉补贴水平应由各国的电力消费量、收入水平以及区域特性等因素来决定。BuShehri 和 Wohlgenant(2012)基于调研数据，测算科威特电力价格改革的直接收益与成本，结果表明相对于财政与环境的收益，消费者福利的损失非常小，并建议在推行电力价格改革的同时配合相应的家庭补偿计划，能够减少公众对改革的抵触情绪。林伯强等(2009)采用价差法估算中国居民用电交叉补贴的规模，表明交叉补贴机制严重缺乏效率，急需推进能源价格改革。中国以往居民电价采用的水平定价模式，容易造成用电量越多的较富裕家庭享受到更多交叉补贴，而那些用电量少的或真正需要补贴的困难家庭得到补贴却很少。居民阶梯电价改革通过区别不同消费群体，设计高低有别的价格标准，旨在减少对高收入者的补贴，提高交叉补贴的效率。因此，探讨阶梯电价的完善机制，有必要分析执行新的价格机制后，交叉补贴在不同消费群体间的分配问题。

综上，研究居民生活阶梯电价，对评估和改进电力定价机制有着重要作用。归纳地看，研究居民生活阶梯电价，主要有以下两方面原因：第一，居民生活阶梯电价是全国范围的大变革，也是居民能源定价的首次改革，这将会对 14 亿人口的能源消费产生重要影响。研究其是否有益于家庭节能减排行为的养成，或是否有助于能源消费的效率与公平，可以为正处于深刻转型的中国继续坚定不移地走可持续发展道路提供一些有价值的参考建议。第二，前人对电力定价机制的研究，大多与家庭收入有关。然而，电力定价改革的效果，还受多方面因素影响，比如家庭能源消费支出、居民能源习惯和个人观点等。此外，不同的模型设定和研究方法，得出结论也差别很大。因此，不断完善影响因子和研究方法，对中国能源改革，尤其是居民电力价格改革这一方面，具有重要的指导意义。

## 四、本章的主要结构

本章主要从三个角度出发：首先笔者基于 Translog 模型和反弹性的拉姆齐定价原则，研究了居民用电需求，从而估计居民电力消费价格和收入弹性。其次，利用中国家庭生活能源消费情况实地调研(China’s Residential Energy Consumption Survey，CRECS)的数据，构建居民电力消费模型估计阶梯电价实施后居民电力消费情况的反馈结果。最后，基于 CRECS 十省市城乡居民能源消费的实地调研数据，分别采用家庭电力消费离散选择模型与价差法，针对阶梯电价机制在提高用电效率、促进补贴公平两个方面的执行效果进行研究。

本章内容结构安排如下：第二节介绍反弹性的拉姆齐定价原则与阶梯电价设计方案；第三节探讨阶梯电价改革对居民电力消费的影响；第四节研究效率公平的双重目标与改革的效果；第五节是结论和政策建议。

# 第二节　反弹性的拉姆齐定价原则与阶梯电价设计方案

本节运用 Translog 模型估计了价格和收入对弹性的非线性影响，并基于模型结果和反弹性的拉姆齐定价原则设计了三种阶梯电价方案。研究结果表明，居民电力消费的平均价格弹性为-0.12 左右，平均收入弹性为 0.47 左右，且高收入居民对价格变动的敏感性低于低收入居民。

## 一、反弹性定价和住宅的效用曲线

### (一) 反弹性定价和非线性定价

拉姆齐定价原则的核心思想为追求预算平衡，即满足垄断企业的收支平衡约束下的社会福利最大化，其与最优定价(即按边际成本定价)相比，被视为一种次最优定价，即在将对资源配置的消极影响降到最小时，允许企业至少不亏损。拉姆齐定价的原则常被冠以“反弹性”之称，价格偏离边际成本的程度与需求弹性成反比，即对需求弹性大的商品，价格设定得与边际成本较近，而弹性需求小的商品，价格设定得离边际成本较远。

第二章图 2-1 中已展示了经济学中两种经典的定价方法，分别为非线性定价法、单一定价法。其中，非线性定价法(如两部定价法[①]和多步定价法)描述了总支出与消费间存在的非线性关系。与此相反，在单一定价下，总支出与消费成正比。显然，阶梯定价是一种非线性定价法，它以消费量为划分标准，针对不同级别的消费量来分别设计层层递进(如递增和递减)的价格。

根据反弹性拉姆齐定价原则，边际成本对应的价格溢价与需求价格弹性的倒数成正比(Resende，1997)，公式如下所示：

① 两部定价法指在收支平衡下对固定成本和边际成本分别定价，已运用在工业电力领域(分为基本电价和电度电价)、通信费领域(分为月租和通话费)。

$$\frac{P_m-\mathrm{MC}_m}{P_m}=-\frac{\lambda}{1+\lambda}\cdot\frac{1}{\xi_m} \tag{4-1}$$

其中，$P_m$代表商品 $m$ 的平均价格，$\mathrm{MC}_m$代表商品 $m$ 的边际成本，$\xi_m$代表商品 $m$ 的价格弹性。$\lambda$ 是拉格朗日乘数，$\frac{\lambda}{1+\lambda}$是一个小于 1 的常数，被称为拉姆齐乘数。

根据非线性定价理论(Wilson，1996)，由于消费者所具备的异质性，即使在他们被分配相同价格的情形下，他们的消费依然会出现各种各样的分化。因此，价格弹性不仅与价格函数相关，而且还与消费者类型密切联系(Brown & Sibley，1986)。该问题可由以下等式来描述：

$$\frac{P_m(\mu)-\mathrm{MC}_m}{P_m(\mu)}=-\frac{\lambda}{1+\lambda}\cdot\frac{1}{\xi_m(P_m(\mu),\mu)} \tag{4-2}$$

其中，$\mu$ 表示消费者类型。因为每个消费者的购买力和消费偏好具有差异性，不同消费者对应的需求函数也不尽相同。换句话说，需求函数 $Q_m$ 与 $\mu$ 一一对应。同时，逆向需求函数 $P_m(Q_m)$刻画了 $P_m$ 与 $\mu$ 二者间的关系。考虑到收入对电力需求会产生明显影响，因此本章按收入对消费者进行分类。进一步而言，由于每个消费者的电力需求不同，不同的收入水平也会导致不同的价格弹性 $\xi_m(P_m((\mu)，\mu)$，这点对于制定阶梯定价方案至关重要(Kim，1995)。

以消费者的异质性为准，通过加总各类消费者剩余和生产者剩余，可获得不同消费者的反弹性定价等式(Wilson，1996)，等式如下(Kim，1995)：

$$\frac{P_1-MC_1}{P_1}\cdot\xi_1=\frac{P_2-MC_2}{P_2}\cdot\xi_2=\cdots=\frac{P_\mu-MC_\mu}{P_\mu}\cdot\xi_\mu \tag{4-3}$$

其中，$\mu$=1，2，3，...，$n$，代表消费者的类型；$P_\mu$代表针对不同类型消费者的平均价格；$\mathrm{MC}_\mu$表示边际成本；$\xi_\mu$表示价格需求弹性。

长期以来，交叉补贴使得中国居民电价低于电力的长期边际成本(LTMC)，因此笔者运用反弹性定价规则，在消除交叉补贴和确保供应商的支付余额的条件下，来实现社会福利的最大化。

$$\sum(P_\mu - \mathrm{MC}_\mu)\cdot Q_\mu - \mathrm{FC} = 0 \tag{4-4}$$

等式(4-4)反映了电力供应商的支付余额，其中 $Q_\mu$ 表示消费者 $\mu$ 的消费水平，FC 表示固定成本。根据等式(4-2)，价格由下式给出：

$$P_\mu = \frac{\mathrm{MC}_\mu \cdot |\xi_\mu|}{|\xi_\mu| - R} \tag{4-5}$$

$R$ 表示拉姆齐乘数，将 $P_\mu$ 代入等式(4-4)，得到如下等式(Qi et al., 2010)：

$$\sum\left(\frac{\mathrm{MC}_\mu \cdot |\xi_\mu|}{|\xi_\mu| - R}\right)^{1-|\xi_\mu|} \cdot \frac{k_\mu R}{|\xi_\mu|} = \mathrm{FC} \tag{4-6}$$

其中 $k_\mu = \dfrac{Q_\mu}{P_\mu^{|\xi_\mu|}}$。

### (二) 居民效用曲线

笔者以 $q_1$ 和 $q_2$ 作为分割点，将居民功耗分为三个等级，即基本功耗(BPC)、正常功耗(NPC)和豪华功耗(LPC)①，根据以上三个等级分别设置 $p_1$、$p_2$ 和 $p_3$ 这三类电价。具体而言，当消费电量小于或等于 $q_1$ 时，电费单价为 $p_1$；当消费电量大于 $q_1$ 且小于 $q_2$ 时，超出 $q_1$ 部分的电量按 $p_2$ 收费；当消费电量大于或等于 $q_2$ 时，超出 $q_2$ 部分的电量按 $p_3$ 收费。等式(4-7)指出了居民用电量 $q$ 与居民用地 $E$ 的关系：

$$E = \begin{cases} q\cdot p_1 & q \leqslant q_1 \\ q_1\cdot p_1 + (q-q_1)\cdot p_2 & q_1 < q \leqslant q_2 \\ q_1\cdot p_1 + (q_2-q_1)\cdot p_2 + (q-q_2)\cdot p_3 & q_2 < q \end{cases} \tag{4-7}$$

根据式(4-7)，对于每一类消费者而言，平均价格应该高于长期边际成本，但受设备使用率②和输配电线路损耗等多种因素的影响后，居民电力的长期边际成本常常远高于目前电价。林伯强等(2009)估算出 2007 年居民电力的

① 三个等级全称分别为 basic power consumption(BPC), normal power consumption(NPC), luxury power consumption(LPC)。

② 峰值与非峰值间的居民电力消费差距甚大，峰值负载单元仅在峰值时启用，以抽水蓄能电站的峰值负荷单位为例，其使用率为 1100 小时，约为普通水电站的三分之一。

长期边际成本为每千瓦时 0.154 美元，因此如果 BPC 的电价高于此标准，那么许多贫困百姓将承受不起这过高的电费。而发达国家的经验也表明，在递增的阶梯电价中，第一等级的电价应低于它的长期边际成本。

以 Taylor(1975)对无差异效用曲线的叙述为基础作图，图 4-5 反映了不同居民在单一定价和阶梯定价这两种方法下的效用情况。横轴表示居民用电量，纵轴表示其他商品的消费量。如图 4-5 所示，$q_1$ 和 $q_2$ 将居民用电分为三个部分：BPC、NPC 和 LPC。在单一定价模式下，预算约束为直线 AB，其斜率为电价和其他商品平均价格之比率($p_0/p'$)。MN 和 SR 分别代表消费者 I 和消费者 II 的无差异曲线，消费者 I 收入和消费均较低，其无差异曲线与 AB 在 L 点相切，而消费者 II 的收入和消费均较高，其无差异曲线与 AB 在 T 点相切[①]。假设有 AFGH 和 ACDE 两种阶梯定价方案，其中，AF 的斜率(此段话中斜率均采用绝对值)比 AB 更大，因此 AFGH 方案中第一档电价高于 $p_0$(假设其他商品的平均价格水平不变)；与此相反，AC 的斜率比 AB 更平缓，因此 ACDE 方案中第一档电价低于 $p_0$。此外，FG 的斜率与 CD 相同，且都比 AB 的斜率要大，因此两种电价方案中的第二档电价相等且高于 $p_0$。同理，GH 的斜率等于 DE 的斜率，两种电价方案下的第三级电价也相等。由上可知，两种电价提案的唯一区别在于第一档电价的设计，而这微妙的差异会带来消费者效用的明显改善。

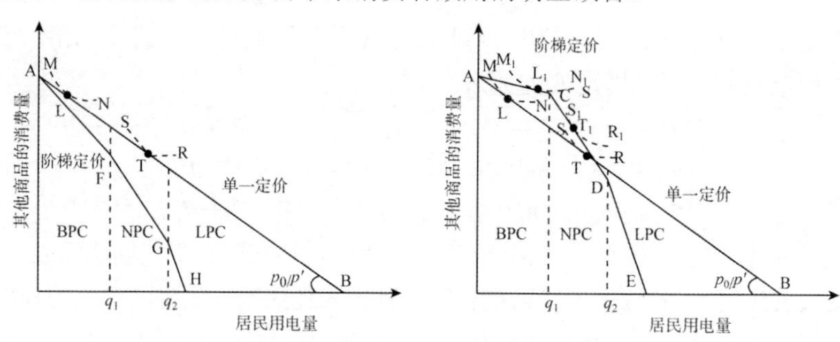


图 4-5　住宅电价对居民效用的影响

① 事实上，消费者 I 和消费者 II 的收入不同，则他们的预算约束线也不同。因笔者的目标并不是比较这两类消费者间的效用差异，为了简化，统一用线 AB 来表示他们的预算约束。

在 AFGH 电价方案下，无论是哪种类型的消费者，他们的预算约束 AB 均优于 AFGH，这表明无差异曲线总是会与 AB 相切(切点的效用水平更高)，因而 AB 提案 AFGH 能更好地改善消费者的福利。然而，如果降低第一档电价，从而 AFGH 转化为 ACDE 方案，则两种类型的消费者效用均会得到改善，甚至可能优于 AB 方案。对于消费者 I，用电量小于 $q_1$。尽管 AC 的斜率低于 AB,但 AC 的较低电价将促使低收入消费者使用更多电力，从而提高他们的生活质量(这从预算约束 AC 将与较高的无差异曲线 $M_1N_1$ 相切也可以看出)。而对于消费者 II，AC 以及 CD 的一部分在 AB 上方。因此，无差异曲线 SR 将爬升到 $S_1R_1$ 并与 CD 相切于 $T_1$ 处，这意味着电力消费减少反而能改善消费者 II 的效用水平。总而言之，图 4-5 表明，具有相对较低的一级电价的 ACDE 方案要好一些，正如 Taylor(1975)所言，根据消费者的无差异效用曲线来制定合理的电价方案，可以提高大多数人的效用水平，从而促进社会福利。

## 二、居民电力需求的实证分析

### (一) 需求模型和数据

为评估居民电力需求的价格弹性和收入弹性，传统经验方法是使用总体水平数据来估计标准对数线性需求模型(Narayana et al.，2007；Silk & Joutz，1997)。虽然标准对数线性模型很容易模拟出弹性，但其不变的系数仅仅指出了总体样本的平均需求弹性，而无法提供任何与消费者异质性有关的信息。从图 4-3 中可以看出，在单一定价下，高收入消费者比低收入消费者更不敏感，这意味着价格弹性不是常数，它可能会随居民收入水平而变化。

Croissant(2000)和 Liu(2012)采用 Translog 形式对需求函数建模，优点是能灵活地捕捉价格和收入对弹性的影响。Translog 需求模型如下：

$$\ln C_{it} = \alpha_i + \beta_1(\ln I_{it})^2 + \beta_2(\ln P_{it})^2 + 1/2\beta_3 \ln I_{it} \cdot \ln P_{it} + \delta T + \varepsilon_{it} \qquad (4\text{-}8)$$

其中，$C_{it}$表示 $t$ 年份时 $i$ 区域的人均居民用电需求，$I_{it}$表示个人收入，$P_{it}$表示居民电价，$T$ 是时间变量，$\alpha_i$代表截面和区域效应，$\beta_1$、$\beta_2$代表个人收入变量及居民电价变量二次项系数，$\beta_3$代表交互项系数，$\varepsilon_{it}$代表误差项，每类居民电力需求的价格弹性 $\xi_{P,it}$ 和收入弹性 $\xi_{I,it}$ 经推导可表示为：

$$\xi_{P,it} = 2\beta_2 \ln P_{it} + 1/2\beta_3 \ln I_{it} \tag{4-9}$$

$$\xi_{I,it} = 2\beta_1 \ln I_{it} + 1/2\beta_3 \ln P_{it} \tag{4-10}$$

本章基于笔者(Sun & Lin，2013)的研究，运用了以上模型和居民用电量、居民用电价格及人均收入这三类数据①。类似地，Bose 和 Shukla(1999)、Filippini(1999)、Garcia-Cerrutti(2000)、Narayana 等(2007)和 Arisoy 等(2014)也利用省或州的面板数据研究了居民电力需求的弹性。

为避免虚假回归，笔者在回归之前进行平稳性检验。结果(见表 4-4)显示，所有变量均在 1%的显著性水平下为 I(1)。此外，笔者还采用 Pedroni 检验(Pedroni，1999，2004)和 Kao 检验(Kao，1999)来测试面板的协整关系，结果(见表 4-5)显示，统计值在 Pedroni 检验和 Kao 检验下都很显著(1%的显著性水平)，协整关系得以证实。

**表 4-4　面板单位根检验**

| 变量 | 方法 | 原序列 P 值 | 一阶差分序列 P 值 |
|---|---|---|---|
| $\ln C_{it}$ | LLC | 0.3258 | 0.0000 |
| | Fisher-ADF | 0.9999 | 0.0000 |
| $\ln I_{it}$ | LLC | 1.0000 | 0.0000 |
| | Fisher-ADF | 1.0000 | 0.0004 |
| $\ln P_{it}$ | LLC | 0.1568 | 0.0000 |
| | Fisher-ADF | 0.0781 | 0.0008 |

注：LLC (Levin，Lin and Chut)是齐次单位根检验，Fisher-ADF 是异质单位根检验。

① 每个省份的居民电价因时而异，因此区域面板数据更能体现阶梯电价的差异。人均用电量数据来自《中国能源统计年鉴 2008》，并根据各省居民用水和电力的消费价格指数将其调整为 2000 年的不变价格。人均收入数据来自《国家统计年鉴 2008》，并根据各省 GDP 平减指数调整为 2000 年的不变价格。

表 4-5　面板数据协整检验

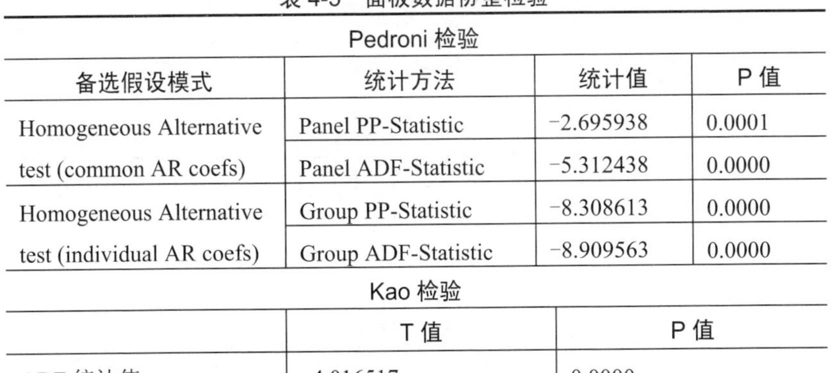

| Pedroni 检验 | | | |
|---|---|---|---|
| 备选假设模式 | 统计方法 | 统计值 | P 值 |
| Homogeneous Alternative test (common AR coefs) | Panel PP-Statistic | −2.695938 | 0.0001 |
| | Panel ADF-Statistic | −5.312438 | 0.0000 |
| Homogeneous Alternative test (individual AR coefs) | Group PP-Statistic | −8.308613 | 0.0000 |
| | Group ADF-Statistic | −8.909563 | 0.0000 |
| **Kao 检验** | | | |
| | T 值 | P 值 | |
| ADF 统计值 | −4.016517 | 0.0000 | |

## (二) 实证结果和稳健性检验

使用固定效应估计方法的 Translog 需求模型(模型 1)是基础模型。实证结果(见表 4-6)表明，所有系数在 95%的置信区间上是显著的。其中，交互项($\beta_3$)是正的，二次项($\beta_1$ 和 $\beta_2$)是负的，这表明居民电力需求的收入弹性($\xi_{I,it}$)与居民收入负相关，但与居民电价正相关。对于高收入消费者，当收入发生变化时，他们的居民电力需求反应较小。居民电价的降低会导致居民购买力的增加，因而降低电价与提高收入对收入弹性会产生类似的影响。居民电力需求($\xi_{P,it}$)的价格弹性与居民电价负相关，而与居民收入呈正相关。由于价格变化对需求产生的替代效应，价格上涨导致需求下降，而且需求价格弹性通常为负[①]。也就是说，价格弹性和居民电价之间的负相关关系表明较高的居民电价会造成较高的价格弹性(绝对值)[②]。同理，价格弹性与居民收入之间的正相关性表明，低收入者的居民电力需求在电价发生变动时，显得更加敏感。

为探讨价格变化是否会导致收入弹性变化，以及对实证结果进行稳健性检验，笔者进一步拓展需求模型：首先，采用城市化水平($U_{it}$)和气候条件($TEM_{it}$)作为模型 2 中的解释变量来控制区域效应；其次，使用个人支出

① 价格弹性(为负)越低，其绝对值就越高。

② 在较高的电价水平上，需求对于电价变动会更加敏感。

($EXP_{it}$)替代个人收入来衡量模型 3 中的收入效应；再次，为避免特定的误差，在模型 4 中引入时间虚拟变量来估计时间效应；最后，应用标准对数线性化模式来评估模型 5 中的平均需求弹性。

表 4-6　模型 1～5 的估计结果

| | 模型 1 | 模型 2 | 模型 3 | 模型 4 | 模型 5 |
|---|---|---|---|---|---|
| $(\ln I_{it})^2$ | −0.0447**<br>(0.0211) | −0.0558***<br>(0.0265) | | −0.0542***<br>(0.0191) | |
| $(\ln P_{it})^2$ | −0.1272**<br>(0.0580) | −0.2189***<br>(0.0698) | −0.1099***<br>(0.0231) | −0.1457***<br>(0.0520) | |
| $1/2\ \ln I_{it} \cdot \ln P_{it}$ | 0.3294**<br>(0.1438) | 0.5261***<br>(0.1717) | | 0.3793***<br>(0.1300) | |
| $(\ln EXP_{it})^2$ | | | −0.0514***<br>(0.0118) | | |
| $1/2\ \ln EXP_{it} \cdot \ln P_{it}$ | | | 0.3207***<br>(0.0713) | | |
| $\ln I_{it}$ | | | | | 0.4736***<br>(0.0371) |
| $\ln P_{it}$ | | | | | −0.1182**<br>(0.0502) |
| $\ln U_{it}$ | | 0.5357***<br>(0.1041) | 0.0219<br>(0.0620) | 0.0404<br>(0.1024) | 0.5363***<br>(0.0720) |
| $\ln TEM_{it}$ | | 0.1256***<br>(0.0389) | 0.1684**<br>(0.0792) | 0.2244***<br>(0.1323) | 0.1117***<br>(0.0266) |
| $T$ | 0.0942***<br>(0.0146) | 0.0314***<br>(0.0069) | 0.1004***<br>(0.0080) | | 0.0333***<br>(0.0034) |

注：括号中数值为标准误差，***、**和*分别代表在 0.01、0.05 和 0.1 水平上的显著性。

表 4-6 中结果表明，模型经过修改后仍是稳健的。在模型 1 至模型 4 中，所有交互项的系数都是正数，显著且稳健，这表明居民收入和其他因素的相互作用是居民电力需求价格弹性的重要影响因素。此外，高收入人群的居民电力需求对价格变化几乎不敏感，而价格二次项系数为负，意味

着电价上涨会在一定程度上提高他们的节能意识。对平均温度的估计显示，温度每升高 1%，居民用电需求会相应地提高 0.11%～0.22%。城市化水平系数为正，表明即使收入和价格保持不变，居民电力需求仍会随城市化水平变化而变化；正的时间效应表明电力需求呈现一种上升趋势。模型 5 的结果表明，需求的平均收入弹性约为 0.47，平均价格弹性约为-0.12，这与现有研究(Bose & Shukla，1999；Wasantha & Wilson，2009；Lin，2003；Shi, et al., 2012)的结果接近。因模型 2 中的系数更为显著，笔者采取该模型来估计需求的价格和收入弹性。

图 4-6 和图 4-7 绘制了 8 年间(2000—2007)30 个省份的 240 个面板数据点(弹性值)。从图 4-6 可以看出，当电价上涨或收入减少时，价格弹性下降(或说其绝对值增加)。与模型 5 中结果一致，大多数样本点围绕 $\xi_{P,it}$=-0.12 分布。在代表高收入和低电价的样本中，$\xi_{P,it}$ 的值大于 0。由于高收入消费组对电价变化反应较不敏感，他们的电力消费结果可能与无效率的结果相符；如果逐步提高(在合理范围内)针对高收入群体而设定的电价，价格弹性的绝对值也会同时提高，与Reiss 和 White(2005)对美国加利福尼亚州电费上涨提出的观点相同，这不仅可以提高高收入

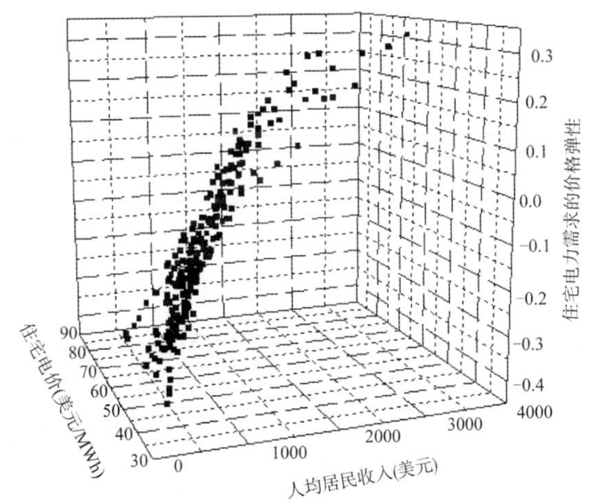


图 4-6 居民电力需求的价格弹性

消费者的节能意识，还能增进用电效率。此外，图 4-7 表明收入弹性 $\xi_{I,it}$ 随着收入增加和电价的下降而减小，且大部分样本点沿着 $\xi_{I,it}$=0.47，这接近于模型 5 中估计的平均价格弹性①。

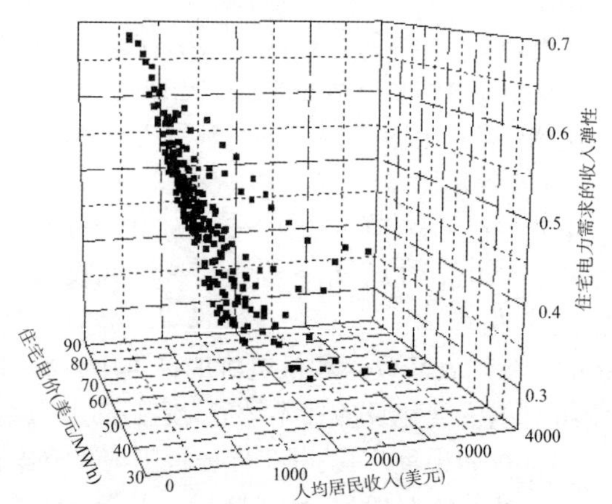


图 4-7　居民电力需求的收入弹性

## 三、关于居民阶梯电价的方案设计

基于 Sun 和 Lin(2013)的研究，笔者按收入将居民分为五类，并通过《中国统计年鉴2008》获取五个收入组中每户家庭的平均人数②。然后，根据家用电器情况来估算不同收入家庭的月平均居民电力消费量，结果如表 4-7 所示。

表 4-7　不同收入群体的人口特征和月均电力消费量

| | 低收入 | 较低收入 | 中等收入 | 较高收入 | 高收入 |
|---|---|---|---|---|---|
| 人均收入/年(美元) | <450 | 450~750 | 750~1500 | 1500~3000 | > 3000 |
| 人口比例(%) | 22 | 26.5 | 24.5 | 18 | 9 |

① 弹性转变的情景分析如附录 A 所示。

② 根据笔者的假设，2007 年中国有 3.7 亿户家庭，这个值与《中国统计年鉴 2008》数据间的差异非常小(约 0.5%)。

(续表)

| | 低收入 | 较低收入 | 中等收入 | 较高收入 | 高收入 |
|---|---|---|---|---|---|
| 家庭电力消费量(kWh/月) | 35 | 60 | 90 | 150 | 180 |
| 家庭成员数(人) | 4.5 | 4 | 3.5 | 3 | 2.5 |

基于图 4-6 对居民效用曲线的分析，笔者根据不同收入组(见表 4-8)提出三个方案，这三个方案的区别在于对于低收入消费者所收取的第一档电费。方案 1 的第一档电费覆盖面最广，约 73%的居民将享受到低电价所带来的补贴；方案 3 特别扶持那些最低收入群体，他们的 BPC 只占全体居民电力消费的 22%左右。

表 4-8 基于不同收入群体的三种阶梯电价方案

<table>
<tr><th>组别</th><th>方案 1</th><th>方案 2</th><th>方案 3</th></tr>
<tr><td>低收入</td><td rowspan="3">第一阶梯(73%)</td><td rowspan="2">第一阶梯(48.5%)</td><td>第一阶梯(22%)</td></tr>
<tr><td>较低收入</td><td rowspan="3">第二阶梯(69%)</td></tr>
<tr><td>中等收入</td><td rowspan="2">第二阶梯(42.5%)</td></tr>
<tr><td>较高收入</td><td>第二阶梯(18%)</td></tr>
<tr><td>高收入</td><td>第三阶梯(9%)</td><td>第三阶梯(9%)</td><td>第三阶梯(9%)</td></tr>
</table>

注：括号中的百分比表示每个分类组的人口比例。

2012 年中国启动居民电力电价改革，其方案就是根据 BPC、NPC 和 LPC 这三种消费情况分别设置 $p_1$、$p_2$ 和 $p_3$ 三阶电价。基于中国国家电力监管委员会(SERC)的年度报告数据，结合式(4-7)的电力消费支出，在保障式(4-4)中的电力供应商的收支平衡情况下，笔者设计了一套阶梯电价机制①。

正如表 4-9 所示，以下三种阶梯电价方案分别对应不同的消费量，特别是 $p_1$ 和 BPC②。在方案 1 中，第一阶梯电价主要考虑人均年收入在 1500 美元以下的群体，BPC 范围为每月消耗 0~90 千瓦时的电力，对应的电价为

① 详见附录 B。

② LTMC(0.154 美元/kWh)与实际平均电价间的差异使得表 4-9 中的三种阶梯电价方案能完全消除 2007 年交叉补贴约 325 亿美元，三种方案中的电价水平都要高于实际电价。

每千瓦时 0.131 美元。在方案 2 中，每月消费超过 BPC 的 60 千瓦时电力需按每千瓦时 0.108 美元加价缴费。在方案 3 中，第一阶梯电价只考虑人均年收入在 450 美元以下的低收入群体(约占总人群的 22%)，BPC 范围为每月消耗 0~35 千瓦时的电力，且 $p_1$ 为每千瓦时 0.052 美元，比之前的单一定价下的价格要低。通过对居民效用曲线的分析，方案 3 探索了补贴低收入群体的最优办法[①]。

**表 4-9　三种递增式阶梯电价具体方案**

| 方案 | 功耗水平 | 消费区间(kWh/月) | 阶梯价格(美元/ kWh) |
|---|---|---|---|
| 1 | BPC | 0~90 | 0.131 ($p_1$) |
| | NPC | 90~150 | 0.247 ($p_2$) |
| | LPC | >150 | 0.402 ($p_3$) |
| 2 | BPC | 0~60 | 0.108 ($p_1$) |
| | NPC | 60~150 | 0.252 ($p_2$) |
| | LPC | >150 | 0.327 ($p_3$) |
| 3 | BPC | 0~35 | 0.052($p_1$) |
| | NPC | 35~150 | 0.244 ($p_2$) |
| | LPC | >150 | 0.298 ($p_3$) |

此外，笔者还进行了敏感性测试，通过不断改变具有不同 LTMC 的电价结构，以检测以上结果的稳健性。敏感性检验的重要性有两点：一是在中国燃煤发电机组占总装机容量的比率约为 80%，而近年来蒸汽和煤价格波动对居民用电的 LTMC 产生了显著的影响；二是居民电力的 LTMC 是反弹性定价方法中的一个重要变量。

在表 4-10 中，结果表明每当 LTMC 变动 10%时，三种电价方案的电

① 无论是按照表 4-9 中的三种阶梯电价方案，还是以固定价格 0.154 美元/kWh 定价(实际平均电价为 0.070 美元/kWh)，居民和工业部门间的传统交叉补贴均能完全消除。然而，不同的电价结构下，每道阶梯水平上都存在着不同的交叉补贴情况。在单一固定价格下，交叉补贴为 0；在表 4-9 的三种情况下，每道阶梯间仍存在着补贴情况。一般而言，对高收入群体给予负补贴(均价高于 0.154 美元/kWh)，对低收入群体给予增补贴(均价低于 0.154 美元/kWh)。

价变动仅在 3%~6%区间内，而且它们的方差呈正相关关系。另外，电价结构保持不变，笔者同样研究了当 LTMC 变动 20%时的影响，敏感性检验表明 LTMC 的变动对量化结果只能造成轻微的影响，因此研究方案是相对稳健的。

表 4-10　LTMC 变化的敏感性分析结果 (美元/kWh)

| | 方案 1 | | | 方案 2 | | | 方案 3 | | |
|---|---|---|---|---|---|---|---|---|---|
| LTMC 变化率 | BPC | NPC | LPC | BPC | NPC | LPC | BPC | NPC | LPC |
| +20% | 0.146 | 0.270 | 0.427 | 0.122 | 0.275 | 0.354 | 0.058 | 0.266 | 0.313 |
| +10% | 0.138 | 0.255 | 0.414 | 0.114 | 0.263 | 0.341 | 0.055 | 0.254 | 0.305 |
| 0 | 0.131 | 0.247 | 0.402 | 0.108 | 0.252 | 0.327 | 0.052 | 0.244 | 0.298 |
| −10% | 0.125 | 0.239 | 0.386 | 0.102 | 0.246 | 0.320 | 0.050 | 0.236 | 0.290 |
| +20% | 0.117 | 0.230 | 0.377 | 0.993 | 0.238 | 0.312 | 0.057 | 0.228 | 0.281 |

在实施阶梯电价方案之后，收入高低不同的家庭面临差异化的电价，这意味着家庭的电费支出将会改变①。笔者分别估计单一定价和阶梯电价方案下的电力消费支出占总消费支出的比例，如表 4-11 所示。结果显示，在单一定价下，不同收入的家庭所支出的电力消费比重差别很小，高收入群体的电力消费比例较低收入群体的电力消费比例要稍微低一些。然而，当阶梯电价实施之后，高收入消费者按理来说应该支付占比更高的电力消费。值得注意的是，在方案 3 中，低收入群体的电力消费支出比例比在单一定价下的要低，因此，不需要花费更多的支出，低收入群体的电力消费量可以得到提升，个人效用也能得到直接有效的改善。而林伯强和杨芳(2009)以及 Lin 和 Liu(2016)的研究表明，低收入群体电力消费水平的提高，对促进社会可持续发展有相当显著的正面效应。

① 交叉补贴的大量存在使得目前的居民电价低于平衡价格，而阶梯电价是在交叉补贴已被消除的假设下，基于平衡价格来分析的。这是表 4-11 中对低收入群体征收的电价要比目前的单一固定电价要高的原因。

表 4-11　不同定价方案对家庭电费支出的影响

| 方案 | 阶梯 | 单一定价 | | 阶梯电价 | |
|---|---|---|---|---|---|
| | | 电费(美元) | 比例(%) | 电费(美元) | 比例(%) |
| 1 | 第一阶梯 | 4.54 | 1.71 | 6.63 | 2.50 |
| | 第二阶梯 | 10.51 | 1.61 | 24.78 | 3.80 |
| | 第三阶梯 | 12.60 | 1.57 | 40.75 | 5.08 |
| 2 | 第一阶梯 | 3.46 | 1.67 | 4.46 | 2.15 |
| | 第二阶梯 | 8.24 | 1.56 | 18.30 | 3.46 |
| | 第三阶梯 | 12.60 | 1.57 | 39.96 | 4.98 |
| 3 | 第一阶梯 | 2.45 | 1.63 | 1.90 | 1.26 |
| | 第二阶梯 | 6.88 | 1.51 | 14.52 | 3.19 |
| | 第三阶梯 | 12.60 | 1.57 | 39.27 | 4.89 |

Witte 和 Marques(2010)指出，由于没有明确的结构性激励措施，公用事业公司的平均效率与受激励措施鼓励的公用事业公司相比有所下降。在单一定价模式下，较高收入群体的居民电力需求对电价变化的反应较小，但在以上提出的阶梯电价方案中，价格弹性将得到一个较大的提升，达到-0.19，这意味着较高收入群体将对电价上升有更大的变化。发达国家的经验表明，当电力支出占比超过 5%时，消费者会变得更加敏感(林伯强 等，2009)。如表 4-11 所示，最高收入消费者中，电力消费支出占总支出比重接近于 5%，可以说电价升高时，最高收入消费者有节约能源的激励，会自觉性地减少不必要的电力消耗。因此，阶梯电价的机制有助于电力资源在不同收入群体间的重新分配，从而提高能源效率。

Narayan 等(2007)指出发达国家的定价政策在提高电力效率的同时，还能有效控制碳排放。递增式阶梯电价的运用对碳减排有积极影响，笔者以 2007 年为准举例说明。2007 年中国居民用电量为 3622.7 亿千瓦时，如表 4-12 所示，如果实施方案 1，居民用电量将减少 437.1 亿千瓦时，碳排放将减少 4073 万吨；如果实施方案 2，居民用电量将减少 338.6 亿千瓦时，碳排放将减少 3155 万吨；如果实施方案 3，居民用电量将减少 386.9 亿千瓦时，碳排放将减少 3605 万吨。整体而言，阶梯电价政策能够减少 10.7%～12.1%

的碳排放。尽管与中国碳排放的巨大增量相比，碳减排量并不显著，但是阶梯电价对碳减排具有激励效应，这点是可以明确的。

表 4-12 不同定价方案对节能和减排的影响①

| | 方案 1 | 方案 2 | 方案 3 |
|---|---|---|---|
| 电力节约(十亿 kWh) | 43.71 | 33.86 | 38.69 |
| 碳减排量(百万吨) | 40.73 | 31.55 | 36.05 |

## 四、小结

本节通过采用 Translog 需求模型来捕捉居民收入对价格弹性的影响，并很好地估计了居民的电力消费价格弹性，从而提出适合于中国居民电价改革的三种阶梯电价方案。结果发现居民电力消费的平均价格弹性为-0.12左右，且高收入居民对价格变动的敏感性要低于低收入居民。分析表明，增加高收入群体的电价可以提升他们的节能意识，而第一档阶梯电价的设置至关重要，既要满足最低用电水平的需求，又要实现公平效率。与单一电价相比，递增式阶梯电价可以提高补贴的效率，并在一定程度上减少碳排放。

对于中国这样一个发展中大国而言，决策者在制定政策时，应综合考虑社会稳定、可承受能力、公平性、能源效率和成本回收等方面。而递增式阶梯电价方案，对于中国电价改革实现以上目标可以说是必不可少的。

首先，要解决由于高收入群体分享第一阶梯电价补贴福利所导致的福利分配不公问题。第一阶梯电价本应是针对低收入群体而设计的，以较低电价来满足大部分人的最低生活需求，而福利分配不公则导致低收入群体的福利损失。因此，阶梯电价可以根据不同消费者的收入水平来设计更详细的定价方案，此外还可以通过改变阶梯电价改革的目标群体，即缩小交叉补贴对象范围而非完全取消交叉补贴这一政策，从而放松预算平衡约束。

① 当以上所建议的三种阶梯电价方案中的电价都要高于实际电价时，一些居民会变得更加敏感，从而减少用电量。假设发电的能源结构不变，则每千瓦时电量所涵盖的二氧化碳排放是一致的，电量消耗越低，则碳排放越低。

其次，阶梯电价存在的另一问题在于成员众多的家庭可能会面临预算约束过紧、福利降低的境地，可以通过允许该类家庭多装电表或政府津贴等方式来补偿他们的福利损失。

此外，中国的电价改革应是循序渐进的，不宜操之过急。而因地制宜，由国家统一方针，各个地区再根据当地居民收入和实际情况来调节阶梯电价方案，更适合中国地广人多、区域多样化的特点。

## 附录 A：情景分析

利用式(4-9)和式(4-10)进行计算，图 4-8 和图 4-9 绘制了 30 个省 8 年间(2000—2007)所记录的 240 个面板数据点的弹性值。以下的情景分析是通过进一步调查价格弹性和收入弹性，从而大致估算了居民电力消费对电价变化和收入变化的敏感程度。

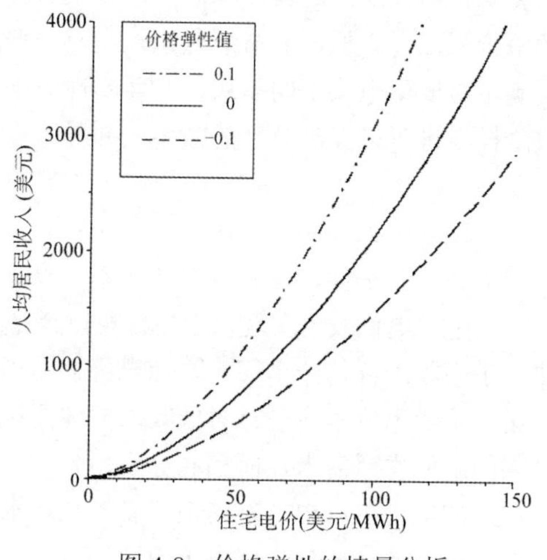


图 4-8　价格弹性的情景分析

价格弹性随着电力价格和个人收入变化而变化，如图 4-8 所示。假设某人的收入约 1000 美元，当电价从每千瓦时 0.080 美元下降到 0.064 美元时，电力需求价格弹性将会由-0.1 变为 0；当电价降到每千瓦时 0.064 美元以下时，其价格弹性将变为正值，意味着此人不愿意因电价变化而降低其功耗。然而，对于收入约 3000 美元的另一人而言，正价格弹性的转折点为每千瓦时 0.121 美元。这表明了收入不同，每个人的电力消费行为也不同。因此在设计阶梯电价时，评估不同收入群体的价格弹性转折点是很重要的。

与价格弹性类似，收入弹性也随电力价格和个人收入变化而变化，如图 4-9 所示。则当电价约为每千瓦时 0.100 美元时，收入分别为 3500 美元、1500 美元和 600 美元的居民对应的收入弹性分别为 0.3、0.4 和 0.5。由于收入弹性很低(低于 0.5)，居民电力消费对收入变化不太敏感，因此如何针对这部分不敏感群体来设计相应的阶梯电价方案值得关注。

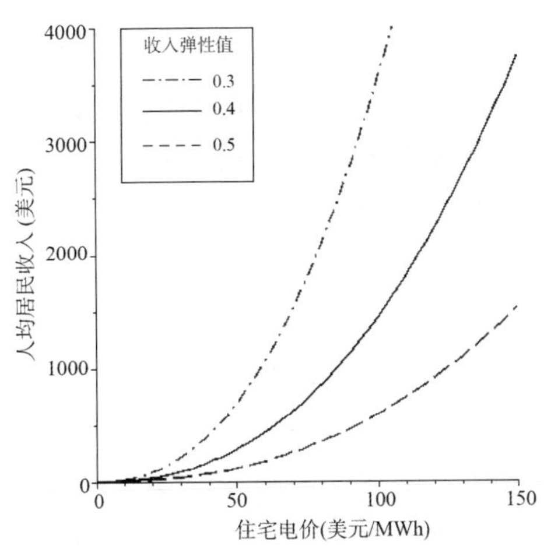


图 4-9　收入弹性的情景分析

## 附录 B：阶梯电价设计

此部分主要介绍基于反弹性定价方法和 Taylor(1975)效用曲线来推导出阶梯电价数值和消费水平，以下方程均在 GAMS(通用代数建模系统)22.1 版本中编程。

第一，对三种阶梯电价方案中的消费者进行界定是十分重要的。表 4-8 中按收入分为五类的居民将归为三层阶梯。为了简化，在以下推导过程中笔者以字母 $i$ 来代替所属组别。表 4-7 中呈现了每个组别($i$)的人口比例($\eta_i$)、人均收入($I_i$)、最初家庭电力消费水平($q_{0i}$)以及家庭人数($n_i$)，则可以得到最初家庭电力消费总量($Q_0$)：

$$Q_0 = \sum_i Q_{0i} \tag{4-11}$$

$$Q_{0i} = q_{0i} \cdot \frac{\eta_i \cdot N}{n_i} \tag{4-12}$$

此处 $Q_{0i}$ 代表最初组 $i$ 的家庭电力消费总量，$N$ 代表总人口。

第二，为完全消除交叉补贴，阶梯电价应该满足供应方的收支均衡，如式(4-13)所示：

$$\sum_i (P_i - \mathrm{MC}_i) \cdot Q_i - \mathrm{FC} = 0 \tag{4-13}$$

此处 $P_i$ 和 $\mathrm{MC}_i$ 分别代表平均电价和每组的边际成本，$Q_i$ 是新组 $i$ 的家庭电力消费总量，FC 是固定成本。公式的含义为收益等于成本。

第三，反弹性定价法如下式所示：

$$\frac{P_i - \mathrm{MC}_i}{P_i} \cdot |\xi_i| = R \tag{4-14}$$

$$P_i = \frac{\mathrm{MC}_i \cdot |\xi_i|}{|\xi_i| - R} \tag{4-15}$$

此处 $\xi_i$ 代表每组的价格弹性，$R$ 是拉姆齐乘数。

参照 Kopsakangas-Savolainen(2004)和 Qi 等(2010)研究，笔者引入缩放项 $k_i$ 如下：

$$k_i = Q_i \cdot P_i^{-|\xi_i|} \tag{4-16}$$

第四，根据模型 2 的结果，可得到价格弹性、收入和电价间的关系：

$$\xi_i = -0.4378 \cdot \ln P_i + 0.2631 \cdot \ln I_i \tag{4-17}$$

式(4-17)对设计阶梯电价尤其重要，电力消费最初对价格变化不敏感以及高收入群体应该对价格变化更加敏感，特别是在新的阶梯电价方案下，他们的价格弹性不再如以往一样。

第五，计算每个组别的家庭电力支出($E_i$)：

$$E_1 = Q_1 \cdot p_1 \tag{4-18}$$

$$E_2 = q_1 \cdot \frac{\eta_2 \cdot N}{n_2} \cdot p_1 + (Q_2 - q_1 \cdot \frac{\eta_2 \cdot N}{n_2}) \cdot p_2 \tag{4-19}$$

$$E_3 = q_1 \cdot \frac{\eta_3 \cdot N}{n_3} \cdot p_1 + (q_2 - q_1) \cdot \frac{\eta_3 \cdot N}{n_3} \cdot p_2 + (Q_3 - q_2 \cdot \frac{\eta_2 \cdot N}{n_2}) \cdot p_3 \tag{4-20}$$

此处 $P_i$ 分别表示了对应三种电力消费(基本功耗 BPC、正常功耗 NPC、豪华功耗 LPC)的电价，$q_1$ 和 $q_2$ 分别为电价第二阶梯和第三阶梯的门槛值。

对每个组别而言，$P_i$ 由 $E_i$ 和 $Q_i$ 共同决定。

$$P_i = \frac{E_i}{Q_i} \tag{4-21}$$

# 第三节 阶梯电价改革对居民电力消费的影响

本节主要研究阶梯电价的实施对居民电力消费的影响，分为三个部分：首先，笔者采用微观家庭调查数据来建模，得到阶梯电价实施后居民电力消费情况的反馈结果。其次，因收入不同的家庭支持阶梯电价政策与否，以及递增式阶梯电价是否对家庭用电行为产生影响，这些与居民的电力价格弹性紧密相关，笔者预估处于不同阶梯下家庭的电力价格弹性大小。最后，笔者证明对阶梯电价政策的宣传有助于家庭从电力密集型消费模式转变为节电型消费模式。这些发现表明，政策影响对于决策者进一步推动资源产品价格改革是至关重要的(Wang & Zhang，2012；Sun & Yu, 2018)。这些发现在以下两个方面弥补了研究领域的不足：一是提供了上述核心问题的答案，二是研究基于微观家庭水平的调查数据，信息量更大，更具时效性，充分考虑了电价弹性的重要影响因素。

## 一、家庭调研问卷与数据

### (一) 被调研地区的特征

本节基于 Sun 和 Lin(2013)的调查，覆盖了国内十个省份，选取经济发展水平不同的各个地区的城市家庭与非城市家庭作为调研对象，这些地区包括省会城市(乌鲁木齐、贵阳、南京)、地级市(佳木斯、六安、南充)及县级市(太仆寺旗、蓬莱、介休、上杭)。

基于之前学者的研究，影响住宅用电的因素不仅包括家庭特征，还包括电价、气候(温度和降水)、农村和城市规模等因素。表 4-13 中呈现了被调研省份的气候、人均消费等特征以及有效问卷数，用以研究区域的差异性，在一定程度上证实了这些地区人均用电支出存在较大区别。

表 4-13　被调研省份特征和样本描述

| 城市 | 类型 | 一月份气温(℃) | 人均消费支出(元) | 农村和城市抽样 | 有效问卷(份) |
|---|---|---|---|---|---|
| 新疆(乌鲁木齐) | 省会 | −14.9 | 8752 | 城市 | 122 |
| 四川(南充) | 地级市 | 5.5 | 7623 | 城市 | 120 |
| 山东(蓬莱) | 县级市 | −1.4 | 10598 | 城市和农村 | 127 |
| 内蒙古(太仆寺旗) | 县级市 | −13.1 | 9347 | 城市和农村 | 120 |
| 江苏(南京) | 省会 | 2 | 15133 | 城市和农村 | 131 |
| 贵州(贵阳) | 省会 | 4.9 | 10507 | 城市 | 104 |
| 福建(上杭) | 县级市 | 10.5 | 11928 | 城市 | 118 |
| 山西(介休) | 县级市 | −6.6 | 9685 | 城市和农村 | 108 |
| 安徽(六安) | 地级市 | 2.1 | 8958 | 城市和农村 | 121 |
| 黑龙江(佳木斯) | 地级市 | −19.4 | 8900 | 城市 | 109 |

注：未实施阶梯电价(TPHE)的新疆被作为本节的控制组。

### (二) 问卷描述

问卷的设计基于笔者对福建省厦门市三次预调查的反馈，调查问题主要分为三类：一是家庭用电现状，二是公众对阶梯电价的了解程度，三是家庭特征。主要问题及统计描述如表 4-14 所示。

表 4-14　问卷统计性描述

| 问题 | 统计结果 |
|---|---|
| 最近一个月的家庭用电支出是多少？ | 平均电费支出为 124.650 元。 |
| 您了解阶梯电价政策吗？ | 大约 72.2%的受访者了解阶梯电价政策。 |
| 您所在省份实施了阶梯电价政策吗？ | 大约 76.1% 的受访者回答“所在省实施了阶梯电价政策”。 |
| 在阶梯电价政策实施后，您是否采取相关措施以节约用电？ | 大约 32.3%的受访者采取了节电措施。 |
| 每月燃气消费支出是多少？ | 家庭月均燃气支出为 44.496 元。 |
| 家里安装了太阳能热水器吗？ | 大约 31.9%的受访者使用太阳能热水器。 |
| 家中有几人？ | 家庭平均成员数为 3.062 人。 |
| 家中老人有几位？ | 家庭平均老人数为 0.467 人。 |
| 家中孩子有几个？ | 家庭平均孩子数为 0.611 人。 |
| 家庭住宅面积为多少？ | 家庭平均住宅面积为 121.282 平方米。 |
| 家庭收入为多少？ | 受访者的家庭平均年收入为 9.316 万元。 |
| 家庭热力消费支出为多少？ | 受访者平均热力消费支出为 1733.707 元。 |
| 您是否居住在农村？ | 大约 12.5%的受访者居住在农村。 |

表 4-14 显示，超过 72%的受访居民对阶梯电价有一定了解，这意味着居民电价改革，以及阶梯电价制度的确在社会上引起了较广泛的关注。此外，家庭的收入和教育水平不同，会影响其对国家政策的关注程度。

### (三) 居民用电

在中国，大多数地区都遵循国家发改委的统一指示，第二阶梯与第三阶梯都提高了相近水平的电价。然而，阶梯电价在城市或地区的实施仍是基于当地具体情况。例如，由于延迟更新住宅电表，山东省蓬莱市未实施阶梯电价；江苏省的农村电价保持不变。基于 Sun 和 Lin(2013)的研究，1180 户受访家庭的平均每月电费为 124.65 元，每月大约使用 229.07 千瓦时的电量。城市和农村地区的居民用电分布情况分别如图 4-10 和图 4-11 所示。

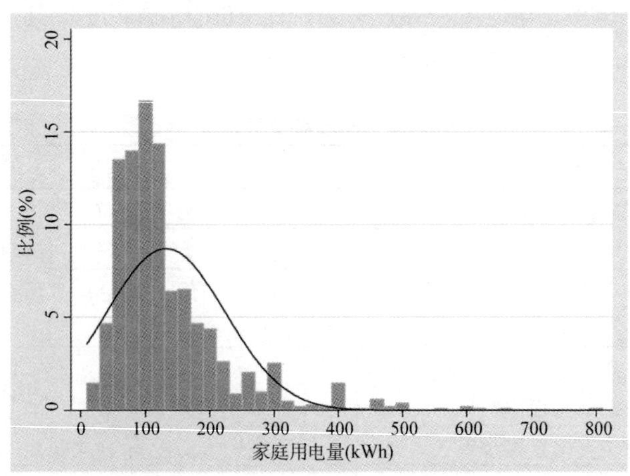


图 4-10　中国城市地区家庭用电的分布情况

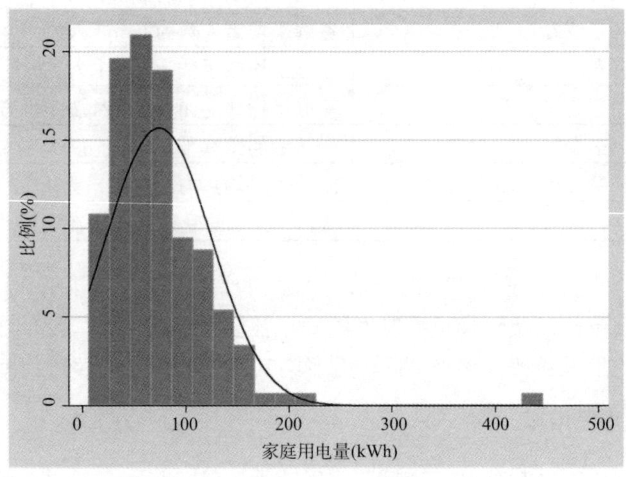


图 4-11　中国农村地区家庭用电的分布情况

目前国内大部分地区的阶梯电价是基于保证相比改革前电价方案，80%居民的用电不受较大影响的原则。而调查结果显示(见图 4-12)，按家庭用电量来划分，36.97%的被调查家庭处于第一阶梯，45.21%的被调查家庭处于第二阶梯，17.82%的被调查家庭处于第三阶梯。第二阶梯电价比第一阶梯要高出大约 0.05 元，则处于第二阶梯的家庭用电支出每月要增加 3.44 元至 10.37 元不等。第三阶梯电价比第二阶梯高出更多，处于第三阶梯的家庭用电支出每月要上涨 48.28 元至 254.24 元不等。

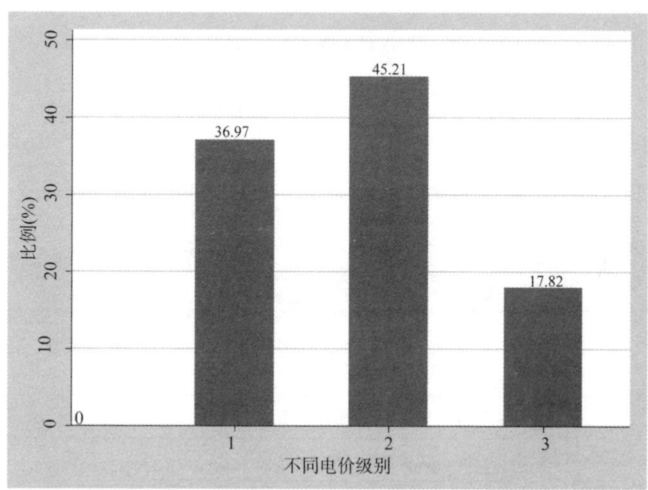


图 4-12　不同电价级别的家庭分布情况

因此，82%的被调查家庭的用电量几乎没有受到阶梯电价实施的影响，即意味着 82%的被调查家庭的用电支出几乎保持不变。第二阶梯用电家庭的用电支出平均增长了 2.45%，而第三阶梯用电家庭的用电支出平均增长了 18.04%。很明显，第三阶梯的家庭用电支出显著增加，处于不同阶梯层次的居民电费支出变化如表 4-15 所示。

**表 4-15　不同电价级别的电费支出变化情况**

| 电价级别 | 电费的平均增加值(元) | 电费的最高增加值(元) | 平均变化比率(%) | 最高变化比率(%) |
|---|---|---|---|---|
| 第一阶梯 | 0 | 0 | 0.00 | 0.00 |
| 第二阶梯 | 3.44 | 10.37 | 2.45 | 5.20 |
| 第三阶梯 | 48.28 | 254.24 | 18.04 | 46.58 |

## 二、实证结果

为评估电力消费弹性因不同阶梯而有所变化的统计意义，笔者根据Sun和Lin(2013)的研究建立居民用电模型：

$$Y_i = \alpha_0 + \theta_1 \ln \text{price}_1 + \theta_2 \ln \text{price}_2 + \delta X_i + \alpha_p + \varepsilon_i \tag{4-22}$$

其中，$Y_i$表示第$i$阶梯的家庭用电消费的对数值，下标$p$表示省份，$\ln\ \text{price}_1$和$\ln\ \text{price}_2$分别表示电力价格和燃气价格，$X$表示控制变量，如ln income(家庭收入对数值)、squ(家庭房屋面积)、num(家庭规模)等。表4-16列出了模型的主要变量及定义。

**表4-16　模型的主要变量和定义**

| 变量 | 定义 |
|---|---|
| $\ln \text{price}_1$ | 电力价格 |
| $\ln \text{price}_2$ | 燃气价格 |
| ifhear | 家庭是否了解阶梯电价政策 |
| squ | 家庭房屋面积 |
| num | 家庭规模 |
| ln income | 家庭收入 |
| ifsol | 家庭是否安装了太阳能热水器 |
| ifrur | 家庭是否居住在农村地区 |
| temp | 当地温度 |
| $I_{tj}$ | 家庭收入等级指标 *t-th* 和电价等级指标 *j-th* |

模型(4-22)的结果如表4-17所示。由此可见，三列中的变量系数大多数与预期一致。$\ln \text{price}_1$所表示的电价系数显著为负，并随不同阶梯而变化。第一阶梯样本中，居民电力消费的价格弹性为−0.652，但不显著，第二、第三阶梯样本中，价格弹性分别为−0.843和−1.036。这表明保持其他变量不变，处于第三阶梯的家庭对电价变化的敏感性比处于第二阶梯的家庭更高。当电价上涨时，电力消费支出的上升将导致第三阶梯家庭节约更多电力。这

可以解释为由第一阶梯到第二阶梯，电价仅仅上涨了约 0.05 元/千瓦时，而由第一阶梯到第三阶梯，电价上涨了约 0.30 元/千瓦时，增幅要比前者大得多。$\ln price_2$ 的系数代表电力消费的交叉价格弹性，在所有情况下均显著为正，这意味着燃气价格的上涨会促使居民增加电力的消费来替代燃气的消费。

在第二、第三阶梯下，表示“是否安装太阳能热水器”的虚拟变量(ifsol)的系数显著为负，这意味着安装了太阳能热水器的家庭的节能意识更强，因此，在阶梯电价方案实施之后有激励去采取更多节约用电的措施。表示“家庭规模”的虚拟变量(num)的系数不显著，这意味着该变量不是影响家庭电力消费弹性的主要因素。表示家庭属性的变量(ln income)系数显著为正，与预期一致，电力消费与家庭收入水平呈正相关关系。变量(ifrur)表示家庭所在地，当其为 1 时，为农村地区家庭。模型结果表明(ifrur)的系数均显著为负，这意味着农村家庭用电消费要比城市家庭用电消费低，家庭所在地与家庭收入密切相关，一般而言，农村家庭收入较低，因此，电力消费也相对较低。

表 4-17　居民用电弹性估计

| 变量 | 第一阶梯 | 第二阶梯 | 第三阶梯 |
|---|---|---|---|
| $\ln price_1$ | −0.652 | −0.834*** | −1.306* |
| | (0.491) | (0.152) | (0.666) |
| squ | 0.291*** | 0.085*** | −0.023 |
| | (0.073) | (0.028) | (0.066) |
| $\ln price_2$ | 0.146 | 0.235*** | 0.566*** |
| | (0.089) | (0.037) | (0.097) |
| num | 0.064** | −0.015 | 0.027 |
| | (0.026) | (0.010) | (0.021) |
| ln price | 0.168*** | 0.100*** | 0.093** |
| | (0.039) | (0.019) | (0.044) |
| ifsol | 0.145** | −0.083*** | −0.138*** |
| | (0.068) | (0.024) | (0.052) |

(续表)

| 变量 | 第一阶梯 | 第二阶梯 | 第三阶梯 |
|---|---|---|---|
| ifrur | −0.724*** | −0.145*** | −0.187 |
| | (0.064) | (0.051) | (0.128) |
| Constant | 7.066** | 10.030*** | 14.116*** |
| | (2.945) | (0.947) | (4.409) |
| R-squared | 0.429 | 0.381 | 0.393 |

注：①括号内是标准误差。②***、**和*分别代表在 0.01、0.05 和 0.1 水平上的显著性。

由上可见，在不同阶梯下电力消费价格弹性有所差异。基于此，笔者进一步对样本进行分组，探讨在不同阶梯电价下居民电力消费价格弹性是否存在差异，模型如下所示：

$$Y_i = \alpha_0 + \sum_{k=1}^{9} \theta_k \ln \text{price}_1 * I_{tj} + \delta X_i + \alpha_p + \varepsilon_i \tag{4-23}$$

其中 $I_{tj}$ 表示家庭状况，下标 $t$ 和 $j$ 分别指收入等级和阶梯等级。比如，当 $t$=1 且 $j$=1 时，则该家庭收入较低且处于第一阶梯电力消费；当 $t$=3 且 $j$=3 时，则该家庭收入较高且处于第三阶梯电力消费。

模型(4-23)的结果如表 4-18 所示。在两种家庭电力消费模型中，对于 9 种 $I_{tj}$ 而言，电价变量的系数为负且均不相等。在模型(4-23)中，处于第一阶梯的低收入家庭($t$=1，$j$=1)的电力消费价格弹性为−0.693，这意味着在低收入群体中，处于第一阶梯的要比处于第二或第三阶梯的消费者对电价变化更为敏感。高收入家庭的情况与低收入家庭有些类似。处于第一阶梯的高收入家庭($t$=3，$j$=1)的价格弹性为−0.708，而处于第二或第三阶梯的高收入家庭的价格弹性分别为−0.619和−0.516，这意味着在高收入群体中，处于第一阶梯的要比处于第二或第三阶梯的消费者对电价变化更为敏感。当一户高收入家庭选择第一阶梯的用电消费水平时，可以认为该类家庭的节能用电意识相比于其他高收入家庭更强，因此，他们对电价变化更为敏感。

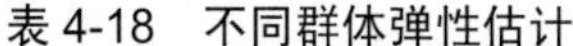

表 4-18　不同群体弹性估计

| 变量 | 未包含控制变量的实证结果 | 包含控制变量的实证结果 |
|---|---|---|
| $\ln price_1 * I_{11}$ | −0.710*** | −0.693*** |
| | (0.204) | (0.201) |
| $\ln price_1 * I_{12}$ | −0.578*** | −0.592*** |
| | (0.201) | (0.197) |
| $\ln price_1 * I_{13}$ | −0.443** | -0.468** |
| | (0.191) | (0.188) |
| $\ln price_1 * I_{21}$ | −0.663*** | −0.685*** |
| | (0.203) | (0.200) |
| $\ln price_1 * I_{22}$ | −0.574*** | −0.611*** |
| | (0.200) | (0.197) |
| $\ln price_1 * I_{23}$ | −0.449** | −0.490*** |
| | (0.191) | (0.187) |
| $\ln price_1 * I_{31}$ | −0.653*** | −0.708*** |
| | (0.204) | (0.200) |
| $\ln price_1 * I_{32}$ | −0.545*** | −0.619*** |
| | (0.200) | (0.197) |
| $\ln price_1 * I_{33}$ | −0.442** | −0.516*** |
| | (0.190) | (0.187) |
| squ | | 0.163*** |
| | | (0.031) |
| $\ln price_2$ | | 0.290*** |
| | | (0.041) |
| ln income | | 0.200*** |
| | | (0.030) |
| num | | 0.035*** |
| | | (0.011) |

(续表)

| 变量 | 未包含控制变量的实证结果 | 包含控制变量的实证结果 |
|---|---|---|
| Ifsol | | −0.052* |
| | | (0.027) |
| Ifrur | | −0.509*** |
| | | (0.040) |
| Constant | 9.061*** | 7.823*** |
| | (1.270) | (1.221) |
| R-squared | 0.664 | 0.754 |

注：①括号内是标准误差。②***、**和*分别代表在 0.01、0.05 和 0.1 水平上的显著性。

## 三、进一步讨论

当电力价格不断提升时，每单位价格越往上变动，家庭对其可能会更加敏感，因此，下意识地节约更多电力。如果家庭保持以前低效电力消费模式，这表明他们对阶梯电价的实施毫不敏感。因此，笔者接下来考虑两个重要因素：一是阶梯电价的宣传是否有助于消除对“伪装电价上涨”的误解，并且能够促使家庭节约更多电力；二是基于表 4-17 和表 4-18 列出的一些因素对电力消费价格弹性是否有影响，笔者还关注电价和太阳能热水器安装等因素是否与居民用电效率提高相关，进而探讨阶梯电价实施后居民的节电行为，模型如下所示：

$$\text{Change}_i = \alpha_0 + \theta \text{ifhear}_i + \gamma_1 \ln \text{price}_{1i} + \gamma_2 \ln \text{price}_{2i} + \delta X_i + \varepsilon_i \tag{4-24}$$

其中，$\text{Change}_i$ 是虚拟变量，指在阶梯电价实施后，家庭是否会采取节约电力的措施。$\text{Change}_i$=1 意味着家庭会改变原有的电力消费模式并且消费更少的电力，$\text{Change}_i$=0 意味着家庭继续保持原有的电力消费模式。$\text{ifhear}_i$ 也是虚拟变量，指家庭是否了解阶梯电价政策。变量 $\ln \text{price}_{1i}$、$\ln \text{price}_{2i}$ 和 $X_i$ 与模型(4-22)中的含义相同，区别在于模型(4-24)中引入控制变量 $\text{temp}_p$ 来表征地区 $p$ 一月份的气温。这些控制变量可能与在阶梯电价实施后家庭是否改变原有电力消费模式有一定的相关性。

模型(4-24)的结果如表 4-19 所示，列(1)和(2)为 Logit 模型估计结果，列(3)和(4)为 Probit 模型估计结果。在家庭能源消费的变量中，电力价格系数显著为负，而燃气价格系数显著为负，这意味着保持其他变量不变，电价上涨将导致选择家庭选择节约用电的概率更大，而燃气价格上涨将导致家庭选择节约用电的概率更小。变量“家庭是否了解阶梯电价政策”的系数是显著为正的，这意味着在阶梯电价实施后，了解该政策的家庭采取节电措施的可能性比不了解该政策的更大，即政策的宣传有助于提高居民用

表 4-19 阶梯电价实施后居民节电行为的估计

| 变量 | (1) | (2) | (3) | (4) |
|---|---|---|---|---|
| | Logit | Logit | Probit | Probit |
| ln $price_1$ | 1.307** | 1.284** | 0.683** | 0.668** |
| | (0.575) | (0.556) | (0.334) | (0.323) |
| ln $price_2$ | −1.264*** | −1.286*** | −0.676*** | −0.689*** |
| | (0.399) | (0.396) | (0.226) | (0.224) |
| Ifhear | 0.571** | 0.595** | 0.340** | 0.355*** |
| | (0.236) | (0.233) | (0.134) | (0.132) |
| ifsol | 1.750*** | 1.780*** | 1.024*** | 1.042*** |
| | (0.200) | (0.196) | (0.116) | (0.113) |
| ln income | −0.068*** | −0.068*** | −0.035*** | −0.035*** |
| | (0.021) | (0.020) | (0.011) | (0.011) |
| squ | 0.003** | 0.004*** | 0.002* | 0.002*** |
| | (0.002) | (0.001) | (0.001) | (0.001) |
| num | 0.049 | | 0.027 | |
| | (0.092) | | (0.054) | |
| ifrur | 0.125 | | 0.083 | |
| | (0.307) | | (0.184) | |
| temp | −0.031*** | −0.032*** | −0.019*** | −0.019*** |
| | (0.012) | (0.011) | (0.007) | (0.007) |
| Constant | −9.399*** | −9.162*** | −5.060** | −4.919** |
| | (3.544) | (3.462) | (2.060) | (2.015) |

注：①括号内是标准误差。②***、**和*分别代表在 0.01、0.05 和 0.1 水平上的显著性。

电效率。虚拟变量“是否安装太阳能热水器”的系数也显著为正，表明已安装太阳能热水器的家庭节能意识更强，因而更有可能会在阶梯电价实施后采取节约用电措施。

## 四、小结

本节主要研究了阶梯电价实施后的家庭用电情况，采用全国10个代表性城市的城乡家庭调查数据，通过构建实证模型来分析家庭用电对阶梯电价政策的反馈，同时估计了家庭用电价格弹性。主要结论如下：①约72.2%的受访居民了解阶梯电价改革，且电费支出更高的群体对阶梯电价的了解程度更高。②电价提高所带来的整体电费支出增加的成本主要由第三阶梯的家庭承担(占样本总数 17.82%)，该类家庭收入水平相对高于其他收入群体。此外，第一阶梯和第二阶梯家庭电费支出几乎保持不变，符合阶梯电价“80%居民的用电不受较大影响”的原则。③家庭电力消费模型的实证结果基本符合预期，用电量处于第三阶梯的家庭比第二阶梯的家庭对电价变化更为敏感，家庭收入与用电量呈正相关关系，农村地区家庭比城市地区家庭要消费更少的电力。

居民用电价格与人民生活息息相关。因此，阶梯电价方案的设计应考虑更多因素，从而改善政策实施效果。基于本节研究结论，笔者提出以下三点政策建议。

(1) 政府需加大对阶梯电价的宣传力度和政策实施透明度，一方面有助于消除人们对“伪装电价上涨”的误解，缓和居民对政策改革不理解所带来的不满情绪。另一方面，通过宣传增进公众对阶梯电价的了解程度，能促进家庭改变原有的低效电力消费模式，向节能节电模式转变。

(2) 阶梯电价需要随着居民生活水平的提高而不断调整。实证结果表明，收入水平对电力消费价格弹性和电力消费模式变化的概率均有影响，因此，当人们收入增加时，阶梯电价方案也应随之进行动态调整。同时，保证向公众宣传的及时性，以实现电力政策变革的效率和公平性。

(3) 在构建能源调整策略的过程中，家庭电力消费弹性需重点关注。政府应考虑在不同阶梯下消费者对能源价格敏感程度的差异性，从而保证大多数人的福利水平。例如，第三阶梯电力消费价格弹性较高，主要由于高收入家庭的电力消费平均成本由第二至第三阶梯迅速上升。此外，在制定阶梯电价政策时，城乡家庭间的差距，以及家庭能源使用行为习惯等因素也应当考虑在内，并因地制宜，根据不同地区和当地家庭情况来合理制定阶梯电价政策。

然而，研究中可能存在数据采集稍欠完善的问题。本节模型中采用了横截面数据，而如果长期跟踪目标家庭来开展调查工作，可以观察和分析出更多影响家庭电力消费行为的因素。

中国政府可以循序渐进地推动阶梯电价政策的设计和实施，以实现效率最大化和社会公平。可以预期，中国的能源价格改革之风会紧接着吹向资源产品，给决策者提供有关如何建立预警机制、评估政策有效性和颁布补充政策等方面更全面的信息。只有研究得更充分、准确，才能给决策者提供合适的建议，以尽可能地减少改革的不确定性(主要是负面影响)，并能够有效地预测改革所带来的可能影响。

## 第四节 效率公平的双重目标与改革的效果

本节利用中国家庭生活能源消费情况实地调研(CRECS)2013 年 1 月的数据，构建家庭电力消费离散选择(Household Electricity Consumption Discrete Choice，HECDC)模型，研究阶梯电价机制是否提高家庭用电效率，并采用价差法评估补贴再分配机制的公平性。基于全国阶梯电价正式启动半年的实地调研数据，本节重点回答以下两个问题。第一，面对新机制的激励，家庭是否会有意识地选择更加节能的电力消费方式，不同家庭对激励的反馈是否存在差异？哪些因素导致了这种差异？第二，实施新的价格机制前后，家庭用电支出是否明显增加？阶梯电价的“涨价”部分主要由哪些家庭承担？有目标的补贴机制是否得到体现？

## 一、影响家庭电力消费方式选择的因素分析

### (一) 家庭电力消费离散选择模型

居民生活用电实施阶梯式递增电价机制，导致随着电力消费量增加，家庭电力消费支出呈现非线性的增长，一个重要目的是通过改变家庭电力消费成本，给予家庭节能激励。家庭有机会选择更加高效与节能的电力消费方式，减少无谓浪费，以尽量控制家庭的电力使用成本。然而，不同家庭面对新的电价机制，其节能反馈可能不同，这与家庭对新电价机制的敏感程度有关。对阶梯电价敏感的家庭会主动选择更加节能的用电方式，而不敏感的家庭则不存在节能反馈。因此，在考虑电力消费方式时，不同家庭选择的结果是一组离散变量。

家庭电力消费离散选择(HECDC)模型的基础是随机效用(Random Utility)模型理论。家庭在做出电力消费选择时，服从的是由两种选择中获得的效用，假设选择节能用电方式的效用为$U_i^1$，而不改变用电方式的效用为$U_i^0$(其中 $i$ 代表家庭个体)。由于随机效用无法观测，可以观测到的仅是家庭选择的结果，即 1(选择节电方式)和 0(不改变用电习惯)。显然，如果不可观测的$U_i^1 > U_i^0$，即对应于观测值为 1；相反，如果不可观测的$U_i^1 \leqslant U_i^0$，即对应于观测值为 0。进一步假设家庭对电力消费偏好有完好的定义，则对家庭用电行为的选择可以看作家庭间接效用函数($V_{im}^*$)最大化条件的结果，效用最大化问题的解可以表示为：

$$V_i = \arg\max(V_{i0}^*, V_{i1}^*) \tag{4-25}$$

其中，$V_i$ 的取值为{0，1}。当模型存在随机项时，随机效用模型可以推导出每种决策被选择的概率。同时，Börsch-Supan(1987)指出，若离散选择是按照随机效用最大化而进行的，随机项服从 Logistic 分布的假设，则二元选择模型更适合采用 Logit 模型。受阶梯电价机制影响，家庭 $i$ 选择节能用电行为的概率为 $p_i$，Wang 等(2011)指出它是由一系列解释变量构成的非线性函数。根据 Wang 等(2011)研究得出，家庭电力消费离散选择模型(HECDC)可以表示为以下形式：

$$Y = \alpha + \gamma I + \lambda P + \sum \theta_n B_n + \sum \beta_k H_k + \sum \eta_m Z_m + \varepsilon \tag{4-26}$$

其中，$Y$ 为潜在变量(Latent Variable)，若 $Y>0$，则 $V_i=1$，即家庭选择节能用电方式；若 $Y\leqslant 0$，则 $V_i=0$，即家庭不具有节电反馈。中国家庭生活能源消费情况实地调研(CRECS)2013 年 1 月的问卷中涉及“执行阶梯电价后，家庭是否会更注意选择节能的电力消费方式，减少浪费”，选项中“是”和“否”分别代表 $V_i$ 的取值 1 和 0 的情况。

解释变量中，$I$ 表示家庭收入状况，采用 CRECS 收集的“家庭年可支配收入”数据，单位为万元。$P$ 为价格因素，采用电力与替代能源的相对价格指标，即取当地居民电价与民用燃气价格的比值①。在有关家庭电力消费的研究中，普遍都考虑了这两个变量，如 Filippini(1999)、Dianshu(2010)、Wu 和 Zhang(2017)等研究认为收入与价格因素对家庭的节电行为(Electricity Saving Behaviour)具有显著的影响。$B_n$ 为计划行为属性，以计划行为理论(the Theory of Planned Behavior，TPB)的观点为基础。TPB 由 Ajzen(1985)提出，旨在研究行为意向或心理影响对某种特定行为的作用，其中，行为意向主要由行为态度、主观规范和知觉行为控制三个因素决定。Wang 等(2011)对北京家庭节电行为的分析便是基于 TPB 理论。本节采用的计划行为属性 $B_n$ 包括行为态度 $B_1$、主观规范 $B_2$ 和知觉行为控制 $B_3$ 三个方面。行为态度因素采用 CRECS 被访家庭对“是否曾使用节能家电②或安装太阳能热水器”问题的回答，曾使用节能家电或安装太阳能热水器的家庭意味着其在生活中比较注重节能或对传统能源的替代，可能更易对电价机制的节能激励产生反馈。$B_1$ 是虚拟变量，选项“是”取值为 1，“否”取值为 0。主观规范因素是指行为人的某种期望给行动带来的压力。Olmstead 等(2007)对美国阶梯水价的研究发现，在每一阶梯所对应的消费量拐点(kink point)附近，消费者的敏感程度会显著增加，并尽量将消费量控制在前一个阶梯之内。2012 年 7 月各地实行的阶梯电价方案均分为三个阶梯，但每个省的消费量拐点不同，如福建第一阶梯用电量为 200 千瓦时以下，第三阶梯用电量为

① 其中，居民电价选择该家庭生活消费电量所对应的阶梯电价，取每千瓦时电力价格(元)与每立方燃气价格(元)的比值。尽管居民电价目前仍按“以省定价”执行，但各地差异不会特别明显。而燃气价格受运输成本影响，东南部省份明显比其他省份高。

② 如曾经有意识地购买具有“能源之星(Energy Star)标识”或“中国能效标识”能耗较低的家电，像空气能热水器、变频空调等，均代表曾使用节能家电。

400 千瓦时以上，而四川则是选择 180 千瓦时与 280 千瓦时为阶梯的拐点。因此，本研究的主观规范因素 $B_2$ 主要考查处于用电量拐点附近(±10%)的家庭，是否会由于主观上的节能压力，从而倾向于选择更加节能的用电行为。根据 CRECS 中“家庭月用电量”数据及各地的阶梯拐点计算得出。$B_2$ 为虚拟变量，家庭月用电量在拐点附近为 1，不在拐点附近为 0。知觉行为控制 $B_3$ 主要反映的是个体感知，采用的是 CRECS 中“是否了解阶梯电价政策”的选项，选项“是”取值为 1，“否”取值为 0。对政策的了解，可以增加对阶梯电价机制的感知和认同感，有可能更易理解改革的意图并产生节能的行为。解释变量中，$H_k$ 为家庭人口统计学属性，包括家庭人口因素 $H_1$，年龄结构因素 $H_2$ 和城乡居民因素 $H_3$，分别采用 CRECS 收集的“家庭常住人口”“是否有三代人以上共同生活①”以及“是否居住在农村”的相关数据。其中，$H_1$ 为调研选项相应的数值，反映家庭常住人口的数量。$H_2$ 与 $H_3$ 是虚拟变量，选项为“是”取值为 1，选项为“否”取值为 0。Wiesmann 等(2011)对葡萄牙居民用电的研究中也考虑了家庭特征，引入家庭人口等因素。Zhou 和 Teng(2013)对中国四川居民电力消费的研究，分析了家庭是否存在老人与其用电量之间的关系。Ndiaye 和 Gabriel(2011)的研究也涵盖了家庭人口和年龄结构的影响。Sun 和 Lin(2013)则认为城市与农村居民的用电习惯存在差异，因此，面对阶梯电价的节能激励，城乡居民因素对家庭电力消费行为选择具有影响。模型中引入 $Z_m$ 作为区域属性的控制变量，以区别不同地区的家庭电力消费行为影响，包括区域发展水平 $Z_1$ 和区域气温因素 $Z_2$。其中，$Z_1$ 和 $Z_2$ 分别使用当地人均 GDP 和当地平均气温作为指标。Zhou 和 Teng(2013)以及 Sun 和 Lin(2013)的研究也考虑了区域差异。假设模型的误差项 $\varepsilon$ 服从正态分布。由于 HECDC 模型的回归系数反映的只是潜在变量变化的结果，实质性的解释意义并不清晰，所以，本节计算更具实际意义的边际效应，反映各解释变量对于家庭电力消费方式选择的边际影响有多大。

① 是否有三代人以上共同生活，指是否是三代或三代以上成员共同组成的家庭，以反映家庭的年龄结构。中国人有喜欢多代同堂的传统习惯，而且随着第二代独生子女的出现，具有隔代抚养现象的家庭开始增加。

## (二) 数据统计描述

2012 年 7 月居民阶梯电价全面启动，实施范围涵盖中国绝大部分地区①。本节使用 2013 年 1 月的 CRECS 数据，来自三个东部省份(山东、江苏与福建)、三个中部省份(山西、内蒙古与安徽)、两个西部省份(四川、贵州)和一个东北省份(黑龙江)②，有效样本共 1058 户家庭，能够代表不同地区、城市和农村家庭的阶梯电价实施之后的生活能源消费情况。本节所涉及 CRECS 的主要数据描述性统计结果如表 4-20 所示。值得注意的是，在阶梯电价执行之后，样本中有 26.5%家庭具有节能反馈，选择更加高效节能的电力消费方式，减少浪费。这表明阶梯电价机制的节能激励收到一定的效果。并且用电量处于拐点附近的家庭占被调研家庭的 26.2%，这表明面对阶梯电价，家庭用电量呈现出一定程度的聚集现象，这与 Olmstead 等(2007)的研究非常相似③。被调研家庭的平均家庭成员数量为3.08 人，与第六次全国人口普查平均每个家庭户的人口 3.10 人比较接近。被调研家庭中从单身住户到 9 名成员的大家庭不等，而三代以上共同生活的家庭占 32%。

表 4-20　主要数据描述性统计结果

| 数据指标 | 均值 | 标准差 | 最小值 | 最大值 |
|---|---|---|---|---|
| 选择节能的电力消费方式的家庭占比(%) | 27 | 44 | 0 | 100 |
| 家庭年可支配收入(万元) | 9.46 | 11.20 | 0.50 | 200.00 |
| 居民电力相对价格 | 25.30 | 7.67 | 14.24 | 58.39 |
| 曾使用节能家电或安装太阳能热水器的家庭占比(%) | 33 | 47 | 0 | 100 |
| 家庭月用电量(千瓦时) | 236.36 | 148.98 | 12.58 | 1197.90 |
| 了解阶梯电价政策的家庭占比(%) | 74 | 44 | 0 | 100 |
| 家庭常住人口(人) | 3.08 | 1.04 | 1.00 | 9.00 |
| 三代以上组成的家庭占比(%) | 32 | 47 | 0 | 100 |

① 除了新疆与西藏、港澳台以外的 29 个省市自治区。

② 为科学反映中国不同区域的社会经济发展状况，国家统计局在 2011 年将中国经济区域划进行调整，分为东部、中部、西部和东北四大地区。

③ Olmstead 等(2007)对来自美国与加拿大 11 个地区的 1082 个家庭的生活用水数量进行研究，表明约有 40%美国家庭的用水量集中在拐点附近(±5%)的区间内。

分别以家庭年可支配收入、居民电力相对价格、家庭常住人口的均值为界对样本进行划分，图 4-13 显示了具有不同收入、面对不同价格，以及拥有不同人口数量的子样本中，选择节能用电方式的家庭比例。可以看到，家庭年可支配收入大于 9.46 万元的家庭中，只有 22.1%具有节能反馈，这一比例要低于收入较少的家庭，表明收入较高的群体，电费支出占其收入的比重较低，在面对新的电价机制时相对不敏感。而居民电力相对价格更高的家庭中，选择节能消费方式的比重为 30.1%，高于相对价格更低的家庭，说明电力价格相对越高，在新的机制下家庭产生反馈的比例可能也越大。常住人口大于 3 人的家庭，有 29.6%会选择节能消费方式，而人口为 2 人或 1 人的家庭，只有 18.1%具有节能反馈，说明人口少的家庭产生节能反馈的更小。

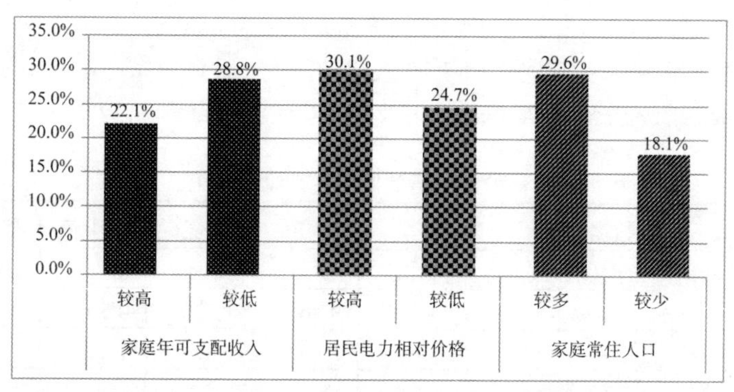


图 4-13　按收入、价格和人口分类的家庭选择节能用电方式的比例

表 4-21 按照其他 5 个解释(虚拟)变量(是否曾使用节能家电或安装太阳能热水器，是否了解阶梯电价政策，是否三代以上共同生活，是否居住在农村，以及用电量是否处于拐点附近)的差异对样本进行分类，显示了执行阶梯电价后选择节能用电方式的家庭比例。表 4-21 表明，无论按何种属性分类，家庭之间的差异都比较明显。曾经使用节能家电或安装太阳能热水器的家庭，在执行阶梯电价之后有 41.5%会倾向于采用更加节能的用电方式，而未曾使用节能家电或安装太阳能热水器的家庭，具有节能反馈的仅有 19%。了解阶梯电价政策的家庭，选择节能用电方式的比例为 28.9%，

大大高于不了解阶梯电价政策的家庭。三代以上共同生活的家庭采用节能用电方式的比例均要小于其他家庭。与居住在农村的家庭相比，居住在城市的家庭采用节能用电方式的比例要低近 20%。用电量处于拐点附近的家庭，具有节能反馈的比例则要高于其他家庭，表明用电量拐点的设计可能会对家庭用电消费方式的选择产生显著影响。根据对样本的分类分析的结论，初步显示出阶梯电价在激励居民提高用电效率方面起到了一定作用，但不同属性的家庭对阶梯电价节能激励的反馈存在差异，有些因素可能增强了阶梯电价带来的节能效果，有些因素则导致节能效果削弱。本节进一步根据式(4-26)，采用家庭电力消费离散选择模型(HECDC)实证分析影响家庭节能反馈的主要因素①。

表 4-21　按其他属性分类的家庭选择节能用电方式的比例

| 数据指标 | 是 | 否 |
|---|---|---|
| 是否曾使用节能家电或安装太阳能热水器 | 41.5% | 19.0% |
| 是否了解阶梯电价政策 | 28.9% | 19.6% |
| 是否三代以上共同生活 | 21.5% | 28.8% |
| 是否居住在农村 | 44.6% | 23.5% |
| 用电量是否处于拐点附近 | 32.2% | 24.1% |

## (三) 实证结果分析

表 4-22 显示了回归结果，其中，模型 1 仅考虑收入变量、价格变量和计划行为变量，模型 2 纳入了家庭人口统计学变量，模型 3 包括区域控制变量。由于中国各地区阶梯电价方案的差异主要体现在对三个电量阶段的阈值设定②，而研究阶梯电价的改进方案，应该特别注意两个拐点的设计对家庭节能反馈的作用。因此，在模型 4 与模型 5 中，将用电量处于拐点 1 附近与拐点 2 附近的家庭单独用虚拟变量进行分类，以便分析不同拐点对家庭电力消费方式选择的影响。表中的系数表示边际效应，即解释变量变

① 回归模型中家庭年可支配收入、居民电力相对价格及地区人均 GDP 取对数处理。

② 各地区阶梯电价方案的价格设计完全参考国家发改委的指导性意见，各地的差异主要表现在对基本需求用电、正常合理用电和较高生活质量用电三档电量的划分上。

化一单位时，被解释变量发生概率的变化[1]。

表 4-22　家庭电力消费离散选择模型的实证结果

| 变量 | 模型 1 | 模型 2 | 模型 3 | 模型 4 | 模型 5 |
|---|---|---|---|---|---|
| 家庭年可支配收入 | −0.006*** | −0.006** | −0.006** | −0.007** | −0.007** |
| 居民电力相对价格 | 0.010*** | 0.010*** | 0.010*** | 0.010*** | 0.010*** |
| 曾使用节能家电或安装太阳能热水器 | 0.277*** | 0.217*** | 0.220*** | 0.216*** | 0.219*** |
| 电量处于拐点附近 | 0.100*** | 0.106*** | 0.090*** | | |
| 拐点 1 附近 | | | | 0.077* | 0.058 |
| 拐点 2 附近 | | | | 0.175*** | 0.166*** |
| 了解阶梯电价政策 | 0.082*** | 0.072** | 0.070** | 0.072** | 0.070** |
| 家庭常住人口 | | 0.044*** | 0.041*** | 0.043*** | 0.041*** |
| 三代以上共同生活 | | −0.103*** | −0.101*** | −0.104*** | −0.104*** |
| 居住在农村 | | 0.171*** | 0.184*** | 0.171*** | 0.186*** |
| 地区人均 GDP | | | −0.014* | | −0.014* |
| 地区平均气温 | | | −0.007** | | −0.007*** |

注：回归结果代表边际效应。***、**和*分别代表在 0.01、0.05 和 0.1 水平上的显著性。

从表 4-22 结果可以看到，在采用不同的控制时，各变量的回归结果都比较显著，边际效应的大小也相对稳定，表明模型的稳健性较好。在面对阶梯电价机制的节能激励，家庭收入因素、电力价格因素、计划行为因素、家庭人口统计学因素等均是影响家庭电力消费方式选择的重要变量。

家庭年可支配收入对家庭选择节能电力消费方式的影响为负，说明年可支配收入更高的家庭，对阶梯电价机制产生节能反馈的概率更小。由于同 2012 年 7 月之前执行的水平电价相比，目前各地阶梯电价的方案均不存在电价下降的方案，因此，阶梯电价机制带来的价格变化主要都体现为第二阶梯

① 虚拟变量的系数由 0 到 1 的变化，表示该变量对被解释变量的边际影响。

与第三阶梯价格的上涨[①]。这意味着面对可能的电价上浮，低收入家庭的敏感程度更高，低收入家庭采用节能用电方式的概率要大于高收入家庭，这与Sun和Lin(2013)的研究结论是一致的。从回归结果的边际效应看，家庭年可支配收入每增加1万元，家庭选择节能用电方式的概率下降0.6%～0.7%。

居民电力相对价格的影响是正向的，表明家庭面对的居民电力相对价格越高，家庭选择节能电力消费方式的概率越大。假定各地的燃气价格不变，那么阶梯电价提高的幅度增大，家庭产生节能反馈的可能性也增大。以边际效应分析，居民电力相对价格上涨1%，家庭选择节能用电方式的概率随之上涨1%。实证结果所反映的电力价格同节能反馈之间关系，与阶梯电价方案设计的目标是吻合的，即通过价格差异对消费者传递不同的信息，以促进家庭用户尽量回避高价格区间，提高用电效率，并且价格越高，家庭的敏感程度也越高，选择节能用电行为的概率也越大。

计划行为因素包括三个解释变量。其中，曾使用节能家电或安装太阳能热水器的家庭要比未曾使用节能家电或安装太阳能热水器的家庭，选择节能用电方式的概率大22%左右。这体现出家庭过去在选择家电设备上的行为态度，与受激励产生的节能反馈有很大的关系，曾经选择节能家电或安装太阳能热水器的家庭，容易对阶梯电价的节能目标产生共识。Wang等(2011)的结论也表明反映家庭过去的节电行为态度对家庭电力消费方式有很强的影响。曾使用节能家电或安装太阳能热水器的家庭，其以往的用电习惯在很大程度上可能具有节能的特点，在面对随用电量增加而阶梯上涨的电力价格，他们更愿意在生活中采取节能的用电方式。

阶梯电价的梯度设计以及各阶梯之间电价的跨度，是改进阶梯电价方案促进实现节能目标的关键问题。模型1、模型2和模型3的实证结果均表明，家庭月用电量处于阶梯拐点附近会导致家庭更倾向于采取节能的电力消费方式，而不处于阶梯拐点附近的家庭，其产生节能反馈的概率要低约10%。这反映了面对新的价格机制，家庭产生节能反馈的概率与阶梯电价梯度设计有很大的关系，用电量处于拐点附近的家庭产生节能反馈的可能性更大。根据Olmstead等(2007)的观点，家庭的电力消费和支出是在固定预算

① 第一阶电价不变，第二阶上涨0.05元，第三阶上涨0.3元。

约束下使其效用最大化的解，对于用电量处于阶梯拐点附近的家庭，如果用电量突然增加，那么增加的这一部分用电很可能会按照更高一阶的价格进行电费核算，对效用的边际影响比较大，因此，这部分家庭会有意识地控制自身电力的需求，在主观上产生节电的行为规范。为进一步考查用电量处于阶梯电价第一阶梯拐点与第二阶梯拐点附近的家庭在电力消费方式选择上的差异，模型 4 与模型 5 用虚拟变量区分了这两种家庭。实证结果显示了两个特征。首先，两个变量的系数显著性存在差异，处于第二拐点附近的系数在两个模型中均达到 1%的显著性水平，而处于第一拐点附近的系数在模型 4 中只达到 10%的显著性水平。并且当控制区域变量时，在模型 5 中处于第一拐点附近的系数甚至没有通过 10%显著性检验。这说明用电量处于第二拐点附近的家庭对阶梯电价存在明显的节能反馈，而用电量处于第一拐点附近的家庭虽然比不处于拐点附近的家庭更具有选择节能用电方式的可能性，但这种可能性相对较弱，而且很可能只是通过与其他区域变量的相关性起作用。其次，对比两个变量的边际效应可以发现，用电量处于第二拐点附近的家庭要比不处于拐点附近的家庭产生节能反馈的概率大 17%左右，而用电量处于第一拐点附近的家庭的边际效应只有 6%～7%。这主要是因为，家庭对阶梯电价拐点产生的主观规范效应来自于拐点两侧电价的差异，差异越大，对家庭效用的潜在影响可能越大。因此，家庭产生节能反馈的概率也越大。按现行的阶梯电价机制，几乎所有地区第一拐点两侧的电价差异为 0.05 元每千瓦时，而第二拐点两侧的电价差异为 0.3 元每千瓦时。以第一阶梯电价 0.5 元计算，当家庭用电跨过第一拐点到达第二阶梯，每千瓦时用电多支出 10%，而用电量跨过第二拐点到达第三阶梯时，每千瓦时用电将多出约 50%的费用，二者对效用的边际影响存在着非常明显的差异。阶梯电价的拐点设计以及各阶梯之间电价的跨度，对处于阶梯拐点附近家庭的主观规范效应起了较大作用，在很大程度上影响了家庭选择节能电力消费方式的概率。

家庭对阶梯电价政策的了解与否，对家庭选择节能电力消费方式的概率具有显著的正向影响。了解阶梯电价政策的家庭比不了解的家庭，产生节能反馈的可能性要高出 7%～8%。政策的宣传与推广，使家庭更容易理解阶梯电价政策的内容，在知觉行为控制方面让家庭对改革的目的与意义产生共鸣，以促进其节能。Wang 等(2011)结果也表明公共节电政策宣传和对环保问题的认知，能够增加家庭节电行为的可能性。在表 4-20 的数据描述中，74%的家庭了解阶梯电价政策，仍有 26%的家庭表示不了解阶梯电价政策，说明为更有效地促进阶梯电价的节能作用，还需要进一步加强政策的宣传工作。

在三个家庭人口统计学属性中，家庭常住人口数量与被解释变量之间具有正向关系。家庭人口数量增加，会提高家庭选择节能用电方式的可能性。家庭每增加 1 位常住人口，概率增加 4%左右。该结果反映出家用电器与家庭人数之间的非线性关系，照明、冰箱、洗衣机、空调等设备的使用有比较明显的规模效应[①]。因此面对阶梯电价机制，常住人口更多的家庭为其选择节能用电方式提供了机会。而从家庭的年龄结构上看，与其他家庭相比，三代以上共同生活的家庭具有节能反馈的可能性大约低 10%。这表明不同年龄段的家庭成员生活方式与作息时间可能存在较大差异，整个家庭的用电行为往往需要兼顾到所有成员，导致共同采取节能用电方式的概率下降。其他学者的研究也有类似结论，如 Zhou 和 Teng(2013)的研究认为中国老年人在家的时间比较长，容易刺激家庭的用电倾向；Ndiaye 和 Gabriel(2011)也发现不同年龄段居民对用电行为的影响显著。城乡属性对家庭节能电力消费方式选择的影响也很显著。目前全国大多数地区居民电价实行城乡同价，同样面对阶梯电价的节能激励，居住在农村的家庭要比居住在城市里的家庭产生节能反馈的概率高出 17%～18%，表明在农村居住的家庭对阶梯电价更加敏感，而在城市居住的家庭对阶梯电价的敏感程度相对较低。

两个区域控制变量在模型 3 与模型 5 中相对都比较显著。当地人均 GDP 与家庭选择节能电力消费方式的概率成负相关，表明生活水平越好的地区，家庭对阶梯电价产生节能反馈的可能性相对越小。当地气温对家庭选择选择节能电力消费方式的影响也显著为负，这表明由于地区气温越高，家庭在生活上对电力(特别是空调制冷用电)的需求可能更大且具有刚性特征，家

① 家庭用电的规模效应主要反映在能够通过家庭成员对家用电器的共同使用，保证家庭效用不受影响。如三口家庭既可以选择分别在不同房间各开一台空调，也可以集中在客厅共同使用一台空调，而单身家庭的选择只能是开空调或不开；又如三口家庭可以选择使用洗衣机一次洗三个人的衣服，而单身家庭则很难体现规模效应。

庭拥有节电意愿的概率也随之下降。

通过实证结果的分析，本节探讨的第一个问题已经得到了回答。居民阶梯电价方案的执行，确实在一定程度上对家庭电力消费方式选择造成了影响，电价机制发挥了促进节能的杠杆作用。同时，由于家庭属性(包括收入、人口、年龄等因素)的影响，不同家庭对阶梯电价的敏感程度或节能反馈也存在差异。进一步发挥阶梯电价机制的节能作用，除应该在相对电价、阶梯用电量、阶梯数目等方面完善科学设计外，还应尽可能地配套细化政策，更精细更全面地兼顾到大多数人的利益，如是否打破城乡同价，是否针对特殊家庭用电采取申报机制等，以充分体现阶梯电价改革两个重要目标，在追求效率的同时不忘公平。接下来，本节探讨前面所述的第二问题，继续利用 CRECS 实地调研的微观家庭数据，采用价差法分析哪些家庭承担了阶梯电价的上涨部分，以及新的价格机制是否促进了补贴公平。从机制设计的角度，进一步探讨保障电价机制效率与公平原则的改革方向。

## 二、阶梯电价与有目标的居民电力补贴

### (一) 阶梯电价对不同收入阶层用电的影响

在阶梯电价执行前，以往不加区分的居民电力交叉补贴机制是不公平和无效的。基于之前的研究，在水平定价的电价机制下，占人口数 27%的高收入居民获得了45%的补贴，而占人口数22%的低收入居民仅获得 10.1%的补贴。补贴来源于交叉电价，属于财政支出，也就是公共产品。大部分电力补贴最后落到不需要补贴的高收入人群手中，相当于是贫困人群补贴了富裕人群。阶梯电价机制打破了交叉补贴传统的仅与用电量线性相关的分配方式，转而通过非线性的、有目标的方式重新分配公共资源，让居民电力价格形成高低梯度，用电量低的家庭享受低的价格，而用电量高的家庭需要承担“涨价”的部分。这为重新分配补贴提供了合理的机制。

本节采用价差法估计阶梯电价对电力交叉补贴的规模。价差法在国际能源署(International Energy Agency，IEA)分析能源补贴影响的研究中得到应用。价差法首先通过确定终端价格与基准价格，得到价差。接着采用不

变弹性需求函数(IEA，1999)，计算调整价格补贴的影响。为突出阶梯电价执行之后对交叉补贴的影响，本节以阶梯电价执行之前的水平电价作为参照，具体的形式表示如下：

$$\ln Q_1 - \ln Q_0 = e \cdot (\ln P_1 - \ln P_0) \tag{4-27}$$

其中，$e$ 表示家庭电力的需求价格弹性，$Q_1$ 和 $P_1$ 表示阶梯电价执行后的电价与需求量，$Q_0$ 与 $P_0$ 则表示电价机制调整前的电价与需求量。$\Delta Q=Q_1-Q_0$ 则表示阶梯电价执行前后的需求量变动。

为考查阶梯电价如何有目标地对交叉补贴进行再分配，本节把所有样本家庭按收入高低分为三个阶层，其中收入最低的 20%家庭为低收入阶层，中间收入的 60%家庭为中等收入阶层，收入最高的 20%家庭为高收入阶层。Sun 和 Lin(2013)的研究表明，家庭电力需求价格弹性的绝对值与收入负相关且与价格正相关，本节根据其结论分别估算样本中不同阶层家庭的电力需求价格弹性。其中，低收入阶层家庭电力需求价格弹性为-0.38，中等收入家庭为-0.19，高收入家庭为-0.08。从价格弹性上反映出高收入家庭可能更加注重用电与生活品质之间的关系，电价上涨或电力支出增加对他们的影响比较小，而低收入家庭对电价的敏感程度较高。表 4-23 显示了不同收入阶层的家庭，在阶梯电价执行前后家庭用电量及用电支出变化情况。可以看出，无论是低收入、中等收入还是高收入家庭在阶梯电价执行后，用电量都呈现下降趋势，但用电支出则表现为一定幅度的上涨。低收入家庭在阶梯电价执行后的月用电量平均下降 1.67 千瓦时，而中等收入家庭与高收入家庭则分别下降 2.22 千瓦时与 3.55 千瓦时。这与前文 HECDC 模型的结论一致，证实了阶梯电价机制的节能激励能够促使各收入阶层家庭均出现反馈，产生节能动力。阶梯电价的实施对居民生活用电量具有负的边际影响，导致全样本 1058 户家庭平均用电量下降 1.0%。电力宏观统计数据也表明 2012 年城乡居民用电量增速的下降，验证了阶梯电价实施对家庭用电的节能作用①。

① 尽管 2012 年全年城乡居民生活用电同比增长 10.15%，与 2011 年的增速 10.17%基本持平，但 2012 年下半年的同比增速却比 2011 年下降了约 0.5%，表明了 2012 年阶梯电价的实施对城乡居民用电起到了一定影响。

表 4-23　阶梯电价执行前后家庭用电量及用电支出变化情况

| 收入阶层 | 家庭数 | 年均可支配收入(万) | 用电量(kWh) | | 用电支出(元) | |
|---|---|---|---|---|---|---|
| | | | 执行前 | 执行后 | 执行前 | 执行后 |
| 低收入 | 212 | 3.15 | 157.20 | 155.53 | 78.90 | 80.26 |
| 中等收入 | 636 | 7.71 | 230.47 | 228.25 | 117.97 | 122.98 |
| 高收入 | 210 | 21.14 | 346.07 | 342.52 | 174.07 | 194.91 |

虽然各阶层家庭用电量都出现下降，但由于电价水平有所提高，阶梯电价执行后各阶层家庭的用电支出均呈现某种程度的上涨。样本家庭的平均用电支出上涨 7.42 元，其中低收入家庭月用电支出平均上涨 1.36 元，中等收入家庭上涨约 5.01 元，而高收入家庭受的影响最大，平均上涨 20.84 元。在相对量上，除高收入家庭外，其他收入阶层家庭的月用电支出的增幅都比较小，受到的影响比较有限。具体而言，低收入家庭月用电支出平均增长了 1.72%，中等收入家庭增长 4.24%，而高收入家庭增长 11.97%，1058 户样本家庭用电支出平均上涨幅度为 6.12%。这表明阶梯电价对各阶层家庭的用电支出均造成一定影响，但“涨价”部分主要由收入较高的家庭承担，中低收入家庭特别是低收入家庭受到的影响较小，反映了阶梯电价机制的公平性与合理性。

### (二) 阶梯电价与交叉补贴再分配

如前所述，在新的阶梯电价机制下，家庭的用电量与用电支出都随之改变，导致居民电力交叉补贴的总量产生变化，且不同收入阶层受到的补贴比例也重新分配。通过价差法的计算，阶梯电价执行后，1058 户样本家庭月补贴总量降低 10861 元，平均每户减少 10.27 元，下降比例为 6.21%，表明在新的电价机制下，工业与居民部门电力价格的扭曲缩小，公共补贴支出的总规模明显下降。如表 4-24 所示，在不同收入阶层的家庭中，低收入家庭平均月补贴量降低 3.35 元，较阶梯电价执行前减少 3.06%，中等收入家庭平均月补贴量下降 7.67 元，下降比例为 4.84%，而高收入家庭的平均月补贴量降低 25.11 元，与执行阶梯电价前相比，降低幅度达到 10.41%。不同收入家庭补贴额变化主要受两个方面影响：首先，不同收入家庭对阶梯电价机制的敏感程度与节能反馈不同，月用电量下降的幅度存在一定差异。其次，不同收入家庭用电量所处的阶梯也不相同，低收入家庭用电量较低，大多集中在第一阶梯内，电价变动的幅度较小，而高收入家庭平均的用电量明显更高，因此，更多地承担了电价上涨的部分。

表 4-24　阶梯电价执行前后家庭电力交叉补贴变化情况

| 收入阶层 | 家庭数 | 家庭平均补贴量的变化情况 | | 相应阶层的补贴量占总补贴量的比例 | |
|---|---|---|---|---|---|
| | | 变化额(元) | 变化比例 | 执行前 | 执行后 |
| 低收入 | 212 | −3.35 | 3.06% | 13.31% | 13.76% |
| 中等收入 | 636 | −7.67 | 4.84% | 57.71% | 58.56% |
| 高收入 | 210 | −25.11 | 10.41% | 28.98% | 27.69% |

从各个收入阶层的家庭总补贴来看，在阶梯电价执行前，按水平电价机制核算占样本总量20%的高收入家庭阶层，得到的总补贴比例为28.98%，占 60%的中等收入家庭所得份额为 57.71%，而占 20%的低收入家庭仅仅得到 13.31%的补贴。这一结论与之前的研究基本一致，传统的水平电价机制由于缺乏针对性，导致大多数补贴集中到中等以上收入家庭，尤其是不需要补贴的高收入家庭反而得到更多补贴，而真正需要公共财政支持的低收入家庭得到的却很少，造成穷人补贴富人的状况。阶梯电价改革的重要目的之一就是要改变这种不加区分的补贴机制，更有目标地控制补贴的流向，减少扭曲保障公平。从表 4-24 可以看到，执行阶梯电价后，高收入家庭受到的补贴份额减少 1.3%，下降至 27.69%，中等收入家庭受到的补贴份额增加 0.85%，达到 58.56%，而低收入家庭受到的补贴份额也有一定提高，增长至 13.76%，上升 0.45%。阶梯电价导致补贴的针对性有所增强，高收入家庭得到的补贴比例下降，而低收入家庭和中等收入家庭受到的补贴比例上升，但各阶层间比例的变化幅度不是很大，交叉补贴再分配的公平性还没有得到充分体现。这主要是由于目前各地执行的阶梯电价方案还比较粗放，基本上都采用三个阶梯、固定价格幅度的模式，机制的针对性较差且各档间价格差距较小。截至 2017 年 7 月，虽然全国一部分地区对原机制的

电价水平执行了新一轮调整[①]，但各地均没有对阶梯用电量的阈值作相应调整。面对固定且滞后的阶梯设计方案，部分过去处于第一档用电的家庭可能会随着用电量的增加升至第二阶梯，这必然导致用电量未来处于第一阶梯家庭越来越少。现有机制在引导补贴合理再分配的功能依旧较弱，未来需要在机制的设计上做更精细的工作。

通过对交叉补贴再分配的分析，本节探讨的第二个问题也有了比较明确的答案。从总体上看，相比水平定价，阶梯电价改革体现了公平原则。电价的“涨价”部分主要由高收入家庭承担，对中等收入与低收入家庭用电支出的影响较小；工业与居民部门的电价扭曲程度降低，交叉补贴的总量减少；补贴的再分配也更加合理，高收入家庭得到的补贴减少，而最需要补贴的低收入家庭得到的补贴比例有所增加。

## 三、小结

能源价格是现阶段改革的重点，采用阶梯式的定价方式取代传统水平定价是改革的方向(Sun & Lin，2013)。阶梯电价只是居民资源类产品价格改革的第一步，之后居民燃气、生活用水等其他公共资源产品很可能都将执行阶梯定价模式。本节在阶梯电价全面实施的背景下，采用 CRECS 实地调研的家庭微观数据，针对现行阶梯电价机制在提高用电效率、促进补贴公平两个方面的效果进行研究，主要得到以下几点结论及建议。

(1) 现行阶梯电价方案的节能激励是有效的。受阶梯电价机制影响，家庭的平均用电量下降约 1.0%。根据消费者对阶梯电价的反馈，26.5%的家庭会选择更加高效节能的电力消费方式，减少浪费。

(2) 阶梯电价不仅减少了交叉补贴的规模，同时改善了补贴的再分配机制。现行的阶梯电价机制在一定程度上缩小了工业与居民部门电力价格的扭曲，导致补贴支出的总规模下降 6.2%。阶梯电价使得补贴机制更加具有针对性。

(3) 家庭节能电力消费方式的选择主要受家庭收入、相对电价和家庭以

---

① 如福建省自 2013 年 7 月起采取第二年过渡期电价。

往用电习惯影响。收入较低的家庭对阶梯电价的节能激励更加敏感。而家庭面对的电力相对价格越高，选择节能电力消费方式的概率可能越大。曾使用节能家电或安装太阳能热水器的家庭，更容易对阶梯电价的节能作用产生共识。

(4) 对于阶梯电价机制来说，用电量拐点以及各阶梯之间电价跨度的设计非常重要。由于拐点附近的用电量与用电支出之间存在非线性的变化，而且阶梯电价的拐点还是划分家庭用电补贴的重要标尺，影响不同收入家庭对电价“涨价”份额的承担程度。

(5) 城乡同价的阶梯电价模式可能需要调整。为照顾城乡不同地区居民对价格的承受能力，在政策设计上需要充分完善动态调整机制，体现有目标的补贴措施。

(6) 完善实施方案，提高政策操作的效率。不同收入阶层对能源价格的敏感度不同，对低收入阶层居民采取渐进式的改革方式，逐步取消能源补贴，降低能源价格改革对其生活带来的冲击，而对高收入阶层家庭可采取更加彻底的改革方案，甚至采用一次性完全取消能源补贴的方式。

当然，由于数据的限制，本节对于城乡居民和各个收入阶层用电支出的估计可能与现实存在一定的偏误。因此，如何更准确地利用微观调研数据和科学方法测度具有不同属性的家庭对电价的敏感程度，更为合理地估计阶梯电价改革对家庭用电的影响，从而提出更符合效率与公平双重目标的能源定价机制，都是未来进一步研究的方向。

## 第五节　结论和政策建议

本章主要从四个方面分别介绍了中国居民阶梯电价改革的影响与效果，首先梳理了居民电力价格改革的历史渊源与必要性，其次从理论出发，根据反弹性的拉姆齐定价原则设计了三种阶梯电价方案，接着通过实证分析 CRECS 实地调研的家庭微观数据，估计了阶梯电价改革对居民电力消费的整体影响，最后以效率、公平为改革效果好坏的评估标准，进一步探讨阶梯电价改革对居民的影响。

本章第二节基于拉姆齐定价法则和 Translog 模型，发现居民电力消费的平均价格弹性为-0.12 左右，且高收入居民对价格变动的敏感性低于低收入居民。这表明增加高收入群体的电价可以提升他们的节能意识，而第一档阶梯电价的设置也至关重要。与单一电价相比，递增式阶梯电价可以提高补贴的效率，并在一定程度上减少碳排放。

本章第三节采用微观家庭调查数据建模，得出以下主要结论：①约72.2%的受访居民了解阶梯电价改革，且电费支出更高的群体对阶梯电价的了解程度更高。②电价提高所带来的整体电费支出增加的成本主要由第三阶梯的家庭承担(占样本总数 17.82%)，该类家庭收入水平相对高于其他收入群体。此外，第一阶梯和第二阶梯家庭的电费支出几乎保持不变，符合阶梯电价“80%居民的用电不受较大影响”的原则。③家庭电力消费模型的实证结果基本符合预期，用电量处于第三阶梯的家庭比第二阶梯的家庭对电价变化更为敏感，家庭收入与用电量呈正相关关系，农村地区家庭比城市地区家庭消费更少电力。

本章第四节通过构建家庭电力消费离散选择模型，来研究阶梯电价机制是否提高了家庭用电效率，并采用价差法评估补贴再分配机制的公平性。主要有两点结论：①居民阶梯电价改革的确起到促进节能的杠杆作用，受阶梯电价机制影响，家庭的平均用电量下降约 1.0%，调查中 26.5%的家庭反馈会选择更加高效节能的电力消费方式，减少浪费。同时，由于家庭属性(包括收入、人口、年龄等因素)的影响，不同家庭对阶梯电价的敏感程度或节能反馈也存在差异。②从总体上看，相比水平定价，阶梯电价改革体现了公平原则。电价的“涨价”部分主要由高收入家庭承担，对中等收入与低收入家庭用电支出的影响较小；工业与居民部门的电价扭曲程度降低，交叉补贴的总量减少约 6.2%；补贴再分配也更加合理，高收入家庭得到的补贴减少，而最需要补贴的低收入家庭得到的补贴比例有所增加。

能源价格是现阶段改革的重点，采用阶梯式的定价方式取代传统水平定价是改革的方向(Sun et al.，2014)。阶梯电价只是居民资源类产品价格改革的第一步，之后居民燃气、生活用水等其他公共资源产品很可能都将执行阶梯定价模式。结合这一章的分析，笔者提出以下几个方面的建议。

(1) 重点关注阶梯电价方案中对用电量拐点以及各阶梯间电价跨度的设计，其重要性在于拐点附近的用电量与用电支出间存在非线性变化，而且阶梯电价的拐点还是划分家庭用电补贴的重要标尺，影响不同收入家庭对电价“涨价”份额的承担程度。此外，应考虑在不同阶梯下消费者对能源价格敏感程度的差异性，从而保证大多数人的福利水平。

(2) 根据人均收入水平提高和城乡发展状况等来动态调整阶梯电价方案。收入水平对电力消费价格弹性和电力消费模式变化的概率均有影响，且政策设计要照顾城乡不同地区居民对价格的承受能力。此外，家庭能源使用行为习惯等也会因时而异。因此，当人们收入增加、城乡差距变化以及其他因素变化时，阶梯电价方案也应当随之进行合适的动态调整。

(3) 完善实施方案，提高政策操作的效率。比如，成员众多的家庭可能会面临预算约束过紧、福利降低的境地，可以通过允许该类家庭多装电表或政府津贴等方式来补偿他们的福利损失。因为不同收入阶层对能源价格的敏感度不同，所以应对低收入阶层居民采取渐进式的改革方式，逐步取消能源补贴，降低能源价格改革对其生活带来的冲击；而应对高收入阶层家庭采取更加彻底的改革方案，甚至采用一次性完全取消能源补贴的方式。

(4) 政府需加大对阶梯电价的宣传力度和政策实施透明度。这一方面有助于消除人们对“伪装电价上涨”的误解，缓和居民对政策改革不理解所带来的不满情绪。另一方面，通过宣传增进公众对阶梯电价的了解程度，能促进家庭改变原有的低效电力消费模式，向节能节电模式转变。

**【参考文献】**

[1] Atalla T N，Hunt L C. Modelling residential electricity demand in the GCC countries [J]. Energy Economics，2016，59(9): 149-158.

[2] Ajzen I. From intentions to actions: A theory of planned behavior[M]. Springer Berlin Heidelberg，1985.

[3] BuShehri M A M，Wohlgenant M K. Measuring the welfare effects of reducing a subsidy on a commodity using micro-models: An application to Kuwait's residential demand for electricity [J]. Energy Economics，2012，34(2): 419-425.

[4] Brown SJ，Sibley DS. The theory of public utility pricing[M]. Cambridge

University Press，1986.

[5] Bose RK，Shukla M. Elasticities of electricity demand in India [J]. Energy Policy，1999，27: 137-146.

[6] Börsch-Supan A. The nested multinomial logit model[M]//Econometric analysis of discrete choice. Springer Berlin Heidelberg，1987: 41-75.

[7] Chattopadhyay R，Duflo E. Women as policy makers: Evidence from a randomized policy experiment in India [J]. Econometrica，2004，72(5): 1409-1443.

[8] Croissant Y. Fonction de demande et surplus: une estimation sur des données de panel pour les transports urbains.français [J]. Économie & Prévision，2000，4: 53-66.

[9] Dianshu F，Sovacool B K，Minh Vu K. The barriers to energy efficiency in China: Assessing household electricity savings and consumer behavior in Liaoning Province [J]. Energy Policy，2010，38(2):1202-1209.

[10] Ericson T. Households' self-selection of dynamic electricity tariffs [J]. Applied Energy，2011，88: 2541-2547.

[11] Erdogdu E. The impact of power market reforms on electricity price-cost margins and cross-subsidy levels: A cross country panel data analysis [J]. Energy Policy，2011，39(3): 1080-1092.

[12] Filippini，M. Swiss residential demand for electricity[J]. Applied Economics Letters，1999，6(8): 533-538.

[13] Garcia-Cerrutti L M. Estimating elasticities of residential energy demand from panel county data using dynamic random variables models with heteroskedastic and correlated error terms [J]. Resource & Energy Economics，2000，22(4): 355-366.

[14] Holtedahl P，Joutz F L. Residential electricity demand in Taiwan[J]. Energy Economics，2004，26(2): 201-224.

[15] Hung M F，Chie B T. The long-run performance of increasing-block pricing in Taiwan's residential electricity sector [J]. Energy Policy，2017，109(10): 782-793.

[16] IEA. World energy outlook insights，looking at energy subsidies: Getting the prices right [R]. Paris:OECD，1999.

[17] Kopsakangas-Savolainen M. The welfare effects of different pricing schemes

for electricity distribution in Finland[J]. Energy Policy，2004，32(12): 1429-1435.

[18] Kao C. Spurious regression and residual-based tests for cointegration in panel data[J]. Journal of Econometrics，1999，90(1): 1-44.

[19] Kim HY，Marginal cost and second-best pricing for water services[J]. Review of Industrial Organization，1995(10): 323-338.

[20] Li F，Li SL. The impact of cross-subsidies on utility service quality in developing countries[J]. Economic Modeling，2018，68(1): 217-228.

[21] Lin B，Jiang Z. Designation and influence of household increasing block electricity tariffs in China [J]. Energy Policy，2012，42: 164-173.

[22] Lin B Q. Structural changes，efficiency improvement and electricity demand forecasting[J]. Economic Research Journal，2003(5): 57-65.

[23] Lin BQ，Yang F. The effect of power industry on the sustainable development of Chinese economy[J]. World Economy，2009( 7): 3-13

[24] Liu W. U.S. gasoline demand and policies: An application of semiparametric modeling and estimation[J]. Dissertations & Theses - Gradworks，2012.

[25] Nezamoddini N，Wang Y. Real-time electricity pricing for industrial customers: Survey and case studies in the United States [J]. Applied Energy，2017，195(6): 1023-1037.

[26] Narayana PK，Smythb R，Prasad A. Electricity consumption in G7 countries: A panel cointegration analysis of residential demand elasticities[J]. Energy Policy，2007，35: 4485-4494.

[27] Ndiaye D，Gabriel K. Principal component analysis of the electricity consumption in residential dwellings [J]. Energy and Buildings，2011，43(2): 446-453.

[28] Olmstead S M，Michael Hanemann W，Stavins R N. Water demand under alternative price structures [J]. Journal of Environmental Economics and Management，2007，54(2): 181-198.

[29] Passey Robert，Haghdadi N，Bruce A，et al. Designing more cost reflective electricity network tariffs with demand charges [J]. Energy Policy，2017，109(10): 642-649.

[30] Pedroni P. Critical values for cointegration tests in heterogeneous panels with multiple regressors[J]. Department of Economics Working Papers，1999，61(S1): 653-670.

[31] Pedroni P. Panel cointegration: asymptotic and finite sample properties of pooled time series tests with an application to the PPP hypothesis[J]. Department of Economics Working Papers，2004，20(3): 597-625.

[32] Fang Q I，Zhang L Z，Wei B，et al. Study on electricity tariffs based on Ramsey pricing theory[J]. Power Demand Side Management，2010(2): 24-27.

[33] Reiss P C，White M W. Household electricity demand，revisited[J]. Review of Economic Studies，2005，72(3): 853-883.

[34] Resende M. Ramsey Pricing and Regulator's social welfare weights: An empirical application[J]. Review of Industrial Organization，1997，12(3): 413-416.

[35] Sun C. An empirical case study about the reform of tiered pricing for household electricity in China [J]. Applied Energy，2015，160(12): 383-389.

[36] Sun C，Ouyang X，Cai H，et al. Household pathway selection of energy consumption during urbanization process in China[J]. Energy Conversion & Management，2014，84: 295-304.

[37] Sun C，Lin B. Reforming residential electricity tariff in China: Block tariffs pricing approach [J]. Energy Policy，2013，60: 741-752.

[38] Sueyoshi T. An agent-based approach with collaboration among agents: Estimation of wholesale electricity price on PJM and artificial data generated by a mean reverting model[J]. Energy Economics，2010(5): 1025-1033.

[39] Silk J I，Joutz F L. Short and long-run elasticities in US residential electricity demand: A co-integration approach[J]. Energy Economics，1997，19(4): 493-513.

[40] Taylor L D. The demand for electricity: A survey[J]. Bell Journal of Economics，1975，6(1): 74-110.

[41] Upton J，Murphy M，Shalloo L，et al. Assessing the impact of changes in the electricity price structure on dairy farm energy costs[J]. Applied Energy，2015，137: 1-8.

[42] Wang C，Zhou K，Yang S. A review of residential tiered electricity pricing in

China[J]. Renewable & Sustainable Energy Reviews，2017，79: 533-543.

[43] Wang Y，Li L. Time-of-use electricity pricing for industrial customers: A survey of U.S. utilities [J]. Applied Energy，2015，149(7): 89-103.

[44] Wang H，Fang H，Yu X，et al. How real time pricing modifies Chinese households' electricity consumption[J]. Journal of Cleaner Production，2017.

[45] Wang Z，Zhang B，Yin J，et al. Determinants and policy implications for household electricity-saving behaviour: Evidence from Beijing，China[J]. Energy Policy，2011，39(6): 3550-3557.

[46] Athukorala P P A W，Wilson C. Estimating short and long-term residential demand for electricity: New evidence from Sri Lanka[J]. Energy Economics，2010，32(5): S34-S40.

[47] Witte K D，Rui C M. Designing performance incentives，an international benchmark study in the water sector[J]. Central European Journal of Operations Research，2010，18(2): 189-220.

[48] Wiesmann D，Azevedo I L，Ferrão P，et al. Residential electricity consumption in Portugal: Findings from top-down and bottom-up models[J]. Energy Policy，2011，39(5):2772-2779.

[49] Wen-Hsiu Huang. The determinants of household electricity consumption in Taiwan: Evidence from quantile regression[J]. Energy. 2015，87(7): 120-133.

[50] Yang C，Meng C，Zhou K. Residential electricity pricing in China: The context of price-based demand response[J]. Renewable & Sustainable Energy Reviews，2017，81(2): 2870-2878.

[51] Ye B，Ge F，Rong X，et al. The influence of nonlinear pricing policy on residential electricity demand—A case study of Anhui residents[J]. Energy Strategy Reviews，2016，s 13–14: 115-124.

[52] Youn H，Jin H J. The effects of progressive pricing on household electricity use [J]. Journal of Policy Modeling，2016，38(6): 1078-1088.

[53] Zhou S，Teng F. Estimation of urban residential electricity demand in China using household survey data [J]. Energy Policy，2013，61: 394-402.

[54] 陈剑，王自力. 阶梯电价前沿问题研究——“全国阶梯电价理论与政策研讨会”观点[J]. 中国工业经济，2013(12)：71-77.

[55] 林伯强. 争议阶梯电价[J]. 中国电力企业管理，2010 (27)：20-22.

[56] 林伯强，蒋竺均，林静. 有目标的电价补贴有助于能源公平和效率[J]. 金融研究，2009 (11)：1-18.

[57] 林伯强，刘畅. 中国能源补贴改革与有效能源补贴[J]. 2016(10)：52-71.

[58] 刘卫. 居民生活阶梯电价综述[J]. 农村电工，2011，19(2)：17-17.

[59] 王慧丰. 我国阶梯电价实施状况分析[J]. 企业改革与管理，2014(6)：127-128.

[60] 王向. 中美居民生活用电波动差异及其原因——基于两国阅读时间序列的实证分析[J]. 消费经济，2016(8)：17-20.

[61] 谢里，张斐. 电价交叉补贴阻碍绿色发展效率吗——来自中国工业的经验证据[J]. 南方经济，2017(12)：98-118.

[62] 杨娟，刘树杰. 阶梯电价的国际实践[J]. 中国经贸导刊，2010(10)：27-28.

[63] 叶泽，吴永飞，李成仁，等. 我国销售电价交叉补贴的关键问题及解决办法[J]. 价格理论与实践，2017(4)：20-24.

# 第五章

# 中国核电发展与公众意愿研究

## 第一节 引 言

### 一、世界核电发展

为响应全球节能减排的号召，许多国家大力发展核电技术。随着全球经济高速发展、能源消费增加、用电需求加大，能源安全、温室气体排放、环境污染等问题逐渐成为关注的焦点。几十年来，世界各国电力主要源于化石能源燃烧发电、水力发电、核能发电以及可再生新能源发电。煤、石油和天然气等传统化石能源发电满足了大部分电力需求。但在经济增长的同时，能源消费的增加以及化石能源资源储量的减少，带来了资源不可持续发展的问题。同时，化石能源燃烧会排放大量温室气体，造成全球变暖。仅 2013 年，全球化石能源燃烧排放温室气体高达 321.9 亿吨。化石能源储量的下降还会导致资源短缺，引起能源价格波动；而在中国这样国土面积广阔、化石能源分布不均的国家，还存在远距离运输的问题，用能成本更是大幅增加。水力发电工程建造周期长、造价成本高，会对生态环境和社会生活造成重大影响，故其发展受到很大限制。风力发电、太阳能发电等可再生新能源发电虽然具有良好的发展前景，但由于技术、成本等方面的限制，在短时间内难以大规模替代传统化石能源发电。而核能发电具有高效、经济、清洁等优势。从 1951 年第一次试验成功，到如今全球共有 450 台运行中的机组，核能发电逐渐成为许多国家大规模应用的供电技术。根据 BP 公布的 2017 年能源消费数据，核能发电提供了全世界 4.4%的电力。截至 2016 年，全球运行中的核电机组总装机量为 3.92 亿 kW，供电量达 2.47 千亿 kW。其中，美国拥有数量最多的核电机组，共有 100 台运行中的机组，占全球运行机组总量的近 1/4；法国核电机组数量居世界第二，共有 58 台运行中的机组，但其核能发电占国内电力供应的 72.28%，为全球之最；日本核电机组数量居世界第三，共有 42 台运行中的机组。近年来，中国积极推进核电扩张建设和发展工作。2016 年，中国核能发电量增长 24.1%，超过过去十年平均增长数值的两倍。

然而，核能发电一直是一个备受争议的话题。尽管世界核电技术已经达到先进、安全、稳定的水平，但核电事故一旦发生，后果仍然非常严重，这使得广大民众对于核电发展仍存顾虑。历史上的核电事故也给民众留下惨痛记忆。例如，福岛核电事故——切尔诺贝利核电灾难后最严重的核电事故，至今仍留给日本民众难以愈合的伤痛。2011 年 3 月，日本遭受 9 级特大地震，福岛核电站的放射性物质发生泄漏，造成重大核电事故，引发社会各界对核电潜在威胁的恐惧和担忧。福岛核电站是世界最大的核电站，由福岛一站、福岛二站共 10 台机组(一站 6 台，二站 4 台)组成，均为沸水堆。受大地震影响，福岛一站损毁极为严重，并伴有大范围放射性物质泄漏；由于事态发展严峻，福岛一站的 6 台机组被永久废弃；根据国际核事件分级表，鉴于事故对当地民众身体健康和地区生态环境产生重大影响，日本原子能安全保安院最终将福岛核事故定为最高级的 7 级①。虽然福岛核电事故已过去多年，但它仍给民众生活和社会经济留下种种后遗症。日本国内围绕核电安全性的争议从未停歇，重启核电也成为日本民众难以解开的心结。近期，向日本原子能规制委员会(福岛核电事故后，日本成立的统一负责核能安全监管工作的机构)提出审查申请的 16 座核电站的 26 台机组中，通过审查的仅有 3 座核电站的 7 台机组。而且，已经重启或通过审查的核电站运行也并不顺利。福岛核电事故后，社会公众对核电潜在危险的

① 根据核事件产生影响的严重程度，国际核事件分为 0～7 级：0 级为无安全顾虑，1 级为异常，2 级为注意，3 级为严重，4 级为场外无显著风险，5 级为具有场外风险，6 级为重大事件，7 级为特大事件。

担忧和对核电安全信任感的丧失，成为日本重启核电道路上最大的阻碍。

福岛核电事故深刻影响了全球的核电发展。事故后，许多国家暂时搁置或彻底停止核电建设。如表 5-1 所示，在福岛核电事故前的 2007—2010 年间，日本核电占比稳定保持在 20%~30%的水平；而事故后，日本核电占比大幅度下降，甚至在 2014 年几乎为零。德国核电在福岛核电事故前稳步发展，核电站占比在 2007—2010 年间保持在 22%~24%的水平；而事故后，德国核电占比明显下降，在 2015 年仅为 14%；同时，德国立法通过将于 2022 年全面退出核电，扩建可再生新能源发电。对比 2010 年和 2015 年的数据，日本核电占比下降了 98.2%，德国则下降 37.7%。但也有相关数据显示，美国和法国在事故前后始终保持核电稳定发展；而中国核电占比明显增长，从 2010 年的 1.82%稳步增长到 2015 年的 3.03%。

表 5-1 2007—2015 年核电占各国发电的比例(%)

| 国家＼时间 | 2007 | 2008 | 2009 | 2010 | 2011 | 2012 | 2013 | 2014 | 2015 | 2016 |
|---|---|---|---|---|---|---|---|---|---|---|
| 美国 | 19.40 | 19.57 | 20.22 | 19.56 | 19.27 | 19.01 | 19.41 | 19.47 | 19.50 | 19.74 |
| 德国 | 22.26 | 23.53 | 22.91 | 22.62 | 17.79 | 16.14 | 15.45 | 15.85 | 14.09 | 13.12 |
| 法国 | 76.85 | 76.18 | 75.17 | 74.12 | 77.71 | 74.79 | 73.28 | 76.93 | 76.34 | 72.28 |
| 日本 | 27.54 | 24.93 | 29.23 | 29.21 | 18.14 | 2.07 | 1.72 | 0 | 0.52 | 2.15 |
| 中国 | 1.92 | 2.15 | 1.89 | 1.82 | 1.85 | 1.99 | 2.11 | 2.39 | 3.03 | 3.56 |

数据来源：国际原子能机构，2016 年。

## 二、中国核电发展

中国核电发展也曾因福岛核电事故一度搁置。2007 年，中国国务院批准《国家核电发展专题规划(2005—2020 年)》，规划中提出到 2020 年，核电装机总量将达 40GWe①，标志着中国核电进入规模发展的新阶段。但福

① 1GWe=$10^6$kW。

岛核电事故后，中国全面叫停核电新项目的建设审批。随着中国社会经济高速发展，能源需求大幅增加，进而带来许多能源相关的问题。一方面，中国煤炭资源丰富但分布不均，因此用电需求量大的东部高度依赖西部的煤炭资源供给，其潜在的资源运输难题提高了供电成本。另一方面，高能耗带来能源供应安全保障问题和资源不可持续发展的难题，随之而来的高排放又导致了难以忽视的环境污染问题。例如，主要源于化石能源燃烧的雾霾便是一个突出的环境污染问题。近年来，雾霾侵袭中国大城市，不仅困扰民众生活便利，还严重危害居民身体健康。为满足增长的能源需求和减少环境污染，发展非化石能源以替代化石能源是顺应中国未来发展需求、保障能源供应的主要解决途径。然而，中国水力发电、太阳能发电和风能发电均面临许多经济和技术上的限制。与其他能源相比，核能发电具有技术成熟稳定、建成后运行成本小、温室气体排放量少的优势，是高效、经济、清洁且可大规模利用的能源形式。因此，2012 年 10 月——福岛核电事故发生一年多后，中国国务院常务会议通过《核电安全规划(2011—2020年)》，并修订《核电中长期发展规划(2011—2020 年)》，标志着停摆 20 多个月的核电项目逐渐开始重启，并提出“稳妥恢复正常建设，合理把握建设节奏，稳步有序推进”的核电重启基调。近年来，中国政府积极响应全球节能减排的号召，主动承担减排责任，提出减排承诺。2014 年 11 月，中美发布《中美气候变化联合声明》，中国表示在 2030 年左右使二氧化碳排放达到峰值并将努力早日实现该目标，同时计划到 2030 年左右将非化石能源占一次能源消费比重提高到 20%左右。2015 年巴黎气候大会前，中国在向联合国提交的应对气候变化国家自主贡献文件中提出，中国单位国内生产总值二氧化碳排放到 2030 年将比 2005 年下降 60%～65%。因此，发展核电也有利于中国完成相应的减排承诺。

宣布重启核电后，中国政府保持严格审批、稳步发展的步伐，并没有很快恢复核准新增的核电项目。直到 2015 年 3 月，红沿河核电站二期两台百万千瓦机组获得核准，这才真正迎来了中国核电发展的实质性重启。《核电中长期发展规划(2011—2020年)》及《能源发展战略行动计划(2014—2020年)》等公开文件明确，中国制定了更加壮志雄心的核电发展目标：2020年核电总装机容量将达到58GWe。并且，从长远规划和发展情况来看，中国核电总装机容量有望在2030年达到200GWe，在2050年达到400GWe。

截至2016年底，中国大陆有37台运行中和19台建设中的核电机组，如表5-2所示。同时，另有运行中的中国试验快堆实验室和建设中的石岛湾核电站作为先进核技术示范项目。中国核电站多建在经济发达的沿海城市，而内陆地区较少，这有利于东部用电需求量大的发达地区实现自主供电，减少甚至取缔对西部能源供给的依赖。广东省、浙江省、福建省等省份走在中国核电发展的前列，成为中国核电发展的领先省份。广东省拥有4座核电站15台机组，其中10台已经运行、5台在建；浙江省拥有3座核电站11台机组，其中9台已经运行、2台在建；福建省拥有2座核电站10台机组，其中7台已经运行、3台在建。秦山一期核电站是中国自行设计、建造、运营管理的第一座核电站，随着二期、三期核电站陆续建设和投产，秦山核电站成为目前中国拥有机组数量最多、堆型最丰富的核电站。此外，中国自主知识产权的第三代核电技术“华龙一号”(HPR1000)即将实现应用。在建的福清核电站5号、6号机组，以及防城港核电站3号机组，均采用了中国自主三代核电技术“华龙一号”。并且，随着中国“一带一路”工程的推进，“华龙一号”技术成功出口多个国家和地区。2015年2月，中国与阿根廷签署《关于在阿根廷合作建设压水堆核电站的协议》，意味着中国自主三代核电技术“华龙一号”成功出口拉丁美洲。同年4月，中核集团向巴基斯坦输出5台“华龙一号”核电机组。2017年1月，中国自主三代核电技术落地英国迈出关键一步，英国政府正式受理“华龙一号”通用设计审查。

表 5-2　中国运行与在建核电站一览表

| 省份 | 市/县 | 核电站 | 机组 | 状态 | 技术 | 装机容量(MWe) | 投建时间(年份) | 并网时间(年份) | 商营时间(年份) |
|---|---|---|---|---|---|---|---|---|---|
| 浙江 | 海盐县 | 秦山一期核电站 | 1 号机组 | 运行 | CNP-300 | 310 | 1985 | 1991 | 1994 |
| | | 秦山二期核电站 | 1 号机组 | 运行 | CNP-600 | 650 | 1996 | 2002 | 2002 |
| | | | 2 号机组 | 运行 | CNP-600 | 650 | 1997 | 2004 | 2004 |
| | | | 3 号机组 | 运行 | CNP-600 | 660 | 2006 | 2010 | 2010 |
| | | | 4 号机组 | 运行 | CNP-600 | 660 | 2007 | 2011 | 2011 |
| | | 秦山三期核电站 | 1 号机组 | 运行 | CANDU 6 | 728 | 1998 | 2002 | 2002 |
| | | | 2 号机组 | 运行 | CANDU 6 | 728 | 1998 | 2003 | 2003 |
| | | 方家山核电站 | 1 号机组 | 运行 | CPR-1000 | 1080 | 2008 | 2014 | 2014 |
| | | | 2 号机组 | 运行 | CPR-1000 | 1080 | 2009 | 2015 | 2015 |
| | 三门县 | 三门核电站 | 1 号机组 | 在建 | AP-1000 | 1250 | 2009 | - | - |
| | | | 2 号机组 | 在建 | AP-1000 | 1250 | 2009 | - | - |
| 广东 | 深圳市 | 大亚湾核电站 | 1 号机组 | 运行 | M310 | 984 | 1987 | 1993 | 1994 |
| | | | 2 号机组 | 运行 | M310 | 984 | 1988 | 1994 | 1994 |
| | | 岭澳核电站 | 1 号机组 | 运行 | M310 | 990 | 1997 | 2002 | 2002 |
| | | | 2 号机组 | 运行 | M310 | 990 | 1997 | 2002 | 2003 |
| | | | 3 号机组 | 运行 | CPR-1000 | 1080 | 2005 | 2010 | 2010 |
| | | | 4 号机组 | 运行 | CPR-1000 | 1080 | 2006 | 2011 | 2011 |
| | 阳江市 | 阳江核电站 | 1 号机组 | 运行 | CPR-1000 | 1086 | 2008 | 2013 | 2014 |
| | | | 2 号机组 | 运行 | CPR-1000 | 1080 | 2009 | 2015 | 2015 |
| | | | 3 号机组 | 运行 | CPR-1000 | 1080 | 2010 | 2015 | 2016 |
| | | | 4 号机组 | 运行 | CPR-1000 | 1080 | 2012 | 2017 | 2017 |
| | | | 5 号机组 | 在建 | ACPR-1000 | 1087 | 2013 | - | - |
| | | | 6 号机组 | 在建 | ACPR-1000 | 1087 | 2013 | - | - |

(续表)

| 省份 | 市/县 | 核电站 | 机组 | 状态 | 技术 | 装机容量(MWe) | 投建时间(年份) | 并网时间(年份) | 商营时间(年份) |
|---|---|---|---|---|---|---|---|---|---|
| 广东 | 台山市 | 台山核电站 | 1 号机组 | 在建 | EPR-1750 | 1750 | 2009 | - | - |
| | | | 2 号机组 | 在建 | EPR-1750 | 1750 | 2010 | - | - |
| 江苏 | 连云港 | 田湾核电站 | 1 号机组 | 运行 | VVER V-428 | 1060 | 1999 | 2006 | 2007 |
| | | | 2 号机组 | 运行 | VVER V-428 | 1060 | 2000 | 2007 | 2007 |
| | | | 3 号机组 | 在建 | VVER V-428M | 1060 | 2012 | - | - |
| | | | 4 号机组 | 在建 | VVER V-428M | 1060 | 2013 | - | - |
| | | | 5 号机组 | 在建 | CNP-1000 | 1118 | 2015 | - | - |
| | | | 6 号机组 | 在建 | CNP-1000 | 1118 | 2016 | - | - |
| 辽宁 | 大连市 | 红沿河核电站一期 | 1 号机组 | 运行 | CPR-1000 | 1119 | 2007 | 2013 | 2013 |
| | | | 2 号机组 | 运行 | CPR-1000 | 1119 | 2008 | 2013 | 2014 |
| | | | 3 号机组 | 运行 | CPR-1000 | 1119 | 2009 | 2015 | 2015 |
| | | | 4 号机组 | 运行 | CPR-1000 | 1080 | 2009 | 2016 | 2016 |
| | | | 5 号机组 | 在建 | ACPR-1000 | 1080 | 2015 | - | - |
| | | | 6 号机组 | 在建 | ACPR-1000 | 1080 | 2015 | - | - |
| 福建 | 宁德市 | 宁德核电站 | 1 号机组 | 运行 | CPR-1000 | 1080 | 2008 | 2012 | 2013 |
| | | | 2 号机组 | 运行 | CPR-1000 | 1080 | 2008 | 2014 | 2014 |
| | | | 3 号机组 | 运行 | CPR-1000 | 1080 | 2010 | 2015 | 2015 |
| | | | 4 号机组 | 运行 | CPR-1000 | 1080 | 2010 | 2016 | 2016 |
| | 福清市 | 福清核电站 | 1 号机组 | 运行 | CNP-1000 | 1080 | 2008 | 2014 | 2014 |
| | | | 2 号机组 | 运行 | CNP-1000 | 1080 | 2009 | 2015 | 2015 |
| | | | 3 号机组 | 运行 | CNP-1000 | 1080 | 2010 | 2016 | 2016 |
| | | | 4 号机组 | 在建 | CNP-1000 | 1080 | 2012 | 2017 | 2017 |

(续表)

| 省份 | 市/县 | 核电站 | 机组 | 状态 | 技术 | 装机容量(MWe) | 投建时间(年份) | 并网时间(年份) | 商营时间(年份) |
|---|---|---|---|---|---|---|---|---|---|
| 福建 | 福清市 | 福清核电站 | 5 号机组 | 在建 | HPR1000 | 1087 | 2015 | - | - |
| | | | 6 号机组 | 在建 | HPR1000 | 1087 | 2015 | - | - |
| 海南 | 昌江县 | 昌江核电站 | 1 号机组 | 运行 | CNP-650 | 650 | 2010 | 2015 | 2015 |
| | | | 2 号机组 | 运行 | CNP-650 | 650 | 2010 | 2016 | 2016 |
| 广西 | 防城港 | 防城港核电站一期 | 1 号机组 | 运行 | CPR-1000 | 1080 | 2010 | 2015 | 2016 |
| | | | 2 号机组 | 运行 | CPR-1000 | 1080 | 2010 | 2016 | 2016 |
| | | | 3 号机组 | 在建 | HPR1000 | 1150 | 2015 | - | - |
| | | | 4 号机组 | 在建 | HPR1000 | 1180 | 2016 | - | - |
| 山东 | 海阳市 | 海阳核电站 | 1 号机组 | 在建 | AP-1000 | 1250 | 2009 | - | - |
| | | | 2 号机组 | 在建 | AP-1000 | 1250 | 2010 | - | - |
| | 威海市 | 石岛湾核电站 | 1 号机组 | 在建 | HTR-PM | 800 | 2012 | - | - |

数据来源：国际原子能机构，2017 年。

## 三、公众对核电发展的态度

在对核电发展影响较大的因素中，除技术进步外，发展核电地区的反核情绪也很重要。中国台湾第四核电站(简称核四)自 1983 年动工开建以来，不断遭到反对核电的民进党和民众的抵触，导致工程多次停工再复工。而今，中国台湾核四成为全球造价最高的核电站，却迟迟没有完工。福岛核电事故更是引发了许多国家民众的反核情绪。在德国，斯图加特民众首先举行反核游行。随后，德国许多城市陆续出现群众反核游行。由于大多数国民的反对，德国宣布关闭 7 座运营中的核电站。但是反核民众对于这样的结果并不满意，继续向政府施压。2011 年 5 月，德国宣布将于 2022 年全面放弃核电。福岛核电事故后，瑞士也爆发了近 25 年来最大规模的反核游行。瑞士政府随后宣布不再进行新核电项目的建设，正在运行的 5 台核电机组(供应瑞士约 40%的电力需求)将继续运行至服务期限，但不再更新置换机组。福岛核电事故更是导致日本民众强烈的反核情绪，严重影响了日本重启核电的步伐。调查显示，在福岛核电事故发生 5 年后的今天，仍有 57%的日本受访者表示反对重启核电。

尽管中国核电技术已达到世界先进水平，且相关建设、运营企业已经具有二十几年的核电站建造、运营管理经验，在一定程度上可保障核电安全、稳定地运行，但这并不能减弱中国民众对核电事故的担忧。2013 年，中核集团计划在广东省江门市建设中国东南沿海第一座核燃料加工厂，即龙湾工业园项目。厂内规划建有铀纯化转化、铀浓缩、核燃料组件制造等设施，建成之后可供应大亚湾核电厂和台山核电站等，有望打造成为“一站式”核燃料加工产业链、国际一流核燃料加工产业集群以至亚洲核燃料加工及装备制造中心。然而，在江门市政府发布《中核集团龙湾工业园项目社会稳定风险评估公示》征求公众意见后，江门市及周边城市出现了强烈的反核声音。首先，民众认为项目公示咨询时间过短；其次，居民表示对核燃料加工厂的安全问题感到忧虑，担心一旦发生事故，后果将不堪设想。江门市民众举行游行活动，表达对该项目计划的强烈反对。虽然，江门市政府延长咨询期，希望与当地居民达成有效沟通。但是，由于社会各界反对意见较多，江门市政府经慎重考虑后做出终止项目的决定。究其根本原因，江门市核燃料加工厂项目的终止是社会稳定风险评估(简称稳评)机制不合理，进而导致民意参与不充分的结果。稳评是重大项目能否顺利通过民意的关键环节之一，然而在该项目公示前，大部分民众对项目计划并不知情，且公示咨询时间过短，进一步妨碍民众对该项目的充分了解。由于缺乏对项目的了解，同时受历史上重大核电事故——特别是日本福岛核电事故的影响，民众对项目的信任度和接受度较低，甚至具有抵触和反对情绪，这最终导致了该项目的撤销。由此可见，公众对核电的态度会严重影响国家和地区的核电发展。

公众的核电感知是指公众对核电发展的观点和态度，其能够严重影响一个国家或地区核电建设和发展，因而吸引了越来越多学者的关注。Kidd(2013)研究发现，民众对核电的接受度问题是造成西方国家核电高昂潜在成本的主要原因之一。Richardson 等(2013)在针对公众参与与核电发展关系的研究中，指出公众参与可以有效增强核电建设、运行和管理安全，并且能够提高公众的核电接受程度。Lim 等(2017)采用联合分析和有序逻辑回归的方法分析了韩国核电站的公众认知和经济价值，指出教育程度和信息的获取能够显著影响民众对核电的接受度。Song 等(2013)通过分别检验韩国公众的效能认知、风险认知、沟通成效、信任感对核电接受度的影响，发现公众对核电的效能认知对核电接受度的影响最为显著，且提高沟通成效和信任感有利于调节公众的效能认知、风险认知对核电接受度的影响。Brofman 等(2012)建立公众对发电能源的信任感和接受度的因果关系模型，研究发现公众对发电能源的风险认知和利益认知直接影响接受度，而公众对发电运营和管理企业的信任感直接或间接影响接受度。Kim 等(2013)对比检验 19 个国家的公众文化水平、信任感、风险认知和利益认知等因素对核电接受度的影响，发现增强民众对核电运营企业和监管机构的信任感能够提高民众对核电的接受程度。

福岛核电事故后，许多学者研究了社会公众对核电的感知和态度的变化。Murakami 等(2015)通过对比美国和日本民众对核能的支付意愿，发现福岛危机后美国和日本的消费者对核能的反对越来越强烈。Wang 和 Chen(2012)分析日本核电运行安全与管理的非透明度和监管失灵间的关系，得出核电运营监管透明和公众参与是任何使用原子能的国家绝对要服从的原则。Siegrist 和 Vivianne(2013)采用纵向研究方法，选取福岛核电事故发生前、发生后、发生一段时间后三个时间点，调查瑞士德语地区民众的核电感知变化，研究发现福岛核电事故对民众的核电感知具有负面影响。Srinivasan 和 Gopi(2013)研究发现提高工程安全级别、技术安全水平以及更加合理的选址是核电建设安全的关键，而核电运营安全主要取决于人员培训质量、监管透明程度。Park 和 Ohm(2014)研究发现福岛核电事故影响了韩国民众对可再生新能源发电的感知态度。大量研究表明，福岛核电事故发生后，公众更加担心核电的潜在风险，并更加关注相关核电政策，希望可以更大程度地行使政策制定参与的权利。Guo 和 Ren(2017)基于对即将建设核电站附近居民的问卷调查数据，研究了福岛核事故两年后中国民众对政府恢复核电发展的接受度，发现共同知识对接受度的影响并不大，而对政府和科学家的认同和信任才是影响民众对发展核电接受度的显著因素。

## 四、核电的邻避效应

社会公众对核电的态度可用邻避效应解释。邻避效应英文为 Not In My Back Yard(简称 NIMBY)，直译为“不要在我的后花园”，是指项目或设施能够产生广大的社会福利，但可能对所在地的生态环境、居民健康和生命财产造成威胁和破坏，因而当地居民对建设项目或设施产生排斥和抵触情绪，滋生“我同意这项目或设施很好，但我不希望它建在自己家附近”的态度。这样的项目或设施被称为“邻避设施”，通常能为全体居民带来较大的生活便利和社会福利，但也可能导致非常严重的负面影响，例如垃圾焚化炉、核能发电厂、污水处理厂等。邻避效应作为一种重要的社会公众态度，吸引了越来越多学者关注。邻避效应表现为尽管某些设施或者服务对大部分民众有益，但往往遭到居住在这些设施或服务附近的民众的强烈反对。

大量文献研究了民众避免邻避设施建设在附近的支付意愿。相应的分析方法可分为两类：定量分析和定性分析。许多学者通过态度分析方法研究邻避效应，分析公众风险感知、认知水平、距离和个人特征(如年龄、性别、收入、教育背景等)对邻避效应的影响。其中，定性的态度分析是邻避效应的基础研究，能够直接收集和真实体现受访者态度。一些文献研究距离如何影响民众的邻避效应。研究表明三里岛核电站附近的居民具有比其他地区民众更强的压力反应。Huppe 和 Weber(1999)研究发现民众对核电站的反对强度和与核电站的距离具有倒 U 形关系。这些研究主要关注居住在核电站附近多年的民众，忽略了时间因素对民众态度的影响(时间是检验公众态度的关键因素)。许多研究表明，民众的反对意愿在规划阶段最强、在工程建设前或运行后较弱。民众在规划“之前”和“期间”的态度差别是一个关键问题。因此，本章研究样本选取考虑时间跨度对民众核电感知的影响，包括居住地附近已有和将有核电站的民众。

不少文献量化分析邻避效应，通过测算支付意愿(WTP)或接受意愿(WTA)，评估风险感知引起的民众反对程度。Gawande 和 Jenkins-Smith(2001)研究发现对比核废料运输路线上的房屋价值，偏离核废料运输路线 5 英里(即 8km)可带来平均 3%的房屋价值增长。然而，Zweifel 等(2005)质疑基于房地产价值测算的支付意愿分析邻避效应的方法。他们指出，根据房地产市场数据测算补偿差异从而分析支付意愿是不完整和不准确的，因为市场价格取决于需求和供给关系，而房地产市场又受区划政策和建筑规章影响。因此，许多研究采用价值评估方法(CVM)测算公众的支付意愿(WTP)或接受意愿(WTA)。CVM 旨在区分偏好，是一种直接调查个人与家庭选择偏好从而评估非市场商品或服务价值的方法。受访者被要求说出在假设的市场中，他们对于改善公共利益(即环境质量)或避免公共危害(即风险或污染)的支付意愿。这种方式可以用来评估一些非市场产品，如公共防御设施、环保设施、死亡风险降低等。Zweifel 等通过测算民众对于减少附近核电站风险的支付意愿，发现 WTP 与距离间具有线性关系。研究发现，影响 WTP 的因素主要包括性别、年龄、收入、教育背景、核电站距离、风险感知和信任程度等。因此，本章研究将选择其中一些因素，分析它们如何影响中国公众的核电邻避效应。表 5-3 列出了国内外关于邻避效应的几篇主要研究文献。

表 5-3 邻避效应的主要研究

| 作者 | 国家 | 研究方法 | 变量 | 研究结果 |
| --- | --- | --- | --- | --- |
| Huppe 和 Weber | 德国 | 态度分析 | 距离、年龄、性别 | 民众对核电站的反对强度和核电站距离有倒 U 形关系 |
| Gawande 和 Jenkins-Smith | 美国 | 特征价格模型 | 距离、年龄、种族、教育、收入等 | 对比核废料运输路线上的房屋价值，偏离核废料运输路线 5 英里(即 8km)可带来平均 3%的房屋价值增长 |
| Zweifel 等 | 瑞士 | 支付意愿 | 距离、态度、性别、收入等 | 住在核电站附近的居民最大支付意愿为 2280 美元，距离增加 1km，支付意愿减少 24 美元 |

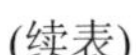

(续表)

| 作者 | 国家 | 研究方法 | 变量 | 研究结果 |
| --- | --- | --- | --- | --- |
| Van der Horst | 英国 | 态度分析 | 距离、时间等 | 接近邻避项目对公众的邻避效应有很强的影响力。然而，这种影响的性质、强度和空间尺度会根据当地情况和土地价值而变化 |
| Greenberg | 美国 | 态度分析 | 距离、年龄、种族、心理担忧情绪、信任感、收入等 | 超过一半以上的住在核电站附近的居民反对在周围建设更多的核电站 |
| Zhang 和 Tong | 中国 | 回归分析 | 距离、年龄、性别、教育、风险、收益等 | 80.2%的受访者反对核电站建在他们附近；78.7%的受访者认为核电站应该建在离他们较远的、较为合适的省份；33.1% 的受访者表示如果核电站建在他们附近，他们将搬离。他们主要关注健康风险、长期危害和收益三个因素 |

公众对核电的邻避效应是中国迫切需要面对和解决的关键问题。He 等(2013)研究分析海阳核电站附近居民对核电建设和发展的公众参与态度以及对相关职能单位的信任程度，发现受访者对政府部门的信任程度高于对媒体和核电运营企业的信任程度。研究结果还表明，低学历受访者更加相信政府公布和宣传的信息，也更加信任政府的应急处理能力。Zhang 等(2017)调查发现当地环境质量和电力价格是影响核电邻避效应的显著因素。Zhang 和 Tong(2014)分析影响核电邻避效应的因素，发现民众主要关注健康风险、长期危害和经济效益等问题。并且，在福岛核电事故后，核电站附近的居民具有较强的核电邻避效应。然而，He 等(2013)、Zhang 等(2017)以及 Zhang 和 Tong(2014)的研究只关注当前居住在核电站附近的民众的邻避效应，并未关注距离核电站较远的居民的邻避效应。随着核电快速发展与扩建，现距离核电站较远的居民在不久的将来可能成为核电站附近的居

民。因此，仅仅研究核电站附近现有居民的核电态度并不能准确反映社会公众的核电感知。本章第四节的研究将包括测算核电站附近和距离核电站较远的居民拒绝核电建设的支付意愿(WTP)。虽然 Zhang 和 Tong 探讨了受访者对于核电站距离的看法，但他们更加关注影响居住距离的因素。而本章第四节的研究将测算随住址与核电站距离的增大，民众拒绝核电的支付意愿变化，从而探究民众的核电邻避效应与居住距离间更精确的关系。

中国关于公众拒绝住址附近建设核电站的定量分析仍然较少。本章研究基于笔者已发表的三篇文章(Sun et al., 2016, 2015; Sun & Zhu, 2014)将通过测算公众为替代核电愿意支付的额外电费，作为公众拒绝核电建设的支付意愿，分析探讨中国民众的核电感知。核电具有明显的外部性，且难以用市场价格衡量。公众愿意支付对核电风险的补偿，可以反映公众的核电感知态度。许多国家或地区也做过核电支付意愿的研究，但这些研究对 WTP 的假设和定义均不相同。如表 5-4 所示，瑞士以居民愿意支付的用以处理核电垃圾的费用测算公众拒绝核电建设的 WTP。德国以每个家庭愿意额外支付的以其他清洁能源代替核能的费用测算 WTP。中国台湾以反对核电的民众为降低核能发电占比所愿意支付的费用测算 WTP。韩国以家庭为解决核电厂负面影响愿意支付的额外费用测算 WTP。日本以民众为减少核电事故所引起的死亡而愿意支付的费用测算 WTP。尽管这些研究的假设条件并不完全相同，但在对降低核电风险的相同假设下，这些支付意愿的估值具有可比性，将在之后的 WTP 测算研究中具体分析。

**表 5-4　不同国家/地区的 WTP 比较**

| 国家/地区 | 参考文献 | WTP 值的解释 | WTP 值(美元) |
|---|---|---|---|
| 德国 | Pichert 和 Katsikopoulos (2008) | 家庭愿意额外支付的费用以换用其他清洁能源 | 107.802 |
| 瑞士 | Zweifel 等(2005) | 民众愿意支付的费用用以处理核电垃圾 | 71.40～181.92 |
| 中国台湾 | Liao 等(2010) | 民众为了降低核电占比所愿意支付的费用 | 146.31～164.85 |

(续表)

| 国家/地区 | 参考文献 | WTP 值的解释 | WTP 值(美元) |
|---|---|---|---|
| 韩国 | Lim 等(2017) | 家庭愿意额外支付的费用以解决核电厂的负面影响 | 93.96 |
| 日本 | Itaoka 等(2006) | 民众愿意支付的费用以减少核电事故引起的死亡 | 294 |

## 五、本章结构

本章将通过三个研究，测算中国居民在不同情况下拒绝核电建设的支付意愿，从而分析讨论公众的核电感知和态度。首先，笔者利用社会公众愿意为清洁能源替代核能支付的额外费用测算公众拒绝核电建设的 WTP，进而分析公众对核电发展的态度。然后，笔者检验是否事先提供核电资料以供公众了解对公众拒绝核电的支付意愿的影响，即核电宣传普及程度如何影响 WTP。最后，笔者研究在不同核电站距离的条件下，公众拒绝核电站建设的支付意愿，并在研究中区分出拒绝性反应的样本，从而检验拒绝性反应对公众 WTP 的影响。

本章研究数据均来自于由厦门大学中国能源经济研究中心开展的中国公众核电感知调研(China’s Public Perceptions of Nuclear Power，CPPNP)，针对全国范围内的面对面问卷调查，样本选择覆盖沿海城市和内陆城市、不同年龄层次、不同收入群体和不同教育背景的民众。研究采用 CVM 方法，应用 DBDC 模型，测算不同情境下人们为替代核电愿意支付的额外费用，即公众拒绝核电建设的 WTP。目前，中国鲜有文献研究福岛核电事故后民众拒绝核电的支付意愿。CVM 方法可以研究民众对非市场商品或服务的支付意愿，有效量化分析民众的核电感知态度。

本章接下来的结构安排如下：第二节研究公众拒绝核电建设的支付意愿的大致情况，说明公众对核电的态度。第三节检验是否事先提供核电资料以供公众了解对公众支付意愿的影响，研究宣传普及对公众核电感知的影响。第四节研究在不同距离下，公众拒绝核电建设的支付意愿情况，并检验区分拒绝支付的样本对公众支付意愿的影响。第五节是本章研究小结与建议。

# 第二节　公众对核电发展的态度

本节研究基于笔者的研究成果(Sun et al., 2016; Sun & Zhu, 2014)，采用 CPPNP 收集的 849 位受访者的数据，根据 CVM 的方法测算民众拒绝核电的支付意愿。如表 5-5 所示，受访者中 53.46%为男性，46.54%为女性。受访者平均年龄为 34 岁，最小年龄为 16 岁，最大年龄为 71 岁。64.78%的受访者拥有大学本科及以上学历。受访者平均年收入为 8000 美元。

表 5-5　受访者社会特征信息

| 社会特征 | | 比例 |
|---|---|---|
| 性别 | 男性 | 53.46% |
| | 女性 | 46.54% |
| 年龄 | 30 岁以下 | 31.21% |
| | 30～39 岁 | 37.93% |
| | 40～49 岁 | 24.26% |
| | 50 岁及以上 | 6.60% |
| 教育程度 | 高中及以下 | 35.22% |
| | 大学及以上 | 64.78% |
| 年收入(美元) | 0～5000 | 36.16% |
| | 5000～10000 | 34.75% |
| | 10000～50000 | 29.09% |

## 一、公众对核电发展的观点

调研显示，59.60%的受访者表示他们密切关注核电发展，40.40%的受访者表示他们不关心核电发展。而公众在选择偏好的发电能源时最关注生态环境影响、供电稳定和电价三个方面。如图 5-1 所示，50.76%的受访者认为保证电力稳定供应是最重要的，因为这与他们的日常生活息息相关。相较而言，只有26.15%的受访者认为减少环境影响是最重要的，23.09%的受访者则最关注电价问题，认为电费便宜才是选择发电能源的关键。

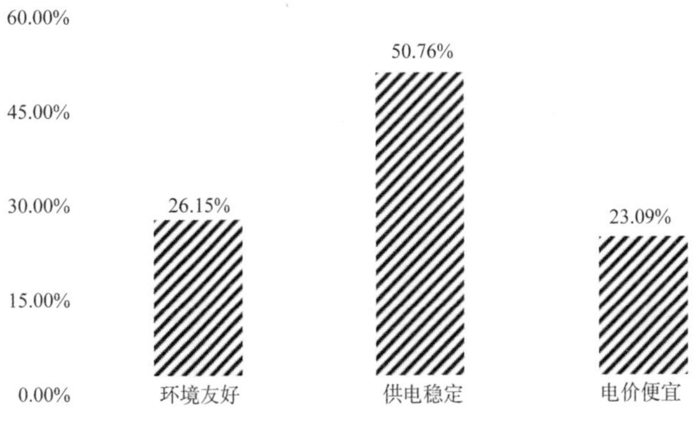


图 5-1 家庭选择发电能源的偏好

849 位受访者中，521 位受访者(61.37%)通过互联网了解核电相关信息，394 位受访者(46.41%)通过电视了解，79 位受访者(9.31%)通过报纸了解，而只有 22 位受访者(2.59%)通过相关书籍了解。由此可见，大部分民众主要通过网络和电视接收核电的相关信息。因此，政府和官方媒体应通过大众媒体多加宣传核电相关知识、信息和政策，让民众更加了解核电发展。

民众普遍认为核电可能存在五个方面的风险：核电事故、核辐射、核垃圾处理、生态环境影响和心理压力。42.17%的受访者表示他们最担心发生核电事故，特别是在福岛核电事故后。核电事故会引起核泄漏扩散，造成难以挽回的灾难。25.32%的受访者担心核辐射危害身体健康。17.67%的受访者关注核垃圾处理问题，担心核垃圾处置不当，可能造成大规模环境污染和辐射危害。9.78%的受访者担心核电站可能产生生态环境影响。5.06%的受访者则认为核电站当地或者邻近的居民会因为时常担忧核电站可能发生的事故和带来的危害，而产生难以克服的心理压力，如图 5-2 所示。同时，问卷调查中民众对核电风险处理措施的偏好选择，主要包括加强监管、提高核电技术、远离居民、暂停核电建设和提高政策透明度等措施。如图

5-3 所示，30.10%的受访者认为提高政策透明度将增强公众对核电的信任程度，24.56%的受访者认为加强监管是增强核电安全的关键，18.72%的受访者认为增大核电站与居住地的距离是避免居民承受核电事故灾害的有效措施，10.01%的受访者认为暂停核电建设才是最好的选择，16.61%的受访者则认为提高技术是最佳选择。

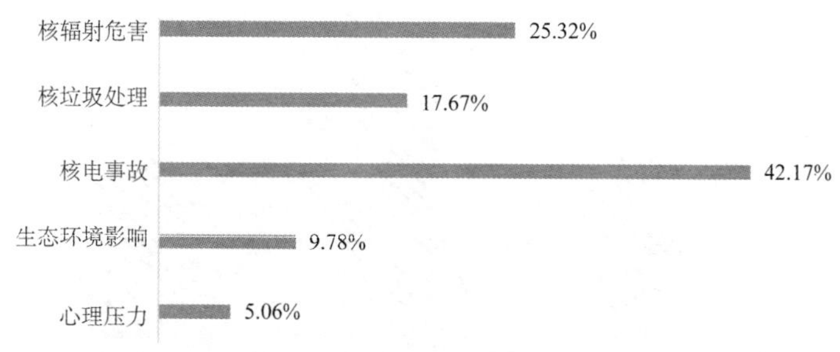


图 5-2　民众关注的核电风险

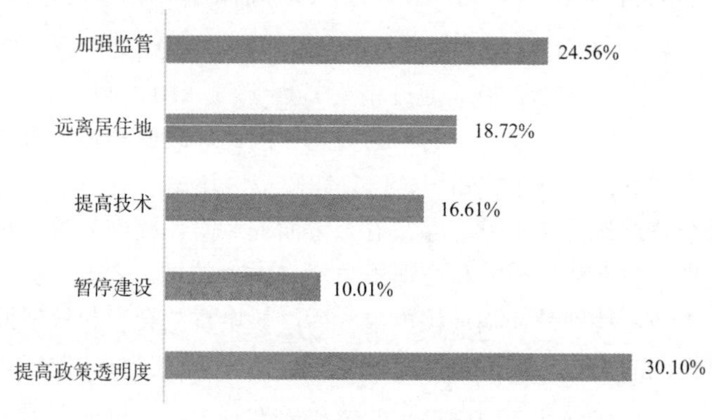


图 5-3　增强核电安全的措施选择

受访者中，43.82%认为核能发电是危险的，25.91%则表示不确定核能发电安全与否。根据受访者对核电的感知态度，可将受访者分为三组：分组 1 认为核电安全，分组 2 认为核电危险，分组 3 认为核电具有不确定性。三个分组对核电五个潜在负面影响的关注比例如图 5-4 所示，对五项降低核电潜在风险的处理措施的支持比例如图 5-5 所示。

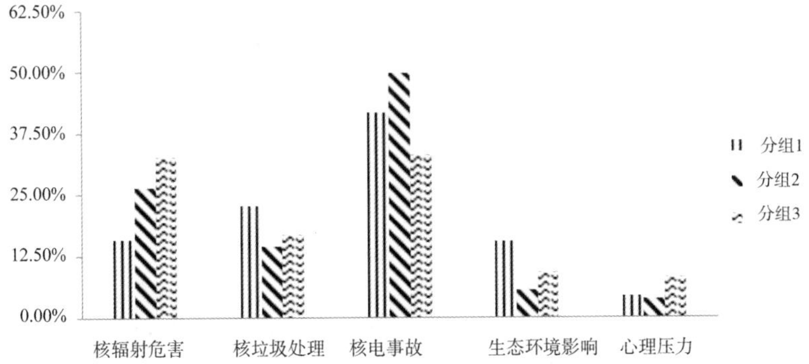

62.50%
50.00%
37.50%
25.00%
12.50%
0.00%
核辐射危害 核垃圾处理 核电事故 生态环境影响 心理压力
分组1
分组2
分组3

图 5-4 不同分组对核电风险的观点

分组 1 中，大部分受访者(41.59%同意或强烈同意)认为核电事故是发展核电的最大风险。很大一部分受访者(22.70%)认为放射性废物是存在的最大危害。而少数受访者认为核辐射(15.87%)、生态影响(15.56%)或精神压力(4.28%)是最大危险。结果表明，最初认为核电安全的民众也认定灾难性核事故是发展的最大危险。同时，他们认为核废物处理、核辐射和生态影响也可能危害健康。然而，分组 1 的受访者很少有来自精神上的压力风险。

分组 2 中，约一半(49.73%)受访者认为核电事故是巨大的灾难。他们将核电看作不安全发电技术，也最担心核电事故的可能风险。同时，由于核辐射危害人类健康，许多受访者(26.42%)非常或相当关注核辐射这一问题。分组 2 的受访者中，只有 14.50%非常或相当担心核废料处理问题，5.62%担心生态影响问题，3.73%表示承受精神压力。

分组 3 中，33.18%的受访者严重担心核电事故风险，32.73%的受访者害怕核辐射风险。相比之下，16.82%的受访者非常或相当关注核废料处理问题，9.09%的受访者关注生态影响，8.18%的受访者承受精神压力。分组 3 的受访者不能清楚区分核事故与核辐射问题。因此，他们对核事故和核辐射具有相似的担忧程度，这两者都认定会损害身体健康甚至带来生命危险。分组 3 的受访者不确定核电是否安全，因此他们遭受更多来自核电安全不确定性的精神压力。

受访者，特别是分组 2 的受访者最担心核事故的发生，因为他们认为核电会对社会造成极大破坏，并严重扰乱其正常生活。中国决定重启核电，受访者无疑对核事故的发生表现出不同程度的关注。尽管如此，分组 2 中很少受访者关注发展核电的生态影响问题，相比其他分组，他们更多认为核电事故具有较大风险。相反，分组 1 更多关注放射性垃圾处理和生态影响问题。

受访者被要求对增强核电安全的措施作出选择，以防止核电事故发生和减少对公众的核损害，调查结果如图 5-5 所示。在认为核电技术是安全的分组 1 中，他们认为提高政策透明度(31.91%)和加强监管(28.79%)将大大提高核电安全水平。其中一些人认为，核电站远离居民区(17.90%)和改进核电技术(14.79%)将会增强核电安全。只有 6.61%的人偏好暂停核电发展。

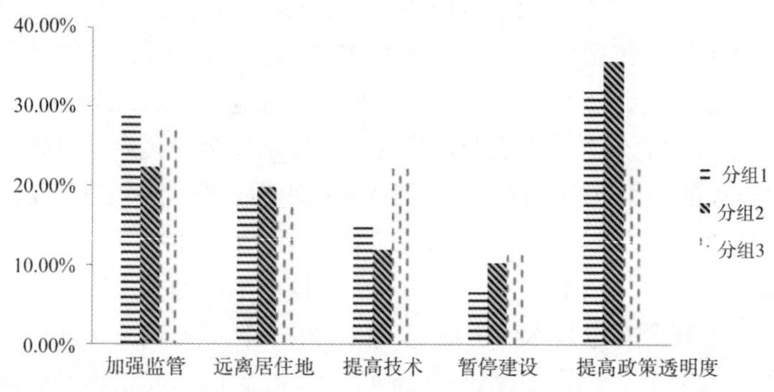


图 5-5　不同分组的受访者选择的增强核电安全的措施

认为核电技术是危险的分组 2 与分组 1 的受访者作出类似的选择。分组 2 的受访者中，35.75%非常赞成提高政策透明度将会有效提高核电安全水平，22.31%选择加强监管，19.82%不赞成核电站建在居民区附近。相比之下，只有 11.90%和 10.22%分别选择技术改进和停止发展核电。由于分组 2 的受访者认为核电技术是不安全的，分组 2 中选择核电站远离城市和暂停核电发展计划的受访者比例高于支持核电技术是安全的分组 1 的比例。

相反，对核电技术安全与否持不确定观点的分组 3 认为加强监管(26.92%)、提高技术(22.18%)和提高政策透明度(22.27%)是行之有效的措施。对比分组 1 和分组 2，他们之中较少选择核电站远离居民区(17.27%)。同时，分组 3 中赞同停止核电发展的受访者比例比分组 2 少、比分组 1 多。这些数据突出表明，公众对核电安全性的不同观点可能严重影响他们对中国核电发展的态度。

## 二、支付意愿测算

表 5-6 列出了三个分组受访者拒绝核电建设的支付意愿。WTP 值越高表明受访者越不愿意接受核电站建在本地或邻近地区，即受访者越偏好其他发电能源胜过核能。拒绝核电站建在邻近地区的支付意愿比拒绝建在当地低 6.42%。受访者拒绝核电站建在邻近地区和当地的支付意愿分别为 0.1335 美元/千瓦时和 0.1448 美元/千瓦时。这与公众感知的 NIMBY 理论相符合，居民总是拒绝在自己周围建设如垃圾填埋场、火葬场、核电站等有潜在负面影响的工程设施。同时，相较在邻近地区建核电站，民众拒绝在当地建核电站的支付意愿更高，从而倾向于选择其他发电方式。

表 5-6　公众拒绝核电建设的 WTP 值　　(美元/千瓦时)

| | 邻近地区 | | 当地 | |
|---|---|---|---|---|
| | WTP | 标准差 | WTP | 标准差 |
| 全部 | 0.1355 | 0.1446 | 0.1448 | 0.01549 |
| 分组 1 | 0.1307 | 0.02730 | 0.1378 | 0.0312 |
| 分组 2 | 0.1347 | 0.0202 | 0.1451 | 0.0218 |
| 分组 3 | 0.1428 | 0.0299 | 0.1523 | 0.0300 |

认为核电技术危险的分组 2 拒绝在邻近地区和当地建核电站的 WTP 值分别为 0.1347 美元/千瓦时和 0.1451 美元/千瓦时，而认为核电安全的分组 1 相应的 WTP 值分别为 0.1307 美元/千瓦时和 0.1378 美元/千瓦时。分组 2 的受访者比分组 1 愿意支付更高费用以拒绝核电建设，这与预期结果一致。因为认为核电安全的居民对核电的未来发展充满信心，分组 1 不像分

组 2 那样坚定拒绝核电的发展建设，认为核能是一项可以帮助应对气候变化和提供可靠电力的发电能源。然而，认为核电不安全的居民相信核电带来的风险高于其产生的益处。所以，他们愿意支付更高费用以拒绝核电建设，偏好其他更加安全可靠的发电能源。

相比而言，认为核电具有不确定性的分组 3 拒绝核电建设的 WTP 值最高，其拒绝在邻近地区和在当地建核电厂的 WTP 值分别为 0.1428 美元/千瓦时和 0.1523 美元/千瓦时。人们不确定核电是否安全一般有两种原因：一是人们对核电了解甚少。换言之，相比其他发电技术，他们对核能发电几乎一无所知。所以，他们选择规避不可预知的风险，偏好他们熟悉的发电形式。二是人们了解核电的风险和优势，但对核电持有矛盾态度，很容易受外界因素影响，并进而改变他们的立场。例如，意料之外的核电事故会增强人们对核电缺点的忧虑，促使他们拒绝核电建设。而核电技术的突破发展则使他们更关注核电的优势，促使他们支持核电发展。因此，福岛核电事故后，这一部分居民更担忧核电可能产生的负面影响，从而对核电建设发展持有拒绝态度。由个人知识结构形成的态度和信念比较不易造成矛盾的认知观点。所以，政府应该传播更多科学的核电知识，帮助公众建立客观的、不易被影响的核电感知。

# 第三节　宣传普及对公众支付意愿的影响

## 一、调研设计和数据收集

公众对核电的了解程度会影响他们对核电发展的态度，影响其拒绝核电的支付意愿。本节研究基于 CPPNP 的调研数据，采用 CVM 方法，研究宣传普及对公众拒绝核电的支付意愿的影响(Sun et al. 2016, 2015; Sun & Zhu, 2014)。样本数据采集包括沿海和内陆 8 个省份 789 个受访者，其中男女比例平均。调查问卷将受访者分为两个分组：第一组没有提供核电的相关资料，直接回答问题；第二组先提供 10 分钟面对面的核电信息介绍，包括文本信息和图片信息，然后再回答问题。提供的核电资料包括核电的风险、经济和环境优势，例如历史上的核电事故、核能发电成本、低碳排放、辐射风险和中国的核电发展等内容。

两个分组调查问卷的问题完全一致，唯一的不同在于是否给予核电相关资料以供受访者事先了解。每份问卷由三个部分组成：第一部分为关于受访者对核电的感知态度(风险或安全)的问题。第二部分先问受访者是否愿意支付一定费用 b1 以拒绝在他们邻近地区建设核电站，如果他们回答“是”，则会问他们是否愿意支付更高费用 b2h；如果他们回答“否”，则会问他们是否愿意支付较低费用 b2l。第三部分收集受访者的社会特征信息，如性别、年龄、收入和教育背景。

如表 5-7 所示，其中，太旗、白银和介休市是中国发展相对缓慢的城市，温州市和珠海市邻近核电站；30～39 岁的受访者占比最大；年收入最低为 13207 美元，最高为 49410 美元；三分之二的受访者具有大学本科及以上学历。

表 5-7　受访者社会特征信息的描述性统计

| 社会特征 | | 人数 | 比例(%) |
|---|---|---|---|
| 性别 | 男性 | 385 | 48.80 |
| | 女性 | 404 | 51.20 |
| 分组 | 提供核电资料 | 414 | 52.47 |
| | 没有提供核电资料 | 375 | 47.53 |
| 地区 | 漳州(福建) | 90 | 11.41 |
| | 温州(浙江) | 108 | 13.69 |
| | 唐山(河北) | 108 | 13.69 |
| | 珠海(广东) | 99 | 12.55 |
| | 太旗(内蒙古) | 98 | 12.42 |
| | 白银(甘肃) | 96 | 12.17 |
| | 介休(山西) | 90 | 11.41 |
| | 六安(安徽) | 100 | 12.66 |

(续表)

| 社会特征 | | 人数 | 比例(%) |
|---|---|---|---|
| 年龄 | 30 岁以下 | 241 | 30.59 |
| | 30～39 岁 | 302 | 38.26 |
| | 40～49 岁 | 189 | 23.97 |
| | 50 岁及以上 | 57 | 7.18 |
| 教育背景 | 高中及以下 | 293 | 37.14 |
| | 大学及以上 | 496 | 62.86 |
| 年收入(美元) | 0～5000 | 216 | 27.38 |
| | 5000～10000 | 292 | 37.01 |
| | 10000～50000 | 281 | 35.61 |

## 二、宣传普及对支付意愿的影响

本节研究采用 DBDC 模型，同时测试模型的稳健性。在模型 1 中，没有提供受访者核电资料，则只有年收入在 1%的水平下检验性显著。然而，在事先给受访者 10 分钟了解核电资料的情况下，模型 1 中的回归系数检验均显著。具体而言，年收入与 WTP 正相关，受教育水平和年龄与 WTP 负相关。结果表明，年龄越大、受教育程度越高，则支付意愿降低。事实上，越年长者越希望了解政府决策，收入越高、受教育水平越低的民众有更高支付意愿拒绝核电建设。而且，两个分组的检验结果表明，没有事先了解核电相关信息的受访者更倾向于拒绝核电建设，无论年龄大小和受教育程度高低(见表 5-8)。

表 5-8　WTP 测算与 DBDC 模型稳健性检验

| | 分组 1　没有提供核电资料 | | 分组 2　提供核电资料 | |
|---|---|---|---|---|
| | 模型 1 | 模型 1′ | 模型 2 | 模型 2′ |
| 教育背景 | −0.0168 | −0.0489 | −0.01092*** | −0.01471*** |
| | (0.0432) | (0.0592) | (0.0378) | (0.0535) |
| 年龄 | −0.0012 | −0.0031 | −0.0056** | −0.0049* |
| | (0.0025) | (0.0036) | (0.0020) | (0.0027) |

(续表)

| | 分组 1 没有提供核电资料 | | 分组 2 提供核电资料 | |
|---|---|---|---|---|
| | 模型 1 | 模型 1′ | 模型 2 | 模型 2′ |
| 年收入 | 0.0080** | 0.0101* | 0.0246*** | 0.0282*** |
| | (0.0048) | (0.0055) | (0.0049) | (0.0062) |
| 常数项 | 0.9211*** | 1.0005*** | 0.9973*** | 0.9830*** |
| | (0.0954) | (0.1400) | 0.0769 | 0.1083 |
| 样本数 | 375 | 182 | 414 | 203 |
| Wald(3)检验 | 2.73 | 4.06 | 29.25 | 23.89 |
| 对数似然估计 | -316.0366 | -149.3488 | -355.0897 | -173.5008 |

注：***、**和*分别代表在 0.01、0.05 和 0.1 水平上的显著性。

为检验试验的可靠性，研究还进行了稳健性检验。在模型 1′和模型 2′中，笔者仅检验男性受访者的回答，以检验研究结果的稳健性。在模型 1′中，男性受访者没有事先阅读核电相关信息，结果只有年收入在 10%的水平下显著。而在模型 2′中，男性受访者事先阅读核电相关信息，则回归系数均检验性显著。这一结果与模型 1 和模型 2 相似，表明研究使用的 DBDC 方法结果可靠。

分组 1 的 WTP 值为 0.1501 美元/千瓦时，置信区间为 0.1433～0.1565 美元/千瓦时。分组 2 的 WTP 值为 0.1403 美元/千瓦时，置信区间为 0.1334～0.1449 美元/千瓦时(见表 5-9)。事先阅读核电相关信息的受访者的 WTP 值比没有事先阅读相关信息的 WTP 值低 15%，这一结果与 Jun 等(2009)的研究结果相似。

表 5-9 分组 1 和分组 2 应用 DBDC 模型测算 WTP (美元/千瓦时)

| | 系数 | 标准误 | Z | P>Z | 95%置信区间 | |
|---|---|---|---|---|---|---|
| 分组 1WTP | 0.1501 | 0.00505 | 43.62 | 0.000 | 0.1433 | 0.1565 |
| 分组 2WTP | 0.1403 | 0.01494 | 46.98 | 0.000 | 0.1334 | 0.1449 |

基于参数估计，分组 1 和分组 2 的 WTP 值分布如图 5-6 和图 5-7 所示。分组 2 的 WTP 值的均值和中值均小于分组 1，表明人们越了解核电，越能

接受核电。且与分组 1 相比，分组 2 的 WTP 值的标准差更大、峰值更小。分组 2 的受访者对核电态度不一，相反分组 1 的受访者对核电态度相似。这说明提供核电资料对受访者拒绝核电建设的支付意愿有着统计显著性影响。因此，政府应该提供给公众具体的、详细的信息，有助于公众接受核电。

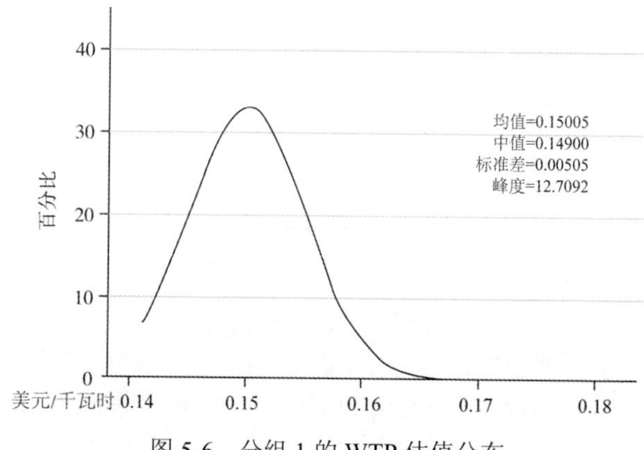


图 5-6　分组 1 的 WTP 估值分布

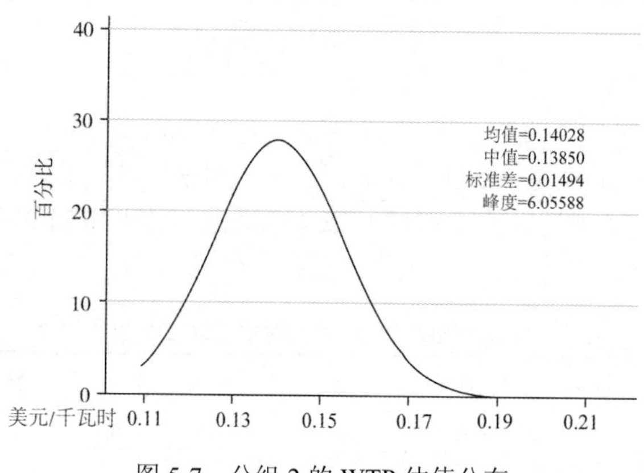


图 5-7　分组 2 的 WTP 估值分布

在此基础上，笔者进一步估算中国家庭大概的支付意愿。2013 年，中国每个家庭每年平均用电量为 1580 千瓦时，居民电价均值为 0.0827 美元/千瓦时。因此，每个家庭每年愿意额外支付 80.106～116.604 美元拒绝在邻近地区建核电站。在瑞士，以居民愿意支付处理核电垃圾的费用测算公众拒绝核电建设的 WTP 值，每个家庭每年大概愿意支付 71.40～181.92 美元。在德国，每个家庭每年愿意额外支付 107.802 美元用其他清洁能源代替核能。在中国台湾，反对核电发展的民众每年愿意支付 164.85 美元以降低核电比例。尽管这些研究的假设条件并不完全相同，但在对降低核电风险的相同假设下，这些支付意愿的估值具有可比性。本节研究的 WTP 结果略低于均值，这可能是由于中国家庭的年收入较低。

## 第四节 距离对公众支付意愿的影响

前两节基于笔者的研究成果(Sun et al., 2016, 2015; Sun & Zhu, 2014)在关于公众拒绝核电建设的支付意愿的研究中，调查问卷均以“是否愿意支付更高的电价以替换核能发电”作为开头。如果受访者回答“是”，则接着问“是否愿意支付第一个报价补偿电费”。如果受访者回答“是”，则接着问“是否愿意支付第二个更高的报价补偿电费”；如果受访者回答“否”，则接着问“是否愿意支付第二个较低的报价补贴电费”。如果受访者没有支付意愿，则接着询问他们原因。如果显示受访者对核电的建设持无所谓态度，则可以把他们的 WTP 值视为零。如果受访者认为政府应对此额外费用负责，或者他们认为已经支付足够的费用和税收，从而拒绝支付所提出的额外费用，则可以把他们的反应作为一种拒绝反应。

通过这种方式，笔者从答案背后的动机中区分出拒绝反应，然后构造一个样本选择模型。根据 Calia 和 Strazzera(1999)的研究，笔者运用拒绝反应的样本选择模型，因为它考虑到公共物品 WTP 估计的不确定性。因此，在本节研究中，不愿支付额外费用替换核电的原因将被纳入测算 WTP 值的考虑。本节结构安排如下：首先，描述数据收集方式。然后，说明模型方法。最后，讨论拒绝反应对 WTP 值估计的影响。

另外，从前面研究可得出，在核电站建设当地和邻近地区的民众拒绝核电的支付意愿不同，距离核电站越近，民众拒绝核电的支付意愿越高。所以，在本节研究中，笔者将探究核电站与居住区间距离对民众支付意愿的影响，从而更为直观地反映民众对核电的邻避效应。

## 一、调研设计和数据收集

拒绝反应可以从调查的两步顺序问题系统中反映出来。第一步，在回答 DBDC 问题前，笔者要求每位受访者先回答“是否愿意支付更高的电费以使用其他清洁能源取代核能发电”。根据受访者的回答，笔者在第二个步骤设置两种情况。第一种情况是，如果受访者第一个问题回答“是”，则他们将被接着询问是否愿意支付等于或者超过两个报价。如果受访者的支付意愿低于第一个报价时，将被询问是否愿意支付一个较低报价。相反，如果受访者的支付意愿等于或高于第一个报价，则他们将被询问是否愿意支付一个较高报价。第二种情况是，如果受访者第一个问题回答“否”，调查人员将进一步探索他们答案背后的动机，从而区分出拒绝反应。最后，笔者讨论在距离居住地 80km 和 30km 处建核电站的条件下，公众支付意愿的差别。本节研究数据中，样本数为 799，其中男性占 52.19%，女性占 47.81%。

本节研究的变量主要包括受访者性别、年龄、文化程度、收入水平、工作(是否公务员)等社会特征信息，以及对核电的担忧与否和是否来自主观压力(见表 5-10)。在通过两步样本选择模型测算 WTP 值的基础上，笔者建立两个模型分析中国居民对核电站的 NIMBY 态度。模型 1 测算公众拒绝在距离居住区 80km 处建核电站的支付意愿，模型 2 测算公众拒绝在距离居住区 30km 处建核电站的支付意愿。

表 5-10　解释变量的描述性统计

| 变量 | 解释 | 平均值 | 标准差 | 最小值 | 最大值 |
|---|---|---|---|---|---|
| 性别 | 男性=1 | 0.522 | 0.500 | 0 | 1 |
| 年龄 | 受访者的年龄 | 35.73 | 8.469 | 18 | 65 |
| 文化程度 | 本科学位=1 | 0.427 | 0.495 | 0 | 1 |
| 收入水平 | 年收入(10，000 美元) | 0.824 | 0.600 | 0.080 | 4.013 |
| 工作 | 公务员=1 | 0.239 | 0.427 | 0 | 1 |
| 风险 | 主观压力=1 | 0.063 | 0.242 | 0 | 1 |

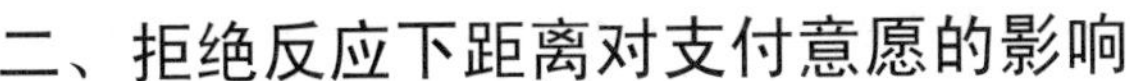

## 二、拒绝反应下距离对支付意愿的影响

调查数据表明：一部分受访者不愿支付更高电费以使用其他清洁能源替代附件的核电站。表 5-11 表明关于样本选择性的问题以及没有支付意愿的动机。特别是当 CVM 样本选择问题(SSQ)的情景假设为“取代建在距离 80km 的核电站”时，199 位受访者表示不愿意支付。其中，91 位受访者(45.7%)的反应为真正的零，即对核电等清洁能源不关心，因此更愿意接受核电建设，而不是支付更高电费。108 位受访者(54.3%)的反应是拒绝性反应，其中 72 位受访者认为政府应该负责更高费用的问题，36 名受访者认为已经给予足够费用或税费，因而不愿支付更多费用。

表 5-11　没有支付意愿的动机

| 核电站距离 | 动机 | 说明 | 数量 |
|---|---|---|---|
| 是否愿意支付更高的电费以使用其他清洁能源取代位于 80km 处的核电站 | 真正的零反应 | 对核电发展不关心，因此不愿支付额外的费用 | 91 |
| | 拒绝性反应 | 政府应该对此问题负责 | 72 |
| | | 已经支付足够的费用和税费，因此不愿支付更多费用 | 36 |
| | 总数 | | 199 |
| 是否愿意支付更高的电费以使用其他清洁能源取代位于 30km 处的核电站 | 真正的零反应 | 对核电发展不关心，因此不愿支付额外的费用 | 82 |
| | 拒绝性反应 | 政府应该对此问题负责 | 9 |
| | | 已经支付足够的费用和税费，因此不愿支付更多费用 | 6 |
| | 总数 | | 97 |

然而，当 CVM 样本选择问题(SSQ)的情景假设为“取代建在距离 30km 的核电站”时，只有 97 名受访者不愿意支付，此结果比“取代建在距离 80km 的核电站”的不愿意支付人数少得多。其中，82 名受访者的反应是真正的零，只有 15 名受访者的反应是拒绝性反应。结果表明，当核电站距

离居住区的距离从 80km 缩短至 30km 时，受访者的支付意愿更高。特别是，当核电站与居住区间距离较短时，拒绝性反应的数量显著减少。

模型 1 和模型 2 的结果如表 5-12 所示。从第一步的结果(样本选择方程，SSQ)上看，模型 1 中高收入且具有本科及以上学历的受访者替代核电的支付意愿更高。而且，主观担忧核能风险的受访者更可能给予拒绝性反应。此外，如性别、年龄、职业等因素，对给予拒绝性反应的概率没有显著影响。然而，模型 2 样本选择方程的所有结果都不显著。

表 5-12　DBDC 模型的计量结果

| | 模型 1(80km) | | 模型 2(30km) | |
|---|---|---|---|---|
| 样本选择方程 | 估量 | p | 估量 | p |
| 性别 | 0.1423 | 0.225 | 0.2054 | 0.350 |
| 年龄 | −0.0096 | 0.156 | −0.0137 | 0.287 |
| 收入 | 0.1242 | 0.000 | 0.0471 | 0.282 |
| 教育背景 | 0.3025 | 0.034 | 0.0685 | 0.801 |
| 职业 | 0.1888 | 0.211 | −0.0016 | 0.995 |
| 风险 | −0.4746 | 0.026 | −0.0550 | 0.898 |
| 常数项 | 0.6807 | 0.010 | 2.2379 | 0.000 |
| 对数似然估计 | −297.1487 | | −72.8221 | |
| 正确预测率 | 86.5% | | 98.1% | |
| Pseudo R2 | 0.0611 | | 0.0224 | |
| | 模型 1(80km) | | 模型 2(30km) | |
| 获取方程 | 估量 | p | 估量 | p |
| 性别 | 0.0339 | 0.267 | 0.0881 | 0.096 |
| 年龄 | −0.0070 | 0.000 | −0.0101 | 0.006 |
| 收入 | 0.0508 | 0.000 | 0.0364 | 0.000 |
| 教育背景 | 0.1300 | 0.001 | 0.0888 | 0.003 |
| 职业 | 0.1151 | 0.003 | 0.0730 | 0.018 |
| 风险 | −0.1308 | 0.124 | −0.0155 | 0.771 |

(续表)

| | 模型 1(80km) | | 模型 2(30km) | |
|---|---|---|---|---|
| 获取方程 | 估量 | p | 估量 | p |
| $\lambda$ | 0.8756 | 0.008 | 3.9562 | 0.107 |
| 常量 | 0.4765 | 0.000 | 0.7562 | 0.000 |
| 对数似然估计 | -561.1972 | | -663.0475 | |
| 正确预测率 | 66.1% | | 63.9% | |
| Pseudo R2 | 0.0521 | | 0.0371 | |

对比模型 1 和模型 2 的结果可知，在距离居住区 80km 处建核电站的条件下，一些解释性变量可以显著影响受访者给予拒绝性反应的概率。但当情景变为在距离居住区 30km 处建核电站时，受访者给予拒绝性反应的概率不再显著受到这些解释性变量的影响。上述结果表明，核电站距离居住区的距离不同，受访者给予拒绝性反应的概率不同，即如果核电站计划建设于接近他们生活的地方，受访者有较强意愿支付一定费用，以避免在其附近建设核电站。

根据样本选择方程中的计量结果计算 $\lambda$，并将其添加为诱导方程中的解释变量。第二步骤的结果如表 5-12 所示，$\lambda$ 项系数在模型 1 和模型 2 中不同。在模型 1 中，$\lambda$ 项系数是显著的、正向的，这表明误差项在选择和诱导方程中是正相关的。而在模型 2 中，$\lambda$ 项系数并不显著，则说明拒绝性反应不会显著导致样本选择偏差。换言之，在距离居住区 80km 处建核电站的条件下，受访者的拒绝反应与通过支付更高电费以取代核能的 WTP 间相互联系。然而，在距离居住区 30km 建设核电厂的条件下，受访者的拒绝反应和 WTP 间没有显著关系。也就是说，当核电厂距离近时，公众有较强支付意愿，即受访者对核设施的距离反应非常敏感。

年龄、收入、教育背景和就业因素影响诱导方程结果。此外，这些解释变量在模型 1 和模型 2 表现出类似的影响结果。以前的文献研究发现，性别对核设施的支付意愿或对核设施的态度有影响。但是，性别和 WTP 间关系不是本节研究所关注的。解释变量系数表明年龄对 WTP 产生负面影响。例如，Kim 等(2013)在其研究中宣称，年轻人比老年人较不可能坚定接受核电。Hüppe 和 Janke(1994)的研究表明 WTP 与年龄和风险等级间呈负相关，这与本节研究结果相一致。

模型 1 和模型 2 测算受访者支付意愿的结果如表 5-13 所示。受访者拒绝在距离居住区 80km 处建核电站的平均支付意愿为 0.1285 美元/千瓦时；当该距离缩短为 30km 时，平均支付意愿增至 0.1387 美元/千瓦时。试验结果表明为拒绝在附近 30km 建核电站比为拒绝在附近 80km 建核电站，居民具有更高平均支付意愿。假定居民能够在核能和清洁能源间做出选择，并且更接近核电站的受访者将承受更多风险，则更接近核电站的受访者会具有较强支付意愿以拒绝附近建设核电站。不同距离条件下支付意愿的变化表明居民的 NIMBY 态度。

表 5-13　模型 1 和模型 2 的 WTP 测算

| 模型 | WTP 均值(美元/千瓦时) | 标准误 | p | 95%的置信区间 | |
|---|---|---|---|---|---|
| 模型 1 | 0.1285 | 0.0023 | 0.000 | 0.1240 | 0.1330 |
| 模型 2 | 0.1387 | 0.0020 | 0.000 | 0.1347 | 0.1426 |

为验证距离对 WTP 的影响，即是否居民越接近核电站越会显示出更大支付意愿，从而体现 NIMBY 态度，笔者对模型 1 和模型 2 进行稳健性检验。笔者通过引进距离虚拟变量(如果核电位于附近 30km 处，则虚拟值为 1)，把在距离居住区 80km 处建核电站的情景与距离居住区 30km 处建核电站的情景列入一个模型中。稳健性试验结果如表 5-14 所示。距离变量系数对选择方程和引出方程的结果有显著正向影响，表明距离因素会影响公众替代核能的 WTP。因此，距离是公众考虑是否替代核电的敏感因素。此外，在附近 30km 建核电站的条件下，公众支付更高电价以取代核电的概率更高。以上结论与模型 1 和模型 2 的结论一致。

表 5-14　稳健性检验结果

| 样本选择方程 | 估量 | p | 获取方程 | 估量 | p |
|---|---|---|---|---|---|
| 性别 | 0.1542 | 0.135 | 性别 | 0.0149 | 0.440 |
| 年龄 | −0.0105 | 0.079 | 年龄 | −0.0053 | 0.000 |
| 收入 | 0.1084 | 0.000 | 收入 | 0.0300 | 0.000 |

(续表)

| 样本选择方程 | 估量 | p | 获取方程 | 估量 | p |
|---|---|---|---|---|---|
| 教育背景 | 0.2547 | 0.043 | 教育背景 | 0.0866 | 0.000 |
| 职业 | 0.1478 | 0.265 | 职业 | 0.0774 | 0.001 |
| 风险 | −0.3830 | 0.038 | 风险 | −0.0092 | 0.831 |
| 距离 | 1.0072 | 0.000 | 距离 | 0.1273 | 0.003 |
| 常量 | 0.7964 | 0.001 | $\lambda$ | 0.3180 | 0.125 |
| 对数似然估计 | −371.6542 | | 常量 | 0.6928 | 0.000 |
| 准确率预测 | 92.3% | | 对数似然估计 | −1228.4354 | |
| Pseudo R2 | 0.1428 | | 准确率预测 | 64.1% | |
| — | — | | Pseudo R2 | 0.0447 | |

## 三、不同地区距离对支付意愿的影响

到目前为止，中国所有正在运行或正在建设的核电站均位于沿海地区。因此，沿海地区居民比内陆地区居民更有机会获得有关核电的信息。在此研究中，笔者探讨不同区域是否在 NIMBY 态度中发挥作用，以及是否内陆地区居民反对新核电建设会更严重。中国地区电价不同，受访者在估算 WTP 值时会有不同电价基准。表 5-15 的结果表明，区域电价较高的分组平均 WTP 值更高。因此，为比较不同地区的 NIMBY 态度，还需调查受访者的 WTP 值和当前电价间的差异。

为考虑区域因素，样本被分为三组：第 1 组由来自现有核电站的沿海地区的受访者组成；第 2 组包括来自内陆地区的受访者，这些地区目前没有核电站，但根据政府规划将在未来建设核电站；第 1a 组包括目前居住在沿海地区现有核电站附件的受访者。

表 5-15　模型 3 的 WTP 测算

| 分组 | 当前电价(美元/千瓦时) | WTP(美元/千瓦时)(80km) | WTP(美元/千瓦时)(30km) | 变化 1 | 变化 2 | 变化 3 |
|---|---|---|---|---|---|---|
| 1a | 0.1033 | 0.1466 | 0.1496 | 41.9% | 44.8% | 2.0% |
| 1 | 0.0913 | 0.1376 | 0.1421 | 50.7% | 55.6% | 3.3% |
| 2 | 0.0780 | 0.1210 | 0.1345 | 55.1% | 72.4% | 11.2% |
| 总共 | 0.0820 | 0.1285 | 0.1387 | 56.7% | 69.1% | 7.9% |

注：变化 1 表示 80km 下 WTP 值相对当前电价间的增长率；变化 2 表示 30km 下 WTP 值相对当前电价间的增长率；变化 3 是变化 1 和变化 2 间的差异，即 80km 下 WTP 值和 30km 下 WTP 值间的变化。

如表 5-15 所示，虽然第 2 组具有最低的平均 WTP 值，其支付的电力价格也是最低的。变化 1 和变化 2 表明第 2 组的平均 WTP 值增长率最大：距离核电站 80km 的居民的 WTP 值是当地电价的 1.55 倍，距离核电站 30km 的居民的 WTP 值是当地电价的 1.72 倍。组 1a 的变化是三组中最小的，当前居住在核电站附近的受访者具有最高的 WTP 值，但当地电价也是三组中最高的。第 1 组的平均 WTP 值和当前电价都在第 1a 组和第 2 组之间。根据结果可得，内陆地区居民拥有最强的 NIMBY 态度，居住在现有核电站附近的居民的 NIMBY 态度最弱。这与以前的研究结果一致，表明反对情绪在规划阶段最强，在提出项目之前或在 NIMBY 设施投入运营后变弱。这一结果表明，居民对核电站，特别是内陆居民对核电站具有强烈的 NIMBY 态度。

表 5-15 显示 NIMBY 态度随距离增加而衰减。在理想情况下，公众倾向于接受法律或规则规定的安全距离。且当居住区与核电站距离增加到 80km 时，NIMBY 的态度将明显衰减。然而，调查指出，虽然沿海和内陆地区居民的 NIMBY 态度随距离增加而衰减，但趋势不明显。总体而言，目前电价的平均值为 0.0820 美元/千瓦时，其相对居住在距离核电站 80km 处的受访者的 WTP 值增加 56.7%，相对居住在距离核电站 30km 的受访者处的 WTP 值增加 7.9%。内陆地区受访者的 WTP 值增长率较大：居住在距离核电站 80km 处的受访者的平均 WTP 值与当前电价相比增加 55.1%，而

居住在距离核电站 30km 处的受访者的平均 WTP 额外则增加 11.2%。对生活在核电站附近的受访者，当距离从 80km 缩短到 30km 时，平均 WTP 值仅增加 2%。

居住区距离核电站 30km 和 80km 处的受访者的 WTP 值变化反映受访者对距离的敏感性。表 5-15 的变化 3 表示如果他们目前住在靠近核电站的地方，则对距离变化不太敏感。1a 组的 2%差异表明，受访者对距离居住区 30km 或 80km 处的核电站的距离变化反应不敏感。他们认为，在 80km 和30km 的距离范围内面临同样风险，最好的情况是附近没有核电站。然而，内陆地区的情况不同。内陆地区居民更多关注核电站的具体位置。11.2%的差异显著表明了民众对距离的敏感性。因此，新核电站的位置对解决内陆地区 NIMBY 问题更为重要。为减少 NIMBY 态度的影响，不同区域的策略应该有所区分。

变化 1 中，距离核电站 80km 的居民的 WTP 值和当前电价间的差距表明在监管或实际情况下的距离与公众接受的距离不一致。Zweifel(2005)等研究发现，公众接受的安全距离为 95km。他们调研核电站附近居民所愿意支付的保险，发现居民支付意愿在距离核电站 95km 处下降到零。假设 WTP 值的减少与距离的增加具有线性关系，则可以计算 WTP 值等于当前电价的距离。结果表明，当距离为354km 时，居民支付意愿下降到当前电价水平。尽管 80km 是核监控在规章中的最大距离，但公众可以接受的安全距离远大于此。

以前的研究建议采用补偿方式减少民众的 NIMBY 效应。在中国台湾，用于降低核能占比的总 WTP 值为 6.75 亿新台币(NTD)。在韩国，每年的公众 WTP 值是 2.78 亿美元。这些 WTP 估计提供了关于补偿的初步信息。因此，笔者可以通过计算每年公共 WTP 值来测算居住在核电站附近的居民接受的补偿金额。对居住在距离核电站 80km 处的 7500 万人而言，每年的 WTP 值应该是 115 090 万美元。与上述国家相比，本研究的结果要大得多。由于 CVM 是基于假定的情况，考虑到核电政策实施过程，实际补偿金额甚至可能大于假设值。因此，WTP 估计的补偿仅反映最小数量。随核电站数量增加，中国的补偿金额将呈上升趋势。

# 第五节 结论与建议

## 一、结论

在保障能源安全、节能减排、改善生态环境的背景下，核能已经成为中国重要的供电能源，对于中国重组能源布局和解决环境问题至关重要。2014 年 4 月，李克强总理主持召开的国家能源委员会会议上提出，将适时在东部沿海地区开展新核电项目。然而，福岛核电事故强烈影响了公众对核电的感知态度。在世界范围内，公众的接受仍然是进一步发展核电的主要障碍。因此，中国在恢复核电发展计划后，不能忽视公众对核电的感知和态度。

本章第二节的研究测算公众拒绝核电建设的支付意愿来说明公众对核电发展的接受程度。在此研究中，公众拒绝核电建设的 WTP 值表示为居民愿意支付的高出平均电价的额外费用。认为核电危险的受访者相比认为核电安全的受访者愿意支付更高费用以拒绝核电建设。对核电保持中立态度的受访者不能肯定核电安全与否，因此很容易受核电事故的影响，产生比认为核电安全或不安全的受访者更高的支付意愿。相反，如果能够提供充分信息，将使他们对核电有一个全面了解，并能形成良好的核能认知态度。

第三节的研究中，笔者采用比较调查数据，将受访者分为两个不同的组，一组事先获得关于核电项目的详细信息，另一组未获得相关信息。研究发现，当向公众提供准确信息时，避免建造核电站的 WTP 值减少 15%。分析表明，对核电项目全面了解有助于促进公众接受核电项目。因此，提高核监管透明度并征求公众对核安全计划的评论，将有效缓解公众抵抗力。这种情况下，对核能风险的关注将有助于促进中国核电发展。如果政府通过政府热线和网站等渠道发布关于核电计划的更多信息，并提供若干渠道来征求意见，有助于公众参与核电项目。同时，对核电有所了解的人可以提出一些建议，甚至监测核项目实施，这也将促进核电的发展。公众接受的另一个证据来自法国政府的成功经验。法国核电工业被称为“一个成功故事”，使国家“领先于世界”。2011 年，法国拥有 58 个核反应堆，总装机容量超过 63GWe，占总发电量的 78%。法国当局为公众充分提供关于核电建设的真实信息，赢得大约三分之二人口的强烈支持。法国核能政策有四个要点：安全、保护生态环境、放射性废物管理和社会接受度。法国建立了几个机构，以便在开展核电部门战略委员会(核部门战略委员会)前展示核电政策，例如核安全政策。此外，关于核电项目的公开辩论也是必要的，这为公众参与提供了机会。

本章第四节的研究发现，民众拒绝核电的支付意愿随居住区与核电站间距离增大而减少。而且，拒绝反应可能引起样本选择偏差。受访者不愿支付更高电费以使用其他清洁能源替代周边的核电站，可能是因为他们对核电等清洁能源漠不关心，因而更愿意接受核电建设，而不是支付更高电费；也可能是因为他们认为政府应该对这个问题负责，或者他们已经给予足够费用或税费，因而不愿支付更多费用，即为拒绝性反应。结果表明，当核电站与居住区间的距离从 80km 缩短至 30km 时，受访者支付意愿更高。当该距离较短时，拒绝性反应的数量显著减少。在距离居住区80km 处建核电站的条件下，一些解释性变量显著影响受访者给予拒绝性反应的概率。然而，当条件变为在距离居住区30km 处建核电站，受访者给予拒绝性反应的概率则不再显著受到这些解释性变量的影响。即由于核电站距离不同，受访者给予拒绝性反应的概率是不同的。在距离居住区80km 处建核电站的条件下，受访者的拒绝反应与通过支付更高电费以替代核能的 WTP 是相互关系的。然而，在距离居住区30km 处建核电站的条件下，受访者的拒绝反应和 WTP 间没有显著关系。也就是说，当核电站与居住区间距离较近时，公众有较强支付意愿，即受访者对核设施的距离反应非常敏感。

研究还发现，NIMBY 态度是核电发展的一个重要潜在障碍，甚至可能影响中国的电力结构。如本章第四节的研究结果表明，大多数受访者更愿意为其他清洁能源支付更多费用，以取代附近的核电站。通过比较避免附近核电站的 WTP 值和当前电价，笔者发现为避免距离居住区 80km 处的核电站的 WTP 值增加 56.7%，而为避免距离居住区 30km 处的核电站的 WTP 值增加 69.1%。结果表明，公众存在强烈的 NIMBY 态度。因此，在选择新的核电站地点时，不能忽视公众的态度。同时，社会经济特征对公众 NIMBY 态度有影响：年龄对 WTP 值产生负面影响，收入对 WTP 值产生积极影响。此外，公务员的 WTP 值高于其他职业。

同时，区域差异也对人们的 NIMBY 态度有影响。内陆地区对核电站的 NIMBY 态度最强，居住在核电站附近的人们的 NIMBY 态度最弱。这意味着当核电扩展到内陆地区时，公众反核的问题会更严重。由于项目进行“之前”和“之间”存在明显“态度差距”，当地项目的规划是一个关键问题。政府应该更多关注新核电项目规划阶段的公众态度。因此，采取行动加强公共、政府和核企业间的信息交流是必要的。

关于 NIMBY 态度衰减的分析表明，公众可以接受的安全距离远远超过 80km。内陆地区居民更关心核电厂位置，对距离更敏感。当居住区与核电站间距离从 80km 缩短到 30km 时，他们的 WTP 值增加。而核电法规建议的安全距离不易被公众接受。关于货币补偿，对居住区距离核电站 80km 处的民众，每年补偿总额不得低于 115.509 亿美元。考虑到内陆地区居民对距离更敏感，在这些地区可以考虑基于距离计量的货币补偿。

然而，货币补偿有其局限性，不能从根本上解决问题。如果个人已经得到适当补偿，他们可以放宽对拟议设施的反对；补偿效果在所有类型的设施中并不统一。根据以前的研究，核电站的补偿不能在每种情况下起作用。根据 CPPNP 的调查，笔者发现中国公众缺乏对核电及其相关法规的认识，对核电的感知和态度容易受媒体影响，这说明了公众和利益相关者间真实信息沟通的重要性。因此，应建立一个透明的核电信息交流系统，以便当地居民参与核电建设的有关决策。公众参与能给予政府更多信任，公众也能更理性地对待核电。

## 二、建议

基于上述结论，为减少社会阻力和促进核电利用，提高公众对核电的接受程度，笔者建议：

(1) 由于公众倾向于通过互联网获取信息了解周围发生的事件，政府应该在网站上提供更多关于核电发展的信息，以迅速有效地告知公众，并迅速而广泛地收集到其对核电发展的意见。

(2) 为减少公众的不信任和焦虑，政府应该让他们参与核电开发过程并提高政策透明度。例如，政府可以加强环境风险沟通，改进知情权立法和信息披露机制。此外，政府可以向公众开放一些核电站，使其能够通过实地考察全面了解核电。

(3) 社会调查是进行核项目的政策制定中不可或缺的一部分，可以降低社会障碍，使政府能够制定全面、合理的核政策。

(4) 由于中国的核电站大多位于经济发达地区，如果中国发生核事故，社会和经济成本将无法估量。鉴于此，政府应该在迅速扩大核电前建立全面的计划以保障安全。例如，对现有核电站进行一轮安全评估和检查将是不可或缺的，新核电站的批准也应当经过严格的程序。政府应谨慎发布新的监管标准，核电站必须满足防洪和抗震要求。

(5) 中国可以采用 CCS 等先进核技术，提高核电安全。此外，中国可以向日本和美国学习应用洁净煤、液化天然气(LNG)等取代核电。尽管这种方法可能增加生活成本，但它符合公众实现稳定和清洁能源的意愿。

**【参考文献】**

[1] Ansolabehere S. Public attitudes toward America's energy options: Report of the 2007 MIT energy survey[J]. General Information，2007.

[2] Balzekiene A，Rinkevicius L. Global issues，local solutions: Sociological analysis of public risk perceptions and attitudes to nuclear waste disposal[J]. Socialinial Mokslai ，2002，37: 42-47.

[3] Baum A，Gatchel R J，Schaeffer M A. Emotional，behavioral，and physiological effects of chronic stress at Three Mile Island[J]. Journal of Consulting & Clinical Psychology，1983，51(4): 565-72.

[4] Bird D K，Haynes K，Honert R V D，et al. Nuclear power in Australia: A comparative analysis of public opinion regarding climate change and the Fukushima disaster [J]. Energy Policy，2014，65(2): 644-653.

[5] Braden J B，Kolstad C D. Measuring the demand for environmental quality[J]. American Journal of Agricultural Economics，1991.

[6] Butler D. Nuclear safety: Reactors，residents and risk[J]. Nature，2011，472(7344): 400-401.

[7] Bronfman N C，Jiménez R B，Arévalo P C，et al. Understanding social acceptance of electricity generation sources[J]. Energy Policy，2012，46(3): 246-252.

[8] Calia P，Strazzera E. Sample selection model for protest votes in contingent valuation analyses[J]. 1999，Anno LXI(3): 473-485.

[9] Chung W，Yeung I M H. Attitudes of Hong Kong residents toward the Daya Bay nuclear power plant[J]. Energy Policy，2013，62(7): 1172-1186.

[10] Conner M，Sparks P. Ambivalence and Attitudes[J]. European Review of Social Psychology，2002，12(1): 37-70.

[11] Dan M，Mkwara L，Scarpa R. Do respondents' perceptions of the status quo matter in non-market valuation with choice experiments? An application to New Zealand freshwater streams[J]. Sustainability，2011，3(9): 1593-1615.

[12] Dan V D H. NIMBY or not? Exploring the relevance of location and the politics of voiced opinions in renewable energy siting controversies[J]. Energy Policy，2007，35(5): 2705-2714.

[13] Davidson L M，Baum A，Collins D L. Stress and control-related problems at Three Mile Island[J]. Journal of Applied Social Psychology，1982，12(5): 349-359.

[14] Del S S，Hernándezsancho F，Salagarrido R. The social benefits of restoring water quality in the context of the Water Framework Directive: A comparison of willingness to pay and willingness to accept.[J]. Science of the Total Environment，2009，407(16): 4574.

[15] Derek Bell，Tim Gray，Claire Haggett. The 'Social Gap' in wind farm siting decisions: Explanations and policy responses[J]. Environmental Politics，2005，14(4): 460-477.

[16] Ferreira S，Gallagher L. Protest responses and community attitudes toward accepting compensation to host waste disposal infrastructure[J]. Land Use Policy，2010，27(2): 638-652.

[17] Gawande K，Jenkins-Smith H. Nuclear waste transport and residential

property values: Estimating the effects of perceived risks[J]. Journal of Environmental Economics & Management，2001，42(2): 207-233.

[18] Greenberg M R. NIMBY，CLAMP，and the location of new nuclear-related facilities: U.S. national and 11 site-specific surveys[J]. Risk Analysis，2009，29(9): 1242-1254.

[19] Guo Y，Ren T. When it is unfamiliar to me: Local acceptance of planned nuclear power plants in China in the post-fukushima era[J]. Energy Policy，2017，100: 113-125.

[20] Hartmann P，Apaolaza V，D'Souza C，et al. Nuclear power threats，public opposition and green electricity adoption: Effects of threat belief appraisal and fear arousal[J]. Energy Policy，2013，62(5): 1366-1376.

[21] He G，Mol A P J，Zhang L，et al. Public participation and trust in nuclear power development in China[J]. Renewable & Sustainable Energy Reviews，2013，23(4): 1-11.

[22] Hubbard. P. NIMBY[M]//International Encyclopedia of Human Geography. 2009: 444-449.

[23] Hüppe M，Weber J. Effects of distance，age and sex upon attitudes toward nuclear power plants: An empirical study [J]. Zentralblatt Für Hygiene Und Umweltmedizin，1999，202(2-4): 331-344.

[24] Itaoka K，Saito A，Krupnick A，et al. The effect of risk characteristics on the willingness to pay for mortality risk reductions from electric power generation[J]. Environmental and Resource Economics，2006，33(3): 371-398.

[25] Jun E，Kim W J，Yong H J，et al. Measuring the social value of nuclear energy using contingent valuation methodology[J]. Energy Policy，2010，38(3): 1470-1476.

[26] Kidd S W. Nuclear power-Economics and public acceptance[J]. Energy Strategy Reviews，2013，1(4): 277-281.

[27] Kim Y，Kim M，Kim W. Effect of the Fukushima nuclear disaster on global public acceptance of nuclear energy[J]. Social Science Electronic Publishing，2013，61(7): 822-828.

[28] Kunsch P L，Friesewinkel J. Nuclear energy policy in Belgium after Fukushima[J]. Energy Policy，2014，66(1): 462-474.

[29] Li A，Lin B. Comparing climate policies to reduce carbon emissions in China[J]. Energy Policy，2013，60(6): 667-674.

[30] Liao S Y，Tseng W C，Chen C C. Eliciting public preference for nuclear energy against the backdrop of global warming[J]. Energy Policy，2010，38(11): 7054-7069.

[31] Lim G，Jung，W，Kim T，et al. The cognitive and economic value of a nuclear power plant in Korea[J]. Nuclear Engineering and Technology，2017，49(3): 609-620

[32] Lozano R L，Hernández-Ceballos M A，Adame J A，et al. Radioactive impact of Fukushima accident on the Iberian Peninsula: Evolution and plume previous pathway[J]. Environment International，2011，37(7): 1259-1264.

[33] Mcveigh J，Burtraw D，Darmstadter J，et al. Winner，loser，or innocent victim? Has renewable energy performed as expected?[J]. Solar Energy，2000，68(3): 237-255.

[34] Michael Hüppe，Wilhelm Janke. The nuclear plant accident in chernobyl experienced by men and women of different ages: Empirical study in the years 1986-1991[J]. Anxiety Stress & Coping，1994，7(4): 339-355.

[35] Mitchell PC，Carson RT. Property rights，protest, and the siting of hazardous waste facilities[J]. American Economic Review Papers 8 Proceedings，1986，76(2):285-290.

[36] Murakami K，Ida T，Tanaka M，et al. Consumers willingness to pay for renewable and nuclear energy: A comparative analysis between the US and Japan[J]. Energy Economics，2015，50: 178-189.

[37] Ouyang X，Sun C. Energy savings potential in China's industrial sector: From the perspectives of factor price distortion and allocative inefficiency[J]. Energy Economics，2015，48(9): 117-126.

[38] Park E，Ohm J Y. Factors influencing the public intention to use renewable energy technologies in South Korea: Effects of the Fukushima nuclear accident[J]. Energy Policy，2014，65(65): 198-211.

[39] Pichert D，Katsikopoulos K V. Green defaults: Information presentation and pro-environmental behaviour[J]. Journal of Environmental Psychology，2008，28(1): 63-73.

[40] Richardson P，Rickwood K，Rickwood P. Public involvement as a tool to enhance nuclear safety [J]. Energy Strategy Reviews，2013，1(4): 266-271.

[41] Schneider Y，Zweifel P. Spatial effects in willingness-to-Pay: The case of two nuclear risks[J]. General Information，2005: 357-379.

[42] Siegrist M，Visschers V H M. Acceptance of nuclear power: The Fukushima effect[J]. Energy Policy，2013，59: 112-119.

[43] Song Y，Kim D，Han D. Risk communication in South Korea: Social acceptance of nuclear power plants (NPPs)[J]. Public Relations Review，2013，39(39): 55-56.

[44] Srinivasan T N，Rethinaraj T S G. Fukushima and thereafter: Reassessment of risks of nuclear power[J]. Energy Policy，2013，52(1): 726-736.

[45] Sun C，Zhu X，Meng X. Post-Fukushima public acceptance on resuming the nuclear power program in China[J]. Renewable And Sustainable Energy Reviews，2016，62: 685-694.

[46] Sun C，Yuan X，Xu M. The public perceptions and willingness to pay: From the perspective of the smog crisis in China[J]. Journal of Cleaner Production，2015，112: 1635-1644.

[47] Sun C，Zhu X. Evaluating the public perceptions of nuclear power in China: Evidence from a contingent valuation survey[J]. Energy Policy，2014，69(2): 397-405.

[48] Visschers V H M，Wallquist L. Nuclear power before and after Fukushima: The relations between acceptance，ambivalence and knowledge[J]. Journal of Environmental Psychology，2013，36(36): 77-86.

[49] Wang Q，Chen X. Regulatory transparency—How China can learn from Japan's nuclear regulatory failures?[J]. Renewable & Sustainable Energy Reviews，2012，16(6): 3574-3578.

[50] Wittneben B B F. The impact of the Fukushima nuclear accident on European

energy policy[J]. Environmental Science & Policy，2012，15(1): 1-3.

[51] Wolsink M. Wind power and the NIMBY-myth: institutional capacity and the limited significance of public support[J]. Renewable Energy，2000，21(1): 49-64.

[52] Wolsink M. Entanglement of interests and motives: Assumptions behind the NIMBY-theory on facility siting[J]. Urban Studies，1994，31(6): 851-866.

[53] Yamane F，Matsushita K，Ohgaki H，et al. Study plans concerning monetary evaluation of mitigation measures for the Fukushima Daiichi accident[J]. Energy Procedia，2013，34: 937-944.

[54] Yuan X，Zuo J，Ma R，et al. How would social acceptance affect nuclear power development? A study from China[J]. Journal of Cleaner Production，2017，163: 179-186.

[55] Zhou L，Peng X，Guan E，et al. Public NIMBY attitude survey and WTA estimate of waste incineration facility[J]. Ecological Economy，2012.

[56] Zhou S，Zhang X. Nuclear energy development in China: A study of opportunities and challenges[J]. Energy，2010，35(11): 4282-4288.

[57] 张乐，童星. 公众的“核邻避情结”及影响因素分析[J]. 社会科学研究，2014(1)：105-111.

# 第六章

# 中国雾霾治理与公众环境感知研究

## 第一节　大气污染与雾霾治理的现状

### 一、雾霾及其产生的原因

空气污染是指任何能够改变大气自然特性的物理、化学和生物物质对室内、室外造成的污染。在公共卫生领域引起巨大关注的大气污染物质通常包括细微颗粒物、一氧化碳、氮氧化物和二氧化硫等。空气污染这一环保概念在大气学中的具体体现为雾霾。雾和霾是秋冬季节常见的两种天气现象，前者是空气中的水蒸气遇冷凝结而成，属自然现象，与人为大气污染没有必然联系；后者主要是由人类活动造成。当大气中含有过多的尘粒、硝酸盐粒和烟粒等细小悬浮颗粒，极易形成气溶胶集合体，即我们通常所说的霾。空气湿度大于90%时一般被认为出现了雾，而小于80%则被认为是霾。通常情况下，能见度低的天气不仅由于自然水雾的作用，人类活动产生的悬浮颗粒——霾，也是帮凶。因此，作为自然大气现象的雾霾，同时也是环境问题。

细颗粒物 PM2.5(空气动力学中量直径≤2.5μm 的污染物颗粒)被视为雾霾的“元凶”。2013 年 12 月，中科院大气物理研究所张仁健课题组对外公布的研究成果表明，PM2.5 主要有燃煤、土壤尘、汽车尾气排放与垃圾焚烧、工业污染物排放、二次无机气溶胶以及生物质燃烧六大来源，其中燃煤排放的有机物、黑炭和硫酸盐等颗粒物是构成 PM2.5 的核心物质。根据张仁健课题组的研究，这一来源对 PM2.5 的贡献率达 18%。周甜等(2017)对华北平原城乡 PM2.5 的组成成分进行了探究，结果表明，不同地区的 PM2.5 组成成分并不完全一致。一般来说，1 吨民用燃煤产生的污染物质同 5～10 吨发电燃煤产生的污染物质相当。这是由于民用煤炭以散烧方式利用，基本不做除硫、除尘等处理。特别是在中国北方的农村地区，秋冬季节供暖普遍采用各式低效率采暖炉具，并以燃烧劣质烟煤为主，会产生大量污染气体。故而民用煤炭虽然在中国煤炭消耗量中占比不足 10%，却产生了 50%的燃煤污染物排放。加之散煤燃烧涉及面很广、用户多而分散，还具有相当大的治理难度，散煤燃烧正在逐渐成为治理燃煤排放引起的空气污染问题的重点关注对象(薛文博 等，2016；马晓华，2017)。二次无机气溶胶是产生 PM2.5 进而引发雾霾的另外一大来源，其对雾霾的贡献率高达 26%。现代生产和生活向大气中排放大量二氧化硫、氮氧化物和氨气等有害物质，这些物质在空气中经过一系列化学反应产生硫酸盐、硝酸盐和铵盐等细微无机颗粒物，再由二次化学反应形成的无机气溶胶，构成了雾霾地区 PM2.5 的主要组成成分。在中国农村，由于杂草、秸秆的处理技术尚不成熟，农民在每年耕作和收割粮食的季节里就会露天焚烧田野里的杂草和剩余的秸秆。这一行为在产生大量热的同时，还向空气中排放大

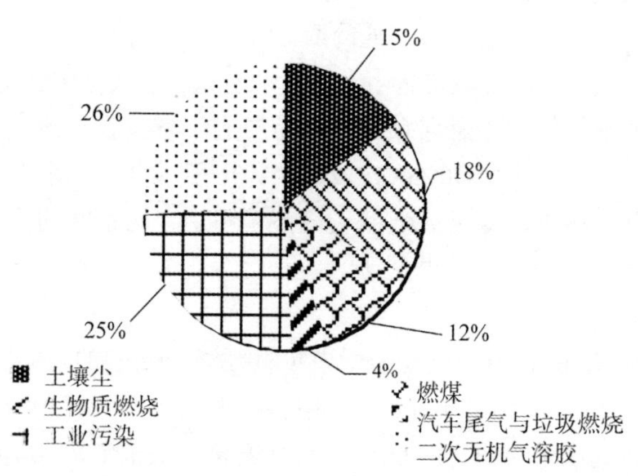


图 6-1　PM 2.5 的六大来源占比

量含碳颗粒物和盐粒，而这些物质是产生雾霾的主要原因之一。此外，由建筑施工产生的大量尘埃颗粒物、汽车尾气和工业污染等人们熟知的雾霾“贡献者”，是产生 PM2.5 颗粒物的另外三大来源，其对雾霾的贡献率分别为 15%、4%和 25%。

## 二、历史上著名的大气污染事件及其危害

18 世纪中后期，随着蒸汽机的不断改良，工业化革命席卷了整个欧洲大陆和北美地区。紧随而来的第二次和第三次工业革命，彻底将人类社会送进工业化的大潮。在这一历史性变革中，传统手工劳动者得到解放，社会向工业化生产的转化呈现出一片欣欣向荣的景象，而人民的生活与工作环境也随之发生改变。其中，煤炭作为工业生产、交通工具等的主要动力，在燃烧过程中向大气排放了大量有害气体和烟尘。20 世纪欧洲、北美等地区频频爆发的大气污染事件，不仅引起了全世界范围的关注，还仿佛在暗示其是城镇化和工业化的历史进程中不可避免的环境问题。

历史上主要的大气污染事件发生在最早一批进行工业革命的国家和地区，而它们在大力发展经济的初期并没有保护大气污染的意识。随着工厂的烟囱越来越密集，机动车辆越来越多，大气污染问题也越来越严重。糟糕的空气质量给经济发展和人民生活造成的严重负面影响，使政府逐渐认识到治理大气污染的紧迫性，并采取了一系列改善空气质量的措施，如表 6-1 所示。

表 6-1　历史上主要大气污染事件一览表

| 时间 | 地点 | 事件名称 | 主要诱发原因 | 恶劣影响 |
|---|---|---|---|---|
| 1930 年 | 比利时 | 马斯河谷烟雾事件 | 工业排放 | 一周内死亡人数达到 60 人 |
| 1943 年 | 美国 | 洛杉矶光化学烟雾事件 | 汽车尾气排放 | 当地爆发红眼病和头疼病 |
| 1948 年 | 美国 | 多诺拉烟雾事件 | 工业排放 | 引起当地 6000 多人发病 |
| 1952 年 | 英国 | 伦敦烟雾事件 | 工业排放、居民取暖燃煤排放 | 两个月内死亡人数达到 8000 人 |

(续表)

| 时间 | 地点 | 事件名称 | 主要诱发原因 | 恶劣影响 |
|---|---|---|---|---|
| 1955 年 | 日本 | 四日市哮喘病事件 | 石油化工产业排放 | 截至 1972 年有近 800 人患哮喘病 |

数据来源：新浪新闻网(http://news.sina.com.cn/w/sd/2013-01-13/162226024042.shtml)。

英国是历史上第一个开始工业化进程的国家，曾经常年受到雾霾污染的袭扰，并且在随后开始了长达半个多世纪的空气污染治理。1956 年，英国政府颁布了《清洁空气法案》，这是世界上第一部空气污染防治法案。此后，英国政府又出台了《空气污染控制法案》《环境法》《公共卫生法》《汽车使用条例》《空气质量战略》和《能源法》等一系列法令，对控制伦敦空气污染和保护城市环境发挥了重要作用。而在当地居民积极参与环境治理的同时，各种非政府环保组织也积极向民众普及环保知识，让大家意识到雾霾所带来灾害的严重性。经过政府和民众的长期努力，曾经困扰伦敦一个多世纪的雾霾最终得到有效解决。美国政府在 20 世纪 40 年代的洛杉矶光化学烟雾事件后，严格控制汽车尾气排放，同时加大节能汽车研发力度，鼓励企业积极研发、居民优先选择低能耗环保汽车。当地政府和人民不但严格治理汽车尾气，而且对工业污染排放和居民家庭焚烧炉排气进行限制和规范。经过一系列大气污染治理措施，洛杉矶空气质量逐渐好转，并在 2007 年达到清洁空气质量标准。20 世纪五六十年代在日本发生的“四日市哮喘病事件”被列为 20 世纪世界八大公害事件之一。当地人民历经长达数年的努力，才使该市大气环境有所改善。在空气质量恶化初期，自治会、渔业协会和行业组织等非政府机构代表民众集体提出抗议，空气污染开始进入政府和广大人民的视野。此后，四日市政党系统组织、医师会和工会系统等组织，以及市内外各大媒体和调查团也纷纷关注大气污染，为反对环境污染发声。而非大气污染直接受害者也逐渐开始表达出强力反抗污染意愿。与此同时，日本政府开始完善环境治理的法律制度，颁布了《排烟规制法》《大气污染防治法》和《公害对策基本法》等系列法律条文并严格执行。针对由大气污染引起支气管哮喘、支气管炎等疾病的患者，法律规定由企业和政府各承担其一半医疗费用。此外，日本政府还加大环保绿化建设、整治汽车尾气和建立大气污染监视系统，日本人民和政府艰苦的治理历经数十年最终取得成效——该市于 1995 年获得联合国环境规划署的全球 500 佳环境奖。

上述国家都曾经历严重大气污染事件，遭受了经济发展的沉重打击和人民健康生活的巨大威胁，但也均通过数十年坚持不懈的大气污染治理取得可喜结果。各国大气污染的形成原因既存在差异，又有许多共同点。例如，工业化和城镇化进程中数量不断增多的机动车辆、工厂烟囱，以及居民散煤燃烧等都是当时各地区亟待处理的污染源。污染问题的最终解决，不仅离不开各国政府长期治理的决心和所采取的正确措施，还离不开各种非政府组织积极活跃在污染治理工作的前线，以呼吁全社会人民的共同行动。从历史上发达国家的经历来看，雾霾主要出现在工业化进程的中后期。中国作为当今世界第二大经济体，正处于经济飞速上升阶段，在不断推进工业化的同时，所面临的环境压力也逐渐显现。

## 三、中国大气污染的严峻形势

改革开放后，特别是 21 世纪以来，中国经济一直保持高速增长，并取得了令世界瞩目的成就。但伴随着工业蓬勃发展，中国的各种污染问题也日益凸显。钢铁、化工和煤炭等污染严重产业制造了大量有害气体，道路上数量不断增多的汽车也无时无刻不在排放尾气，大气污染问题越发严重(王淑兰 等，2013；艾小青 等，2017；郭施宏 等，2017)。然而，中国人民意识到雾霾存在的时间却远远晚于雾霾大规模出现的时间。

2003 年前，中国民众还没有形成关于雾霾的认识，当时人们的注意力都被北方的沙尘暴所吸引。2004 年，美国 NASA 在中国大陆上空检测到因雾霾而呈现褐色的乌云，而那时的中国民众根本没有听说过“雾霾”这个词；从 2005 年开始，国内媒体开始小范围出现“雾霾”等字眼，但仍没有引起民众广泛的关注；然而就在同年，广东省全年雾霾天气已经超过 100 天，但那在当时人们眼里只是雾气引起的能见度降低；2006 年，随着奥运会临近，外国媒体开始热切关注中国雾霾对奥运会顺利举行的影响，但国内媒体依然用“罕见的大雾”报道频繁出现的雾霾天气；直到 2010 年，

PM2.5 的词条才开始进入百度百科，逐渐为人们所熟知，但早在前一年，北京市的 PM2.5 最高浓度值已经高达 712μg/m$^3$；2012 年，国务院常务会议批准发布新修订的《环境空气质量标准》，首次将 PM2.5 纳入中国空气质量指标，并于同年展开对京津冀、珠三角和长三角等重点区域的 PM2.5 浓度监测；2013 年，半个世纪以来最严重的空气污染笼罩中国大陆，共波及 30 多个省份、上百个大中型城市；同年 1 月，30 个省级行政区域被连续出现的 4 次雾霾天气所覆盖，其中北京的 PM2.5 浓度在 1 月 24 日当日飙升至 993μg/m$^3$；同年 12 月，中东部地区再次爆发严重雾霾，涉及中东部所有省份，其中上海的 PM2.5 浓度在 12 月 6 日当日达到 600μg/m$^3$，局部地区甚至已经突破 700μg/m$^3$。此次雾霾波及面之广，污染程度之深，发生频率之高均前所未有，各地中小学停课、高速封路、航班取消……雾霾在 2013 年的重量级出场，使其在整个中国迅速被人们所熟知，在国内社交网络的出现次数从 2011 年的 200 次飙升至 2013 年 1 月份的 300 万次。“雾霾”一词彻彻底底成为热门关键词。可怕的是，2013 年只是雾霾爆发的开端，之后几年中国的大气污染状况并没有明显好转，局部地区的空气质量甚至越来越糟糕。

2015 年，北京全年有超过一半的天数处于雾霾天气下，尤其在最后一个多月里，PM2.5 的浓度比上年同期增长 75.9%；北京在 11 月底才发出年度首个空气污染橙色预警后，12 月 8 日又发出空气污染红色预警(骆倩雯，2015)，并于 10 天后再次发出红色预警(张星云，2015)。尽管北京市政府不断采取空气污染治理措施，但 2016 年 12 月 21 日北京市同时发布了空气重污染红色预警和霾橙色预警，空气质量仍令人担忧。

2015 年 10 月，世界卫生组织首次在其研究报告中指出雾霾对人类致癌，并将其归为普遍和主要的环境致癌物。大气污染物中对人体健康影响最大的是 PM2.5，人体呼吸系统可以抵挡外界污染物质入侵体内，其中较大的污染物会在鼻腔和咽喉处被阻挡。但是 PM2.5 颗粒物的直径过于细微，可以穿过人体防线进入支气管和肺泡，甚至进入人体血液。这些颗粒物上附着大量细菌、病毒、重金属氧化物和多环芳烃，对人体的危害巨大。2013 年 7 月 8 日，由中国学者陈玉宇、李宏斌、以色列学者 Ebenstein 和麻省理工学院学者 Greenstone 合作撰写的论文《空气污染对预期寿命的长期影响：基于中国淮河取暖分界线的证据》(*Evidence on the impact of sustained exposure to air pollution on life expectancy from China's Huai River policy*)提出，中国以淮河为分界线的南北地区由于冬季供暖差异，出现北方地区空气污染比南方地区严重 55%的现象。研究人员之一的李宏斌表示，中国北方城市的空气污染，使北方地区 5 亿居民的平均寿命缩短了 5.5 年。最新的一项研究表明，雾霾严重威胁人体健康并带来高额医疗成本。从医疗费用支出来看，雾霾每年造成的经济损失高达 GDP 的 1.2%，激发了民众对防治雾霾的支付意愿高达 GDP 的 3.8%(Zhang & Crooks，2012)。

毫无疑问，在由雾霾造成的种种危害中，人们最关注的是对人体的伤害程度(Hammitt & Zhou，2006；Bin et al., 2015; Liu et al., 2016; Sun et al., 2016)。根据《美国科学院院报》(*Proceedings of the National Academy of Sciences of the United States of America*，PNAS)的报道，中国北方由于长期受雾霾天气影响，人均寿命缩短了两年(Chen et al.，2013)。雾霾中悬浮的大量颗粒物，被人体吸入肺后，会对肺叶造成巨大损害(王军民，2016)。长期暴露在雾霾天中还会致癌。中国工程院院士钟南山曾表示，雾霾天气比吸烟更容易致癌。雾霾空气中含有的上百种细微颗粒物，被人体吸入呼吸道后，会诱发诸如气管炎、哮喘等各种呼吸道疾病。此外，雾霾天气下的交通事故率比正常情况高出 20%。雾霾天气造成能见度降低，容易引发更加频繁的碰擦事故，使人们的出行效率大大降低。尤其在郊区的桥梁、快速路和高速公路，能见度更低，在车速较快的情况下，极易引发严重交通事故，威胁人们的财产安全甚至生命安全。雾霾天气对农作物的生长也会产生严重影响。一方面，雾霾天气降低了地表的阳光照射，影响植被的光合作用(付文艺和王文鑫，2014；杨静慧 等，2017)，另一方面，地表温度降低和湿度增加，易滋生病菌，危害植被生长。由此可见，雾霾天气已严重影响到人民生活、工作的方方面面。甚至，设立在北京的美国大使馆还告诫当地美国人，不要选择在雾霾天气外出，要尽可能待在室内，关好门窗。更有甚者，日本和韩国媒体宣称中国的雾霾已经影响到邻近国家人民的正常生活。

中国近些年来的经济高速发展，难免带来大气污染问题，而政府有必要采取积极行动缓解这一现状。顺利落实各种控制雾霾的政策，不仅依赖于政府的决心，还依赖于民众的接受度。为控制雾霾，中央政府在 2014 年全国人民代表大会的政府工作报告中，已经制定了一系列具体措施，如提高能源利用效率、促进新能源发展、优化能源结构以满足不断增长的能源需求等(Ouyang & Lin，2014)。在 2017 年两会期间，雾霾的治理成为多位委员讨论的热点话题，然而，在全国范围内控制雾霾需要巨大投资，而中央政府无力独自承担这笔费用。例如，2015 年的雾霾治理需要社会总投资 18400 亿元。虽然政府投入 110 亿元建立了大气污染防治基金，但这显然远远不够。因此，高昂的治理费用将有赖于中央政府和民众的共同努力。

## 四、政府采取的措施

### (一) 中央政府采取的措施

2014 年，APEC 会议在京举行期间，北京上空出现了久违的蓝天。为迎接这一国际会议，北京及周边省份都采取了一系列严厉管制措施。会议前一周，北京、天津和河北地区开始同步实行机动车辆限行、单双号轮流放行，并在每天的固定时间段禁止外地车辆进入城区内，对选择乘坐公交出行的市民给予免费乘车优惠，大大降低了京津冀地区的汽车尾气污染物排放。会议期间，政府暂停了整个北京行政区域内大大小小所有工地，并敦促各工地尽快处理好扬尘等问题。河北境内八百多个工地也从十月底开始停工。北京方圆 100km 内所有钢铁厂全部停产，周边省份很多城市工厂工人们纷纷放假，如钢铁重工业城市唐山、煤炭生产重地太原都在会议期间停止了生产活动。11 月正值初冬，往年北方已开始供热，但为确保会议期间的空气质量，北京、河北等地居民暂停了供热。政府、企业和民众的共同努力使蓝天再现。在随后 2015 年的两会和中国人民抗日战争暨世界反法西斯战争胜利 70 周年大阅兵期间，中国政府又采取了类似措施使蓝天再现，并取得了预期的效果。

上述这些成果，不仅体现出政府治理雾霾的决心和毅力，同时还增强了人们对大气污染治理的信心。在今后治理大气污染的过程中，政府应加大对清洁能源汽车的发展力度，加速淘汰排放不合格的机动车辆，并倡导城市居民出行时选乘公共交通工具；提高煤炭产业、钢铁产业和石油化工产业等重污染行业排放标准，及时做好污染物治理工作；督促各大工地每天处理好灰尘、扬沙问题，并定期派专人对施工现场进行检查；加强对民众的环保教育，提升民众的环保意识。蓝天不应该只出现在某些重要日子里，而是要成为一种常态，成为组成人们日常生活的一部分。这要求国家不能仅仅着眼于短期的治理效果，而要追求更长久的优质空气质量。虽然政府在短期采取了效果明显的雾霾治理措施，但这样的治理方式成本较高，治理手段也并非长久之计。因此，中央和各省市政府还颁布了一系列法律条文，力图长期地改善空气质量，表 6-2 选取的是一些有代表性的法律文件。

表 6-2 治理大气污染的文件选取

| 时间 | 文件名称 | 制定单位 |
| --- | --- | --- |
| 1987 年 9 月 | 《中华人民共和国大气污染防治法》 | 全国人大常委会 |
| 2000 年 4 月 | 《中华人民共和国大气污染防治法》第一次修订 | 全国人大常委会 |
| 2012 年 9 月 | 《重点区域大气污染防治“十二五”规划》 | 环境保护部 |
| 2013 年 9 月 | 《大气污染防治行动计划》 | 国务院 |
| 2014 年 4 月 | 《中华人民共和国环境保护法》最新版 | 全国人大常委会 |
| 2015 年 7 月 | 《环境保护公众参与办法(试行)》 | 环境保护部 |
| 2015 年 8 月 | 《中华人民共和国大气污染防治法》第二次修订 | 全国人大常委会 |
| 2016 年 11 月、12 月 | 《环境污染犯罪司法解释》 | 最高人民法院、最高人民检察院 |
| 2017 年 6 月 | 《国务院关于修改〈建设项目环境保护管理条例〉的决定》 | 国务院 |

最新一次修订的《中华人民共和国大气污染防治法》，加大了对不达标污染企业的处罚力度，通过增加企业污染成本，促进各大企业加速进行清洁生产技术改造，注重提升能源使用效率，做好污染治理工作。之前文

件中的很多治理措施都仅仅关注末端的治理，成本巨大且治标不治本，效果难以保证。此次新修订的《中华人民共和国大气污染防治法》更注重源头的治理，提出使用清洁煤计划、加快能源消费结构调整和提倡使用低排放机动车辆。各大省市也纷纷出台相应的治理文件，积极响应中央号召，结合当地实际情况采取具体措施，力求认真贯彻落实中央关于大气污染的治理细则。

2013 年 9 月 12 日，国务院颁布《大气污染防治行动计划》。文件中，政府承诺在未来五年内，将 PM10 浓度在现有基础上降低 10%以上，使京津冀、长三角和珠三角地区的 PM2.5 浓度分别降低 25%、20%和 15%(Sun et al., 2016)。其中，京津冀地区污染最严重。考虑到人民的家庭收入和支付能力，空气治理措施将最先在京津冀、长三角和珠三角地区，而非实际污染最严重的地区展开。这意味着，政府在决策时充分考虑了人民的接受程度和支付能力。

由表 6-3 可知，京津冀、长三角和珠三角地区家庭年收入比全国平均水平高，其中珠三角地区的家庭年收入为 14.6 万元，处于全国最高水平。京津冀地区 PM2.5 浓度位于榜首，为 215.7μg/$m^3$，其次是黄河三角洲地区。这两大区域内的大气污染程度远超过全国平均水平，其中京津冀地区超出均值 33.89%。表中还显示出，人们治理雾霾的支付意愿与家庭年收入呈正相关关系，四大地区中，珠三角地区人均年支付意愿依然最高，其次是京津冀地区，再次是长三角地区，最后是黄河三角洲。正是由于支付能力的不同，实际中雾霾治理措施的落实存在地区性差异。即使在同一区域内，不同省份间也存在支付能力差异。例如在京津冀地区，北京的人均收入显然比河北高出很多，从而北京居民的支付能力远大于河北居民。因此在这种情况下，政府不仅要考虑小范围内地区性差异，制定出不同治理政策，还应加强地域性的联合治理。这是政府制定政策时需要关注的又一焦点。长三角地区家庭年收入为 12.1 万元，在全国平均水平 10.7 万元之上，污染程度在全国平均水平之下，显示出的人均年支付意愿为 399 元，在全国平均水平之下。因为从全国数据来看，该地区的大气污染情况并不是很严重，所以这是一种很明显的“不在我家后院”(Not In My Back Yard，NIMBY)

情绪。尽管当地人民收入很高，但滋生出“又不是我家污染”这种严重的想法后，当地人民对治理雾霾的支付意愿自然就降低了。

表 6-3　不同地区的家庭年收入和 PM2.5

| 地区 | 家庭年收入(万元每年) | PM 2.5(微克/立方米) | 人均 WTP(元每年) |
| --- | --- | --- | --- |
| 珠三角地区 | 14.6 | 102 | 519.7 |
| 长三角地区 | 12.1 | 117.3 | 399.0 |
| 京津冀地区 | 12.4 | 215.7 | 428.1 |
| 黄河三角洲 | 7.6 | 209.5 | 290.3 |
| 中国平均水平 | 10.7 | 161.1 | 418.4 |

数据来源：国家统计局《中国统计年鉴 2015》。

### (二) 针对污染重区京津冀出台的政策

如表 6-4 所示，为针对污染重区——京津冀地区出台的雾霾治理政策。

表 6-4　针对京津冀地区出台雾霾治理政策一览表

| 时间 | 文件名称 | 发布单位 |
| --- | --- | --- |
| 2013 年 9 月 | 《京津冀及周边地区落实大气污染防治行动计划实施细则》 | 环境保护部等 6 部门 |
| 2013 年 9 月 | 《京津冀及周边地区重污染天气监测预警方案》 | 环境保护部和中国气象局 |
| 2014 年 10 月 | 《京津冀公交等公共服务领域新能源汽车推广工作方案》 | 工业和信息化部等 7 部门 |
| 2015 年 12 月 | 《京津冀区域环境保护率先突破合作框架协议》 | 京津冀三地环保厅部门 |
| 2016 年 7 月 | 《京津冀大气污染防治强化措施(2016—2017 年)》 | 环境保护部 |
| 2017 年 8 月 | 《京津冀及周边地区 2017—2018 年秋冬季大气污染综合治理攻坚行动方案》 | 环境保护部、国家发展和改革委员会等 14 个部门联合发布 |

(续表)

| 时间 | 文件名称 | 发布单位 |
| --- | --- | --- |
| 2012 年 3 月 | 《北京市 2012—2020 年大气污染治理措施》 | 北京市人民政府 |
| 2013 年 9 月 | 《北京市 2013—2017 年清洁空气行动计划》 | 北京市人民政府 |
| 2014 年 1 月 | 《北京市大气污染防治条例》 | 北京市人民代表大会 |
| 2014 年 9 月 | 《北京市发展和改革委员会、北京市环境保护局、北京市经济和信息化委员会关于加快推进实施清洁生产审核工作的通知》 | 北京市发展和改革委员会等 |
| 2017 年 9 月 | 《北京市促进高排放老旧柴油货运车淘汰方案》 | 北京市环境保护局 |
| 2013 年 9 月 | 《河北省大气污染防治行动计划实施方案》 | 河北省委、省人民政府 |
| 2015 年 4 月 | 《河北省大气污染深入治理三年(2015—2017)行动方案》 | 河北省大气污染防治工作领导小组办公室 |
| 2014 年 11 月 | 《河北省环境保护公众参与条例》 | 河北省人大常委会 |
| 2016 年 3 月 | 《河北省大气污染防治条例》 | 河北省人民代表大会 |
| 2016 年 11 月 | 《河北省大气污染防治强化措施实施方案(2016—2017 年)》 | 河北省环境保护厅 |
| 2016 年 12 月 | 《石家庄市大气污染防治条例(修订)》 | 河北省人民代表大会 |
| 2017 年 9 月 | 《河北省 2017—2018 年秋冬季大气污染综合治理攻坚行动方案》 | 河北省政府 |
| 2013 年 9 月 | 《天津市清新空气行动方案》 | 天津市人民政府 |
| 2014 年 10 月 | 《贯彻落实京津冀及周边地区大气污染防治协作机制会议精神的 12 条措施》 | 天津市人民政府 |
| 2015 年 1 月 | 《天津市大气污染防治条例》 | 天津市人民代表大会 |

(续表)

| 时间 | 文件名称 | 发布单位 |
| --- | --- | --- |
| 2015 年 2 月 | 《大气环境保护约谈暂行办法》 | 天津环境保护局 |
| 2015 年 2 月 | 《〈天津市大气污染防治条例〉行政处罚自由裁量权规范(试行)》 | 天津环境保护局 |
| 2015 年 2 月 | 《大气污染源自动监测有效数据适用环境行政处罚暂行办法》 | 天津环境保护局 |
| 2017 年 12 月 | 《天津市大气污染防治条例(修订)》 | 天津市人民代表大会 |

## 五、公众态度与治理的效果

Hines 等(1984)基于以往大量文献，提出了“负责任环境行为理论”。通过分析，Hines 等认为行动技能、行动战略知识、环境问题和个人因素通过公众对环境的保护态度影响其环境保护行为。换言之，公众对大气污染问题的良好认知是个体采取保护空气质量措施的先决条件，如果公众对自己周边的空气污染问题知之甚少，则几乎不会采取任何环保措施，也不会支持政府治理大气污染的工作。

由此可见，为确保中国雾霾治理措施的顺利落实，政策制定者有必要考虑到公众的态度，尤其是对减轻雾霾成本的支付意愿。公众态度可以反映民众对相关政策的支持程度，同时也表明了民众心中的不确定性，因此更好地理解民众偏好、保持民众支持对制定出可持续的能源政策至关重要。在全国范围内控制雾霾天气需要巨大投资，而中央政府显然无力独自承担这笔费用。2013 年、2014 年、2015 年中央财政分别安排 50 亿、98 亿、106 亿元的大气污染防治基金治理雾霾。与此同时，北京市政府在雾霾治理方面投入巨大，仅 2016 年投入资金 165.4 亿元。然而相关人士分析，2014 年和 2015 年中国治理雾霾需要社会总投资分别为 17500 亿元和 18400 亿元。因此，雾霾治理仅靠政府远远不够，需要民众一起来承担费用。这会导致人们的经济生活成本大幅上升，民众的支付能力显然将会成为影响雾霾治理措施顺利进行的重要因素之一。

为改善空气质量，一方面公民必须能够接受这一高昂的治理成本，另一方面根据 Wei 等(2007)的研究，居民经济行为和生活方式的总能源消费量，在减轻大气污染政策落实过程中会产生重大作用。其实，民众对能源改革的态度非常复杂。比如，清洁能源可以改善空气质量、提升能源利用效率，但需要大额的资本投入。建立清洁能源消费系统，可以从源头上治理大气污染问题，具有效率高的优点，但会增重居民生活负担。同时，民众可能因成本问题滋生 NIMBY 效应，从而降低其对大气治理政策的支持程度。高昂治理成本在成为民众关注焦点的同时，还会阻碍相关政策的顺利落实。控制大气污染是一项全民性的工作，每个公民都应自觉树立责任意识。中央政府也喊出了“同呼吸，共命运”的口号，呼吁公民建立环境保护意识。如果这种意识渗透进人民日常生活和工作当中，大气污染治理将在个人层面的行动中大步推进，促使该项工作顺利完成。

近年来，中国大气污染最严重的京津冀地区的民众环保意识逐渐觉醒，关注雾霾及其治理措施的人数在不断增加。网络统计数据显示，2015 年 11 月 25 日后的一周时间内，有关雾霾的搜索指数接近 30 万人/次，微博量 8 万余条，相关媒体新闻报道超过 4000 篇，全国搜索关键词“雾霾”“PM2.5”的网民有 40%来自京津冀地区，其中北京地区搜索量最大，占比超过 30%(中国环境报，2015)。同时，京津冀地区的民间环保组织也积极号召民众携手治理雾霾。非政府环保组织“公众环境研究中心”(Institute of Public & Environment Affairs, IPE)开发并运行了中国污染地图数据库，并上线污染地图 APP。该 APP 的推广，极大加强了民众对雾霾的认识，促进了环境污染数据公开，进一步推动公众参与雾霾治理。2015 年后，“公众环境研究中心”与环保组织“自然之友”联合“天津绿领”等周边民间非盈利环保组织，开展了一系列大气环境保护活动，并请求政府有关部门公布雾霾监测数据，促进大气污染数据的公开，使公众更深刻地认识到大气污染的现状。其中“自然之友”通过“蓝天实验室”“低碳家庭”等活动对广大民众进行雾霾知识科普，并通过招募志愿者的方式让更多的普通人加入雾霾治理公益活动，号召公众积极参与到大气保护政策的制定和对《大气污染防治法》《北京市大气污染防治条例》等法律的有效修改当中。

令人担忧的是，京津冀各地区发展不平衡、公众传统意识的束缚、缺乏激励措施、环保信息不对称和民众对政府信心不足等因素依然存在，严重制约了公众参与雾霾治理。京津冀地区发展失衡，导致三地民众和有关政府部门联合治理雾霾时出现障碍。三地虽然已经达成协同治理的共识，但在具体工作的落实方面依然没能取得良好协调。信息的全面公开是让民众参与到雾霾治理中的第一步，然而目前，中国大气污染数据并未被及时、有效地公开，互联网上大量虚假信息广为流传。由于权威部门未定期公开数据，众多不正规信息可能误导公众，影响他们对雾霾的正确认识。因此，民众积极参与大气污染治理受到阻碍。此外，公众参与雾霾治理的激励措施还不够完善。传统治理模式缺乏民众积极参与治理雾霾的平台，导致民众习惯于听从政府指挥、根据政府指令被动行事，缺乏主动参与大气污染治理的意识、能力和经验，在不触及自身利益时，很难真正投身到雾霾治理中去。中国公民参与雾霾治理之路任重而道远，需要政府意识到公众态度对雾霾治理工作顺利完成有重大意义，并不断完善公众参与雾霾治理的法律体系、公开大气环保数据、建设公众参与雾霾治理平台、鼓励社会组织积极参与、重视培养民众对政府部门的信心。

## 六、学者有关雾霾治理支付意愿的研究

当今，严重的空气污染问题已经引起全世界范围的持续关注。大量学者展开了关于公众对空气污染态度，以及衡量公众对改善空气质量的支付意愿的研究。刘澎(2016)根据意愿评估法在环境物品经济价值评估应用中的相关原理，尝试模拟不同支付意愿情景来评估济南市城市居民对良好空气质量的偏好。在假想空气质量改善的支付意愿和在假想清洁空气的支付意愿两种情境下探究民众为改善空气质量的支付意愿。Chalak 等(2012)通过询问受访者温室气体减少后他们的个人损失和收益，衡量公众对降低温室气体排放的支付意愿。研究发现，受访者更愿意避免温室气体排放的增加，而不是在现有基础上减少温室气体排放。Adaman 等(2011)研究对降低二氧化碳排放的支付意愿发现，拥有较好的环境保护知识和态度的受访者更愿意承担降低二氧化碳排放的成本。Lu 和 Shon(2012)运用条件价值评估法测

量民众对碳补偿的支付意愿，发现受访者对治理空气污染的支付意愿很大程度上取决于他们的社会经济特征，包括年收入、教育背景、对空气污染的认知和态度等因素。同样运用条件价值评估法，Wang 和 Zhang(2009)在关于公众对减少空气污染的支付意愿和糟糕的空气质量间关系的研究中指出，家庭收入、呼吸道疾病的医疗开支、教育背景、对空气污染与健康状况间关系的态度这四个变量对人们的支付意愿有很大影响，而且大多数支付意愿为零的受访者都认为，政府和污染制造者有义务承担空气污染物治理的成本，因此超过 40%的受访者不愿意承担空气污染治理的成本。Wang 等(2006)测量了居民对改善空气质量的支付意愿。测量结果显示，受访者的平均支付意愿为家庭年均收入的 0.7%，家庭年收入、教育背景这两个社会经济变量对 WTP 有很强的正向影响，而年龄、家庭规模与 WTP 间呈现出负相关关系，拥有可支配收入的家庭更关注空气质量状况。Kraeusel 和 Möst(2012)通过测量公众对降低温室气体排放技术发展的社会接受度与支付意愿间的关系发现，对降低温室气体支持程度越高的民众也更愿意为减少温室气体排放承担费用。Hammitt 和 Zhou(2006)分析了 WTP 的一系列潜在解释变量，如教育背景、收入、健康状况、保险状况以及健身情况，发现收入、健身情况和教育背景与 WTP 间存在正相关关系。此外，良好的自我评价对民众的支付意愿也存在正向影响。Li 等(2004)对改善大气污染的潜在经济价值进行估计，并将这些经济价值与控制污染排放的治理措施费用进行比较。研究表明，大气污染治理政策的成功实施需做到以下三点：①提高对民众支持度重要性的严谨分析；②通过教育强化民众环保意识；③为民众提供一个开放、包容的决策过程。Wang 和 Mullahy(2006)对减少大气污染挽救的生命的经济价值进行计算，并讨论了收入、家庭规模、教育背景、年龄和地理位置等因素对 WTP 的影响程度。他们发现，WTP 与家庭收入间存在正向影响关系，对空气污染方面知识接触较多的人，更愿意承担治理大气污染的成本。还有一些学者分析了空气污染对人体健康的损害，如 Wang 和 Mauzerall(2006)的研究表明，最佳的控制污染物排放技术(Best Available Control Technology, BACT)和先进的煤气化技术(Advance Coal Gasification Techonogy, ACGT)，可以降低 10%由空气污染造成的、潜在危害公众健康的疾病。Chen 等(2007)评估了空气污染给人体带来的潜在健康问题，并测量了空气污染对经济发展的不利影响。结果显示，低碳能源政策不仅有利于降低温室气体排放，还能够减少空气污染物质的排放。中国关于民众对大气污染的支付意愿的研究成果，如表 6-5 所示。

表 6-5 国内类似研究比较一览表

| 调研方法 | 调研地点、日期 | 内容 | WTP (元/年) | 收入 (元/年) | 比率 | 样本数 | 参考来源 |
|---|---|---|---|---|---|---|---|
| 开放式调研 | 济南 (2006) | 空气质量的降低 | 100 | 14286 | 0.7% | 1500 | Wang & Zhang(2009) |
| | 北京 (1999) | 减少空气中50%的有害物质 | 143 | 204293 | 0.7% | 1500 | Wang & Mullahy (2006) |
| | 重庆 (1998) | 控制大气污染 | 14.3 | 3575 | 0.4% | 500 | Wang et al.(2006) |
| 二分选择形式调研 | 北京 (2005) | 减少空气中50%的有害物质 | 652.3 | 566463 | 1.1% | 880 | Cai & Zheng(2007) |
| | 上海 (1999-2000) | 减少空气污染导致的呼吸疾病 | 146.4~483.6 | 11802 | 1.2%~4.1% | 568 | Peng & Tian(2003) |
| | 北京 (1999) | 减少空气污染导致的健康问题 | 149~422 | 10654 | 1.4%~4.0% | ＞1200 | Hammitt & Zhou(2006) |
| | 天津 (2000) | 减少呼吸道疾病的医疗措施 | 147.3 | 7014 | 2.1% | 678 | Yang & Xu(2004) |
| | 台湾 (1996) | 改善空气质量后健康水平的提升 | 501 | 未获取 | 0.6% | 938 | Chien et al.(2005) |

(续表)

| 调研方法 | 调研地点、日期 | 内容 | WTP (元/年) | 收入 (元/年) | 比率 | 样本数 | 参考来源 |
|---|---|---|---|---|---|---|---|
| 二分选择形式调研 | 济南 (2014) | 不同支付意愿情景来评估济南市城市居民对良好空气质量的偏好 | 101.32 | 69400 | 0.2% | 1755 | 刘澎(2016) |

注：将家庭看成一个整体单位。

纵观中国大气污染治理的民众支付意愿的研究领域，使用全国范围的数据进行研究的先例并不多见。本章展开的关于雾霾治理的民众态度和支付意愿的调研是基于全国范围，采取面对面实地走访的方式完成的。本章不仅在数据上做到全国范围，在变量选取上也有所创新。研究除选取了一些常见影响因素，如家庭收入、家庭规模、年龄和教育背景等外，还考虑到家庭收入的平方项、政府的可靠性、能源支出和由雾霾造成的经济损失等变量。

## 七、本章主要内容及研究意义

### (一) 主要研究内容

第一节首先从雾霾及其产生的原因和历史上著名的大气污染事件出发，介绍大气污染的时代背景；然后描述中国大气污染的严峻形势和雾霾的危害，并回顾近年来中国中央和地方政府为治理大气污染出台的各种文件，以说明政府治理雾霾的决心、做出的努力和公众积极响应后采取的行动；最后阐述民众对雾霾治理的态度及其重要性。

第二节评估公众对雾霾治理的环境认知。本节首先针对调研过程中涉及的问卷内容和形式进行阐述，然后详细分析 2013 年和 2014 年两次调研数据，最后将两次调研情况进行比较。

第三节分析公众支付意愿的特征与影响因素。首先描述和分析 2013 年调研数据的回归结果，并估算公众治理雾霾的支付意愿；然后对 2014 年的调研数据进行回归分析，并着重讨论“不在我家后院”情绪、家庭能源支出、雾霾造成的经济损失这三个因素对民众支付意愿的影响。

第四节对前文研究结果进行归纳总结，得出本章研究结论，并针对性地提出相应的雾霾治理政策建议。

### (二) 研究意义

当下，中国在经济飞速发展的同时面临严峻的雾霾问题，治理大气污染刻不容缓。这不仅要求各级政府有与雾霾作斗争的决心和毅力，还需要全体中华儿女团结一致，贡献出自己的一份力量。面对高昂的环境治理费用，我们未来的蓝天之路还不甚明朗。本章在这样的历史阶段，展开“我国民众对治理雾霾接受度”的调查研究，至少有以下四点意义。

(1) 中央政府一直申明，治理雾霾需要每个社会成员尽自己的一份力量。因此在制定雾霾治理政策时，当下民众对治理雾霾的支付意愿应引起格外关注。利用全国范围的调研数据，分析民众的支付意愿，可以为政府决策提供参考。

(2) 本章样本来自全国范围内各个省市，而不是某一特定地区。在当前形势下，雾霾比以前更加严重，因此民众很愿意了解雾霾的相关消息、理解雾霾治理重要性。对调研方案进行深入理解，可以使受访者更真实地表达自己的意愿。

(3) 很多回答者的支付意愿为零，并不意味着这群人不关心雾霾问题。本章采用样本选择模型处理那些带有抵抗色彩的答案，充分考虑到带有抵抗色彩的答案对准确估计 WTP 的负面影响。

(4) 和以往研究不同，本研究考虑到一些潜在的、影响人们对改善大气污染态度的因素，如 NIMBY 态度、家庭能源消费和经济补偿。

# 第二节　评估公众对雾霾治理的环境认知

## 一、问卷设计

由厦门大学经济学院中国能源经济研究中心发起的中国空气质量公众认知度的调研(Chinese Public Perceptions of Air Quality，CPPAQ)是一项长期的、针对大气污染进行的实地调研。CPPAQ 设计的问题主要包含三个方面，第一是了解民众对大气污染的认知情况和接受程度，涉及的问题主要包括：是否关注过大气污染，是否知道大气污染形成的原因，是否了解政府治理大气污染的措施，如表 6-6 所示；第二是支付意愿调查，首先询问受访者是否有支付意愿，接着根据具体情况使用二分式选择(DC)或开放式(OE)形式，深入了解受访者的支付意愿，如表 6-7 所示；第三主要是涵盖受访者的人口统计学信息和社会经济属性，如对年龄、家庭年收入、家庭规模和教育背景等信息的搜集。

表 6-6　关于空气污染公众认知和接受度的主要问题

| 分类 | 具体问题 |
| --- | --- |
| 雾霾的公众认知度 | 您是否关注雾霾天气? |
| | 您一般通过哪些途径了解雾霾相关动态? |
| | 您觉得雾霾治理是否必要? |
| | 您是否会主动参与雾霾治理工作? |
| | 您是否了解造成雾霾的主要因素? |
| | 您是否采取措施防护雾霾? |
| | 您是否信任或满意政府在雾霾治理方面的工作? |

数据来源：CPPAQ 雾霾公众认知度及支付意愿问卷调研，厦门大学中国能源经济研究中心，2013 年 11 月。

表 6-7　关于大气污染治理支付意愿的主要问题

| 分类 | 具体问题 | 可能出现的答案 |
| --- | --- | --- |
| 样本选择问题 | 如果当地政府正准备采取措施治理大气污染，这些措施能够有效地改善大气质量，减少由大气污染带来的疾病。考虑到该项目成本高，这些成本会直接或者间接地由你们当地人来承担，请结合你的家庭收入，你愿意为这样的治理措施承担一部分费用吗？ | A. 我愿意承担一部分<br>B. 我不愿意承担 |
| 诱导性问题 | 如果受访者对第一个问题的回答是肯定的话，那么调查人员可以继续询问：你愿意为该项目支付 *n* 元吗？ | A. 是的，我愿意<br>B. 不，我不愿意 |
| 动机性问题 | 如果受访者对第一个问题的回答是否定的话，那么调查人员可以继续询问他们不愿意支付的具体原因。 | A. 空气质量很好，没必要治理<br>B. 家庭年收入太低了，负担不起<br>C. 这是政府的事<br>D. 已经缴了各种税费，不愿意额外再交钱<br>E. 这是污染者的事 |
| 社会经济类问题 | 家庭年收入为多少？<br>家庭每年的能源消费是多少？(这里的消费额用人民币来衡量，能源具体包括煤、电、天然气、液化天然气等)<br>雾霾每年给你们家造成的经济损失是多少？ | 根据受访者的回答内容，做好记录 |

注：由于篇幅限制，上述表格只是简单罗列了主要问题，本次调研还包括其他可以测量受访者对大气污染治理态度的问题。

条件价值评估法经常会受一些抵触性回答干扰，从而对支付意愿的估计产生选择性偏差(Calia & Strazzera，1999)。大多数支付意愿为零的民众并不是对大气污染治理问题漠不关心，其中一部分人想“搭便车”，一部分人过分关注政府部门工作的公正性和效率，还有一部分人对调研活动抱有敌对态度。因此，调研团队制定了合理的问卷形式，既要了解受访者是否愿意为大气污染治理承担费用，还要知道支付意愿为零的受访者不愿意承担费用的具体原因。两步询问法能够在了解民众对减缓雾霾支付意愿的同时控制抵触性回答，故此次调研采用这一方法对民众的支付意愿进行询问。研究人员事先拟好合适的支付标杆价格进行二分式选择(DC)提问：第一步询问受访者是否愿意承担治理空气污染的成本。第二步是一个诱导性问题，包括两种情况，第一种情况是如果受访者在上一步给出肯定回答，研究人员需要告知他们研究团队预先定好的标杆价格，询问他们是否愿意接受这一确定的价格，受访者可以给出肯定答案，也可以给出否定答案；第二种情况是如果受访者在上一步给出否定答案，研究人员接下来需要询问他们给出这一答案的具体原因。搜集足够信息便可以对支付意愿为零的受访者是否存在抵抗情绪进行判断。两步询问法的具体过程简化如图 6-2 所示。

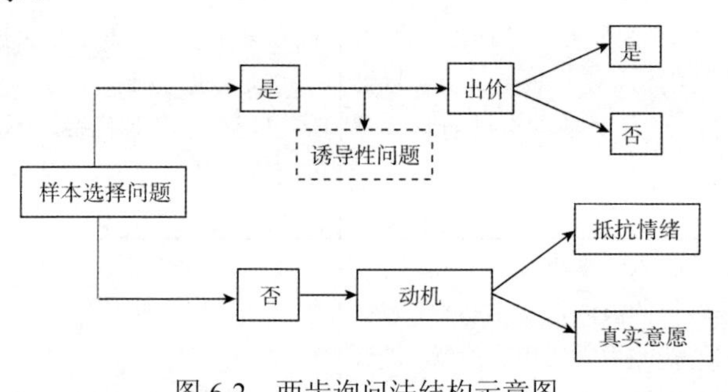


图 6-2　两步询问法结构示意图

## 二、调研数据分析

### (一) 第一轮调研数据分析

本部分内容基于笔者(Sun et al., 2016)的调查研究，运用 CPPAQ 数据库，主要针对当下空气污染问题和政府工作情况，对受访者提出了一系列相关问题，一共有 2744 名受访者接受了调研。表 6-8 显示了有关民众偏好、意识和背景等具体情况总结，包括受访者的社会经济学和人口统计学特征，诸如性别、年龄、家庭人口数、教育背景、家庭年收入、对雾霾天气的态度和对政府工作的看法。在受访者进行回答前，调查人员会提醒他们充分考虑自身支付能力。

表 6-8 变量及描述性统计

| 变量 | 描述 | 比例 | 均值 | 标准差 |
| --- | --- | --- | --- | --- |
| 年龄 | 0~25 岁=0 | 22.96% | 1.0372 | 0.7805 |
| | 26~45 岁=1 | 56.71% | | |
| | 46~60 岁=2 | 14.43% | | |
| | ＞60 岁=3 | 5.9% | | |
| 家庭规模(受访者家庭人口数) | 1~3 | 56.74% | 3.596 | 1.0598 |
| | 4~5 | 38.99% | | |
| | ≥6 | 4.27% | | |
| 家庭年收入(万元) | 0~3 | 8.45% | 10.50 | 23.6285 |
| | 3~5 | 18.01% | | |
| | 5~8 | 30.90% | | |
| | 8~12 | 23.54% | | |
| | ≥12 | 19.10% | | |
| 地理位置 | 住在污染严重地区=1 | 75.51% | 0.7551 | 0.4301 |
| | 其他地区=0 | 24.49% | | |
| 关注度 | 关注大气污染问题=1 | 83.45% | 0.8345 | 0.3717 |
| | 其他=0 | 16.55% | | |
| 性别 | 男性=1 | 52.59% | 0.5295 | 0.4994 |
| | 女性=0 | 47.41% | | |
| 保护措施 | 采取过保护措施=1 | 75.47% | 0.7547 | 0.4303 |
| | 其他=0 | 24.53% | | |
| 信任 | 信任政府工作=1 | 30.58% | 0.3058 | 0.4608 |
| | 其他=0 | 69.42% | | |

(续表)

| 变量 | 描述 | 比例 | 均值 | 标准差 |
|---|---|---|---|---|
| 教育背景 | 受过高等教育(本科及以上)=2 | 56.41% | 1.4337 | 0.7118 |
| | 受过中等教育=1 | 30.54% | | |
| | 其他=0 | 13.05% | | |
| 认知行为 | 了解造成雾霾的原因=1 | 9.91% | 0.0991 | 0.2989 |
| | 其他=0 | 90.09% | | |

调研结果显示，受访者年龄范围在 10～80 岁，其中超过一半(56.71%)受访者年龄在 26～45 岁，近四分之一(22.96%)受访者年龄在 25 岁以下；56.74%的家庭人口数为 1～3 人；家庭年收入平均值为 10.5 万元，其中家庭年收入在 8 万元以下的家庭占 57.36%，12 万元以上的家庭占 19.10%；超过四分之三(75.51%)的受访者居住在高污染城市；糟糕的空气质量引起了越来越广泛的关注，83.45%的受访者表示会持续关注空气质量变化；超过一半(56.41%)的受访者教育背景为本科及以上，接近三分之一(30.54%)的受访者受过中等教育；只有 30.58%的受访者相信政府在大气保护方面做出的努力，69.42%的受访者表示对政府在治理大气污染方面做出的努力没有信心，如此看来管理者有必要采取措施提高民众对政府的信心。

关于此次 CPPAQ 调研涉及的条件价值评估系列问题，民众的支付意愿结果如图 6-3 所示。

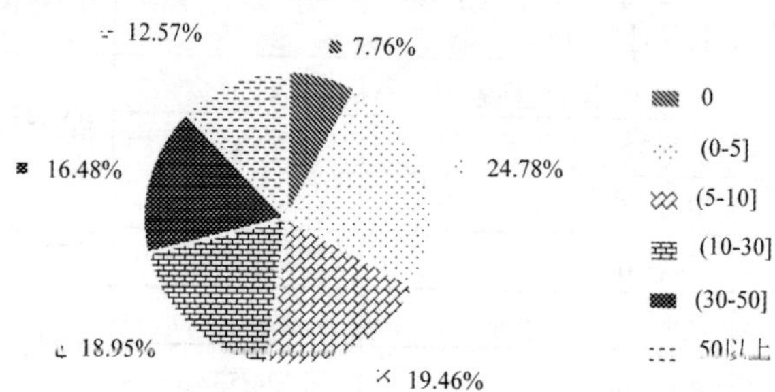


图 6-3　民众为治理雾霾的月支付意愿(单位：元/月)

92%的受访者给出正的支付意愿，这表明绝大部分人愿意分担雾霾治理成本。但大部分人的支付意愿不高，接近四分之一受访者每月的支付意愿是 0～5 元，约五分之一受访者的每月支付意愿是 5～10 元，另有约五分之一是 10～30 元，而这样的 WTP 分布形态是不正常的。笔者认为出现这一现象可能有以下三种原因。

第一，WTP 和家庭收入之间的关系是非线性的。这表明不仅低收入家庭的支付意愿比较低，高收入家庭的支付意愿也没有预想中那么高。这也是笔者考虑家庭收入平方作为潜在解释变量之一的原因。

第二，正如调研结果显示，绝大多数受访者不信任政府，不确定政府是否会提供经济援助以治理大气污染问题。因此，人民不愿意把大气污染治理看作自己应尽的责任，且大家普遍认为那些造成污染的人应对此负责。

第三，很多低收入家庭担心这一支出会降低自己的生活水平。由于未来充满不确定性，这些家庭不愿意在环保上投入太多资金。

### (二) 第二轮调研数据分析

本部分内容基于笔者(Sun et al., 2016)的调查研究，运用 CPPAQ 数据库，共选取 1051 个样本，其中包含 834 位具有正支付意愿的受访者，69 位支付意愿为零的受访者。剩下 148 位受访者怀有抵抗情绪，占总样本容量的 14.1%。本研究选取的相关变量和从受访者处得到的有关信息汇总如表 6-9 所示。

表 6-9　初步数据整理结果

| 变量 | 描述 | 整体 | 正的回答 | 支付意愿为零 | 抵触性回答 |
|---|---|---|---|---|---|
| 收入 | 家庭年收入(万元) | 15.612 | 16.426 | 11.913 | 12.750 |
| 信心 | 虚拟变量(对政府工作有信心=1，无信心=0) | 0.656 | 0.687 | 0.623 | 0.493 |
| 工作地点 | 虚拟变量(户内=1，户外=0) | 0.952 | 0.962 | 0.928 | 0.912 |
| 预期寿命 | 虚拟变量(相信自己的预期寿命高于整体平均值=1，低于平均值=0) | 0.788 | 0.812 | 0.754 | 0.669 |

(续表)

| 变量 | 描述 | 整体 | 正的回答 | 支付意愿为零 | 抵触性回答 |
|---|---|---|---|---|---|
| 教育背景 | 虚拟变量(本科及以上=1，本科以下=0) | 0.804 | 0.811 | 0.725 | 0.797 |
| 能源消费 | 家庭年能源支出(万元) | 1.105 | 1.137 | 0.838 | 1.049 |
| 遭受损失 | 由大气污染带来的经济损失 | 0.465 | 0.488 | 0.082 | 0.513 |
| 污染源 | 虚拟变量(污染源在当地=1，其他=0) | 0.523 | 0.567 | 0.130 | 0.459 |
| 每一类受访者的数量 | | 1051 | 834 | 69 | 148 |

表 6-9 不仅包含具有正支付意愿的受访者的相关信息，还包含具有抵抗意识的受访者的信息。支付意愿为正的受访者平均家庭年收入为 164260 元，而具有抵抗意识的受访者平均家庭年收入为 127500 元。相比具有正支付意愿的受访者，有抵触心理的受访者对雾霾治理的信心明显不足，且更多关注行政效率。而具有正支付意愿的受访者对政府工作的信心也强于有抵触情绪的受访者。支付意愿为零的受访者对政府治理大气污染的信心位于上述两类受访者之间。有抵抗情绪的受访者平均教育水平和年家庭能源消费比拥有正支付意愿的受访者低。支付意愿为正的受访者预期自己的寿命超过平均水平的人数比有抵触情绪的受访者多 14.3%。而有抵抗情绪的受访者遭遇雾霾形成的损失，是那些支付意愿为零的受访者的 6.26 倍，是拥有正支付意愿的受访者的 1.05 倍。根据上述对不同支付意愿人群特征的比较，如果所列变量对治理雾霾的支付意愿有明显影响，则可以预期最终获得的非抵触者的截断抽样样本可能存在选择性偏差。

此外，针对支付意愿为零的受访者，研究人员还对他们做出这一决定的原因进行询问，得到具体原因如表 6-10 所示。

表 6-10　支付意愿为零的原因

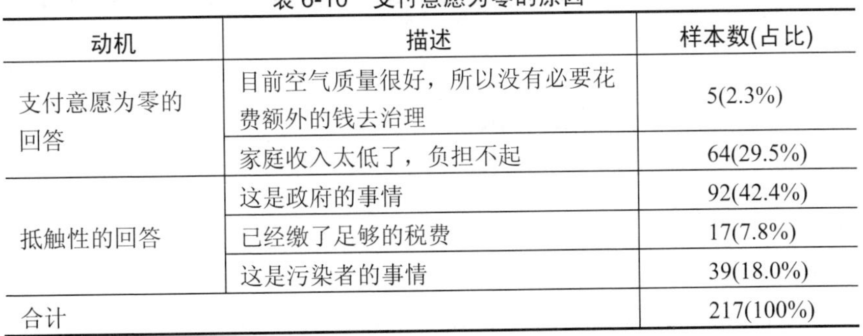

| 动机 | 描述 | 样本数(占比) |
|---|---|---|
| 支付意愿为零的回答 | 目前空气质量很好，所以没有必要花费额外的钱去治理 | 5(2.3%) |
| | 家庭收入太低了，负担不起 | 64(29.5%) |
| 抵触性的回答 | 这是政府的事情 | 92(42.4%) |
| | 已经缴了足够的税费 | 17(7.8%) |
| | 这是污染者的事情 | 39(18.0%) |
| 合计 | | 217(100%) |

1051 个样本中，217 位受访者的支付意愿为零，其中 31.8%为真实想法，68.2%为带有抵抗情绪。带有抵抗情绪的受访者中，又有 42.4%认为雾霾治理是政府的义务，18%认为雾霾治理的责任应由污染者承担，7.8%坚持自己已经支付足够的税金，因此不愿意多付费用。

## 三、对比比较

CPPAQ 两次调研中，所选择样本的社会经济属性和独立变量虽然在整体上相仿，但也进行了局部调整。2013 年，研究人员主要对受访者年龄、性别、家庭规模、家庭年收入、是否关注空气质量、居住地空气自评价、雾霾保护措施、对政府的信心、受教育程度和是否了解雾霾成因等方面进行询问和记录。2014 年在此基础之上，增加对受访者工作地点、对自己寿命的预期、家庭能源年消费额、是否遭受由雾霾带来的经济损失等经济社会特征的了解。整体而言，第二次调研的样本容量约为第一次的 38%，家庭年均收入比第一次调研更高，受教育程度在本科及以上的比例高达 80%，远高于第一次调研的 56%。在对政府的信心方面，收入更高、教育程度更高的样本也明显对政府治理雾霾的能力更有信心。第二次调研显示约 65%的受访者对政府充满信心，然而这一比例在第一次调研中仅为 30%。除此之外，第二轮调研过程中，调研人员进一步询问零支付意愿的受访者，引导这类受访者给出拒绝支付的原因，并区分出零支付意愿是受访者的真实想法还是出于抵抗性动机。

# 第三节 公众支付意愿的特征与影响因素

## 一、第一轮调研实证结果

本部分内容基于笔者(Sun et al., 2016)的调查研究，运用 CPPAQ 数据库，采用 Probit 回归模型和区间回归模型估计人们的支付意愿。其中 Probit 回归模型能够估计受访者中支付意愿为零者的概率，并分析影响这一概率的因素，其具体结果如表 6-11 所示。

表 6-11 具有正 WTP 受访者的 Probit 模型

| 变量 | 模型一 | | 模型二 | | 模型三 | |
|---|---|---|---|---|---|---|
| | 系数 | 标准误 | 系数 | 标准误 | 系数 | 标准误 |
| 年收入 | 0.2074 | 0.0623**** | 0.1786 | 0.0629*** | 0.1827 | 0.0630*** |
| 年收入的平方 | −0.0019 | 0.0008** | −0.0016 | 0.0009* | −0.0016 | 0.0009* |
| 地理位置 | 0.4357 | 0.0782**** | 0.4294 | 0.0785**** | 0.4864 | 0.0819**** |
| 保护措施 | 0.2209 | 0.0895** | 0.2305 | 0.0898*** | 0.2214 | 0.0901** |
| 年龄 | −0.1109 | 0.0462** | −0.0987 | 0.0474** | −0.1059 | 0.0477** |
| 家庭规模 | −0.0902 | 0.0326*** | −0.0735 | 0.0337** | −0.0717 | 0.0337** |
| 教育背景 | | | 0.1053 | 0.0506** | 0.1092 | 0.0507** |
| 认知行为 | | | 0.2518 | 0.1379* | 0.2643 | 0.1391* |
| 信任度 | | | | | 0.2088 | 0.0837* |
| 关注度 | 1.372 | 0.1517**** | 1.1160 | 0.1784**** | 1.006 | 0.1837**** |
| Log likelihood | −722.128 | | −718.060 | | −714.856 | |
| LR chi2 | 53.57 | | 61.71 | | 68.11 | |

注：****、***、**和*分别代表在 0.001、0.01、0.05 和 0.1 水平上的显著性。

在模型一中，回归结果显示，家庭年收入的回归系数是正的，约为0.2074，说明家庭年收入与正的支付意愿间存在很强的正相关关系，暗示高收入家庭比低收入家庭更愿意为改善大气质量承担一份责任。然而，年收入平方项的回归系数却是负的，为-0.0019，说明随收入增加，支付意愿的增加额会越来越少。事实上，来自重污染地区的受访者的支付意愿高于其他地区，并更愿意早日改善空气质量。那些为改善空气质量曾采取防护措施的受访者，也具有相对高的支付意愿。调研结果还显示，年龄和家庭规模对 WTP 产生负向影响。也就是说，一个年纪较大且家庭人口众多的受访者，相比年纪小且家庭人口数较少的受访者，给出正的 WTP 的概率更低。

模型二表明，教育背景和对雾霾认知这两个变量的纳入，对其他决策变量的影响很小。这一点具体表现在，加入这些变量后，模型原有变量的回归系数符号不改变，且数值变化很小。这一结果既验证了模型一的正确性和可信度，又说明人们的教育背景、对雾霾成因了解等因素对 WTP 有正向影响。其中，教育背景的估计系数为 0.1053，对雾霾认知的估计系数为0.2518，说明受到高等教育且对雾霾成因有清楚认知的受访者更愿意承担空气污染治理的成本。

模型三中，笔者引入了“对政府信任程度”这一变量。该变量的系数为 0.2088，说明人们对政府的信任度正向影响支付意愿，因此可通过提升人们对政府的信任增加获得正 WTP 的可能性。同时，该变量的引入对之前的回归结果无太大影响。原有变量的回归系数符号同模型一、模型二一致，且数值变动很小，再一次证明了之前模型的合理性和稳健性。

区间回归模型能够估计非零 WTP 的数值，其具体结果如表 6-12 所示。

表 6-12 具有正 WTP 受访者的区间回归模型结果

| 变量 | 模型四 | | 模型五 | | 模型六 | |
|---|---|---|---|---|---|---|
| | 系数 | 标准误 | 系数 | 标准误 | 系数 | 标准误 |
| 年收入 | 8.370 | 0.7033*** | 8.2734 | 0.7061*** | 8.3380 | 0.7044*** |
| 年收入的平方 | -0.0715 | 0.0078*** | -0.0705 | 0.0078*** | -0.0715 | 0.0078*** |
| 地理位置 | 6.6719 | 1.9632*** | 6.5400 | 1.9613*** | 7.7439 | 1.9878*** |

(续表)

| 变量 | 模型四 | | 模型五 | | 模型六 | |
|---|---|---|---|---|---|---|
| | 系数 | 标准误 | 系数 | 标准误 | 系数 | 标准误 |
| 保护措施 | 7.5847 | 2.0866*** | 8.0040 | 2.0911*** | 7.7340 | 2.0868*** |
| 年龄 | −2.3473 | 1.0935** | −2.3805 | 1.0957** | −2.4492 | 1.0928** |
| 家庭规模 | 1.4215 | 0.8286* | 1.6491 | 0.08398** | 1.7990 | 0.8386** |
| 教育背景 | | | 1.7713 | 1.2876 | 2.3029 | 1.2935* |
| 认知行为 | | | 5.6479 | 2.8637** | 5.5164 | 2.8560* |
| 信任 | | | | | 6.4016 | 1.8871*** |
| 关注度 | 16.245 | 3.7155*** | 12.405 | 4.418*** | 8.119 | 4.583* |
| Log likelihood | −7181.3812 | | −7178.4476 | | −7172.7097 | |
| LR chi2 | 191.54 | | 194.41 | | 208.88 | |

注：***、**和*分别代表在 0.01、0.05 和 0.1 水平的显著性。

模型四中，家庭收入的回归系数为正，说明其对改善空气质量的支付意愿有正向影响，家庭年收入越高，越愿意付费缓减大气污染，这与 Probit 回归模型的结果一致。家庭年收入平方项的回归系数依然为负，说明随收入增加，WTP 的增加额逐渐减少。居住在污染严重地区和曾采取针对大气污染保护措施的受访者，愿意为大气污染治理承担更多成本。此外，回归结果还表明，年龄对 WTP 有负向影响，这同样与 Probit 回归模型的结果一致。

模型五和模型四的结果基本一致。模型五中，家庭规模对 WTP 也具有正向影响，但显著性水平更高，达到 5%。虽然教育背景对民众治理雾霾的支付意愿的相关性并不显著，但仍表现为正向影响。此外，对雾霾成因有认知的受访者，愿意承担更多责任以控制这一污染现状。

模型六则显示，受访者对政府信任度越高，其支付意愿越高，改善空气污染的愿望也越强烈。此外，对政府的信任度这一变量的引入对原有变量的回归结果几乎没有影响，因此可认为区间回归模型的结果是稳定的。

WTP 的估计结果具体如图 6-4 所示，其中受访者的非零支付意愿的平均值为 414.1 元/年。

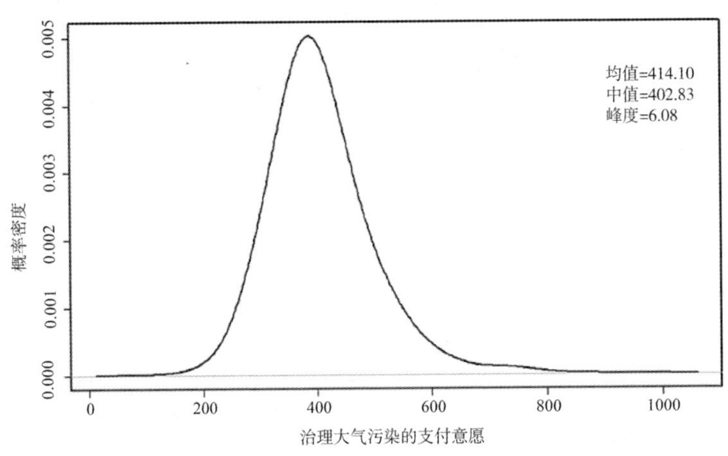


图 6-4　WTP 的预测结果(单位：元/年)

根据 Probit 模型，正支付意愿的受访者比例为 0.924。则在整个样本范围内，人民的年 WTP 可以通过如下计算得到：

$$E(\mathrm{WTP}) = p(y_i > 0) * E(\mathrm{WTP} \mid \mathrm{WTP} > 0) = 0.924 \times 414.1 = 382.6$$

也就是说，人均每年为改善大气污染的支付意愿为 382.6 元。

## 二、第二轮调研实证结果

本部分内容基于笔者(Sun et al., 2016)的调查研究，运用 CPPAQ 数据库，采用 Bivariate 样本选择模型、Probit 回归模型和 Truncated 回归模型估计人们的支付意愿。Bivariate 样本选择模型、Probit 回归模型和 Truncated 回归模型的参数估计结果整理如表 6-13 所示。Bivariate 样本选择模型将受访者的选择、二次追问这两步看作一个整体的决策过程，从而能够检验和修正可能存在的样本选择误差。Probit 回归模型只关注受访者的选择，并以此估计出现抵触性回答的可能性。Truncated 回归模型则从替补的样本和非抵抗者回答中得到估计结果。

表 6-13　参数估计结果

| | Bivariate 样本选择模型 | | Probit 回归模型 | | Truncated 回归模型 | |
|---|---|---|---|---|---|---|
| | 估计值 | 标准误 | 估计值 | 标准误 | 估计值 | 标准误 |
| Selection eq. | | | | | | |
| 家庭年收入 | 0.1638 | 0.0551*** | 0.1643 | 0.0550*** | | |
| 信心 | 0.4094 | 0.0988*** | 0.3882 | 0.1008*** | | |
| 工作地点 | 0.4002 | 0.2028** | 0.3858 | 0.2040* | | |
| 性别 | −0.0088 | 0.1050 | −0.0102 | 0.1048 | | |
| 预期寿命 | 0.3692 | 0.1106*** | 0.3703 | 0.1127*** | | |
| 污染源 | 0.1731 | 0.1006* | 0.1815 | 0.1000* | | |
| 常数 | −0.1464 | 0.2364 | −0.1234 | 0.2367 | | |
| Elicitation eq. | | | | | | |
| 出价 | −0.0138 | 0.0018*** | | | −0.0146 | 0.0018*** |
| 收入 | 0.3542 | 0.0761*** | | | 0.4085 | 0.0753*** |
| 性别 | 0.1779 | 0.1034* | | | 0.1913 | 0.1076* |
| 教育背景 | 0.2116 | 0.1148* | | | 0.2082 | 0.1232* |
| 污染源 | 0.1217 | 0.0705* | | | 0.1670 | 0.1014* |
| 损失 | 0.6565 | 0.1433*** | | | 0.6841 | 0.1472*** |
| 工作地点 | 0.5287 | 0.2325** | | | 0.6606 | 0.2344*** |
| 能源消费 | 0.1543 | 0.0542*** | | | 0.1582 | 0.0569*** |
| 常数 | −0.0218 | 0.2889 | | | −0.3247 | 0.2795 |
| $\rho$ | −0.6843 | 0.3342 | | | | |
| Log likelihood | −819.6608 | | −403.2343 | | −418.0066 | |

注：***、**和*分别挖个洞 0.01、0.05 和 0.1 水平上的显著性。

从 Bivariate 样本选择模型和 Probit 模型的结果来看，家庭年收入对 WTP 的影响为正，其回归系数在 Bivariate 样本选择模型中为 0.1638，在 Probit 回归模型中为 0.1643。这说明，家庭年收入越高的受访者在治理雾霾方面愿意支付更多费用。因为低收入者更多指望政府承担雾霾治理责任，因此更可能表现出抵抗情绪。此外，如果一个人对政府工作缺乏信心，那么会比其他人更可能拥有抵抗情绪，并不愿意为政府工作支付额外费用。回归结果还显示，受访者的工作地点和生活范围正向影响其做出抵触性回答的概率。具体表现为，那些主要工作地点在室内且生活圈比一般人广泛的受访者，更愿意为发展清洁能源支付高昂电价。同时，人们并不愿意承担与自己无关地区的大气治理成本。如果受访者认为受雾霾影响的地区不在自己所居住城市的附近，他们更可能对清洁能源带来的额外电价做出抵触行为。性别这一因素对人们是否会出现抵抗情绪没有显著影响。Probit 回归模型和 Bivariate 样本选择模型的估计结果几乎一致，说明各个变量对民众治理雾霾的支付意愿的影响方向和程度的估计结果相对合理、可靠性高。

诱导过程的结果显示，受教育程度对 WTP 有显著正向影响。受访者的教育水平越高，其越愿意为大气污染治理承担更多成本。此外，价格的初始设定对 WTP 存在负向影响，其回归系数在 Bivariate 样本选择模型中为−0.0138，在 Truncated 回归模型中为−0.416。也就是说，调研人员开始给出的标杆价格越高，受访者为控制雾霾的支付意愿为正的概率就越小。此外，来自于大气污染严重地区的人们，更支持治理措施的落实。这说明“地区”因素很大程度上影响着 NIMBY 态度。对于“损失”这一变量，从回归结果可看出，雾霾带来的损失越大，人们的支付意愿也越大。人们愿意为改善大气污染承担更多的成本，以期待未来良好的空气质量。同时，人们的支付意愿还受家庭能源消费这一因素影响。家庭能源消费的回归系数，在 Bivariate 样本选择模型中为 0.1543，在 Truncated 回归模型中为 0.1582。事实上，人们消费越多能源，其保护大气质量的愿望就越强烈。

Bivariate 样本选择模型给出相关系数 $\rho$ 的估计值，如表 6-13 所示。该相关系数可以检测出包括抵触性回答在内导致的选择性误差。抵抗者和非抵抗者有很多不同特征，其体现在家庭收入、对政府的信心和生活范围等方面。样本偏差的存在会影响估计结果的正确性。$\rho$ 值为−0.7，显示为强相关性，说明样本选择的偏差不能被忽略。因此，Bivariate 样本选择模型有其存在的必要。$\rho$ 值为负，说明在不考虑选择性偏差情况下，去除抵触性回答的 WTP 会被低估。

Bivariate 样本选择模型和 Truncated 回归模型估计的平均 WTP 值如

表 6-14 所示。

表 6-14　治理雾霾的平均支付意愿结果预测　(单位：元)

| | 平均 WTP | 95%的置信区间[①] |
|---|---|---|
| Bivariate 样本选择模型 | 1590.36 | [1336.78，1843.93] |
| Truncated 回归模型 | 1458.06 | [1259.51，1656.60] |

Bivariate 样本选择模型考虑到样本中的每个个体，得到民众为治理雾霾的年平均支付意愿为 1590.36 元。相比较之下，没有考虑选择性偏差时，年平均支付意愿仅为 1458.06 元。显然，由存在抵触性回答所引发的选择性偏差会影响研究人员对民众治理雾霾支付意愿的估计。回归结果显示，$\rho$ 值为负，Truncated 回归模型在估计时剔除了抵触性回答，故而 Bivariate 样本选择模型的平均支付意愿估计结果比 Truncated 回归模型高。因此，研究人员最终对民众治理雾霾支付意愿进行估计时，有必要对选择性偏差进行纠正。

研究结果还显示，受访者改善大气污染的平均支付意愿接近家庭年平均收入的 1.02%，图 6-5 展示了 WTP 的分布情况。

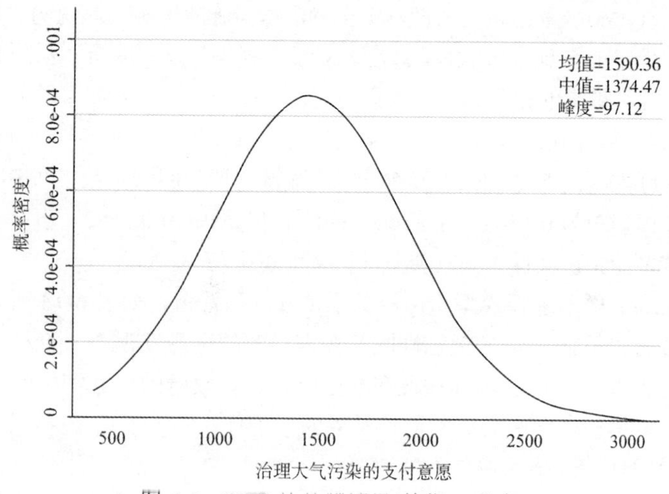


图 6-5　WTP 的预测结果(单位：元/年)

① 此数据采用 Cameron(1991)的分析方法计算得出。

根据图 6-5，WTP 呈现右偏趋势。也就是说，大部分的受访者治理雾霾支付意愿在平均支付意愿以下，不到一半的受访者支付意愿超过平均水平。关于右偏的原因，本研究认为主要有三点：第一点，干净的空气是完全的公共物品，具有非竞争性和非排他性，会导致“搭便车”行为。即使最完善的调研也无法完全避免这一问题。因为有些人期望自己不支付任何费用，而在他人付费改善空气质量后，自己也可以从中得到好处，所以这些人不愿意为改善空气质量承担成本。第二点，很多受访者认为政府和污染者有义务改善空气质量，而不认为自己应当负有同样责任。第三点，NIMBY 态度的存在，使民众支付意愿下降。由于并不是所有的受访者都居住在高污染地区，那些居住在空气质量较好地区的人们不太愿意承担改善其他地区空气质量的责任。针对这三种影响因素，下文将展开具体讨论。

“不在我家后院”(NIMBY)态度作为政策制定时应着重考虑的因素之一，吸引了越来越多的学者关注。此次调研，根据受访者的居住地与污染源的关系将人群分成两组，第 1 组受访者居住地为污染源所在地，第 1′组受访者居住地的污染来自其他地区，污染源并不在生活区域。两组人群治理雾霾的支付意愿如图 6-6 和图 6-7 所示。

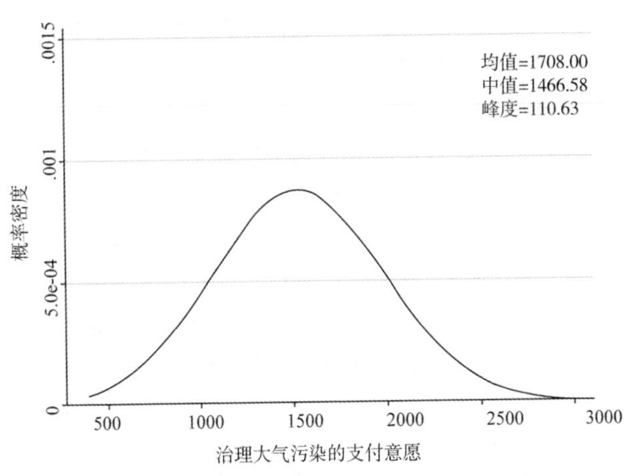


图 6-6 第 1 组 WTP 的预测结果(单位：元/年)

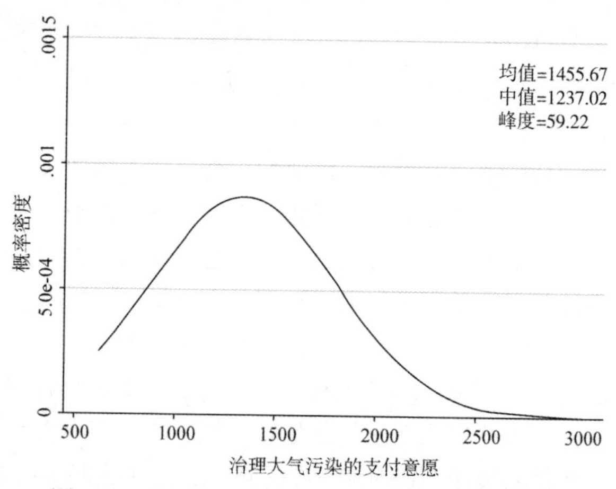


图 6-7　第 1'组 WTP 的预测结果(单位：元/年)

研究结果显示，第 1 组受访者治理大气污染的支付意愿的平均值和中位数比第 1′组受访者的高。这意味着，生活在有污染源地区的人更支持政府进行空气污染治理，并愿意承担空气污染治理成本，有更高支付意愿。与此同时，第 1 组受访者的支付意愿的峰度系数比第 1′组受访者的大，即第 1 组数据系列比第 1'组数据系列的极端值多。这体现为其存在明显的“肥尾”，且各数据分布较为离散。上述分析说明，不同地区人们的 NIMBY 态度是不同的。因此，政策制定者在进行决策时要充分考虑不同地区人民对空气污染治理的不同态度，即如果人们所在城市是一个大型的空气污染源，则其将比其他地区人们更愿意承担大气污染的治理成本。

通常情况下，民众的能源消费支出数量能够反映其对能源信心的强弱。可以说，拥有更多家用电器和轿车的家庭比其他家庭在能源上花费更大，同时也享有更高生活质量。这些家庭更支持家用电器和轿车的普及，也更支持能源的使用，因此更可能直接产生大量空气污染物。居民需合理权衡能源消费造成的大气污染和追求生活质量这两者间的利弊，因此，探究居民家庭能源消费和雾霾治理的支付意愿间的关系就显得尤为重要。调研数据表明，受访者年均家庭能源消费额为 11000 元。基于此，研究人员将 CPPAQ 中的受访者分成两组，第 2 组受访者的年家庭能源消费额大于等于

11000 元，第 2′组受访者的年家庭能源消费额小于 11000 元，两组人群的支付意愿分布如图 6-8 和图 6-9 所示。

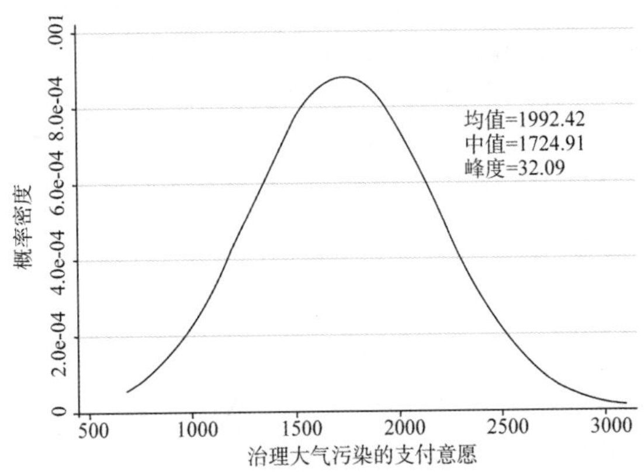


图 6-8　第 2 组 WTP 的预测结果(单位：元/年)

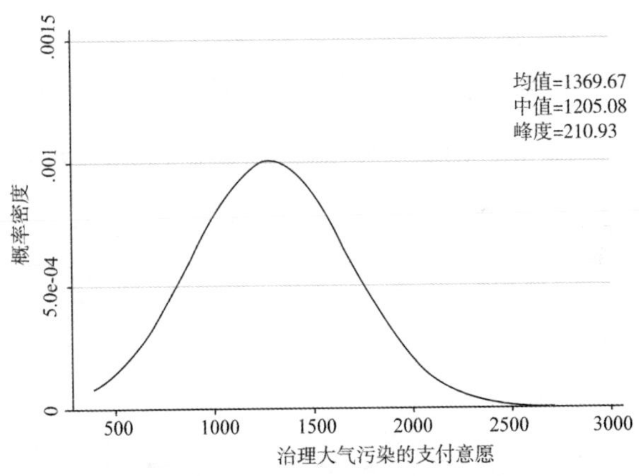


图 6-9　第 2′组 WTP 的预测结果(单位：元/年)

研究结果显示，第 2 组受访者治理大气污染的支付意愿的平均值和中位数比第 2′组受访者的高。这意味着，能源消耗较多的受访者比能源消耗较少的受访者更愿意承担大气污染治理的成本。因此，为治理大气污染，政策制定者应当制定分层能源价格机制，以获得潜在的财力资源。

雾霾造成的经济损失是一个会对民众支付意愿产生影响的、非常敏感的因素。经济损失体现在多个方面，如生活成本(购买空气净化器成本)的上升、医疗支出(由大气污染引起的疾病)的提高等。为深入探究雾霾造成的经济损失与民众治理雾霾的支付意愿间的关系，研究人员以是否遭受雾霾带来的经济损失为依据，将受访者分成两组，第 3 组受访者遭受雾霾带来的经济损失，而第 3′组受访者没有遭受这一损失。两组人群的支付意愿分布如图 6-10 和图 6-11 所示。

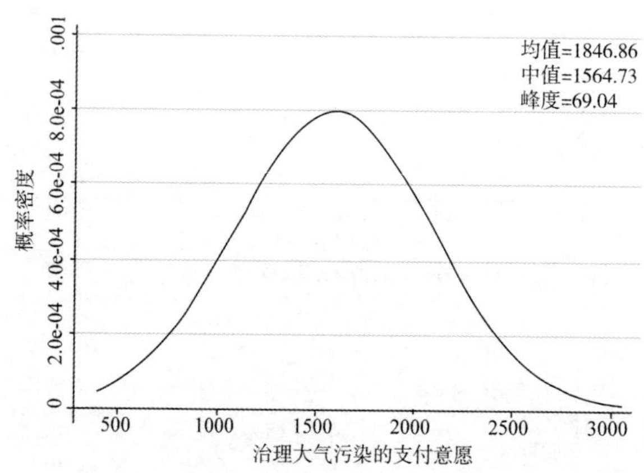


图 6-10　第 3 组 WTP 的预测结果(单位：元/年)

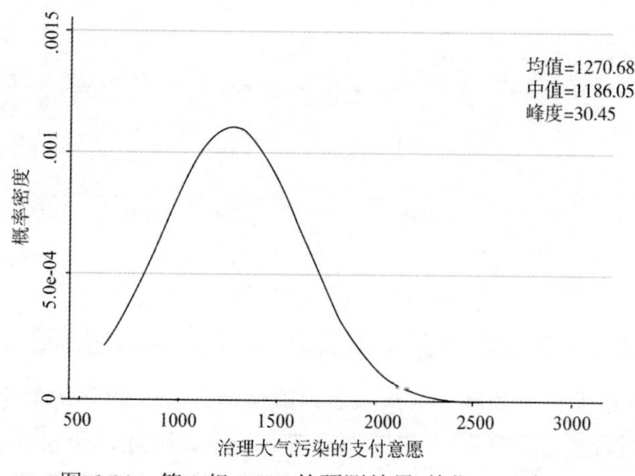


图 6-11　第 3′组 WTP 的预测结果(单位：元/年)

结果显示，第3组受访者的支付意愿的平均值比第3'组受访者高45.5%。因此，面对不同人群差异如此巨大的支付意愿，政府应考虑采取一些措施来补偿在大气污染中遭受损失的居民。毫无疑问，这些措施将有利于实现社会公平和加强政府公信度。

## 三、对比比较

第一轮调查研究，采用 Probit 回归模型评估受访者具有非零支付意愿的概率，同时采用区间回归模型评估非零支付意愿受访者的具体支付意愿。第二轮调查，研究人员在之前研究成果的基础上，首先沿用 Probit 回归模型估计受访者具有非零支付意愿和抵触性回答的概率，然后增加 Bivariate 样本选择模型以检验和修正可能存在的样本选择误差，最后采用 Truncated 回归模型从替补样本和非抵触性回答中得到支付意愿的估计结果。从两轮研究的结果来看，不同影响因素对公众支付意愿的影响方向和程度大体一致。

不同模型对影响公众支付意愿的独立变量的回归结果大同小异。两次研究结果显示，高家庭年均收入、对政府工作拥有信心、生活在重污染地区、有良好的教育背景、对雾霾有良好的认知等因素会提升民众保护大气环境的意识，使其更愿意为改善空气质量承担更多治理成本。2014 年针对调研数据进行对比的研究，更进一步讨论了“NIMBY 效应”“家庭能源支出”“雾霾造成的经济损失”三个因素对公众支付意愿的影响。研究结果显示，来自污染地区的民众比来自非污染地区的民众有更高支付意愿，且受访者支付意愿范围更广、极端值数量更多。此外，不同能源消费水平对 WTP 有着明显影响，能源消耗较多的受访者比能源消耗较少的受访者更愿意承担治理大气污染成本。是否遭受雾霾带来的经济损失的对比研究发现，在雾霾中遭受损失的受访者的 WTP 比没有遭受损失的高 45.5%。总体而言，基于第一轮的研究，第二轮的研究进一步完善了可能对民众的支付意愿产生影响的因素分析，对比探究了容易被忽视却十分重要的三大因素对民众 WTP 的影响，从而使研究结果更科学、更具政策指导性。

两次调研数据的模型分析结果中，WTP 估计值基本吻合。第一轮调研对受访者年 WTP 的预测结果为 414.10 元/人。结合样本的平均家庭规模可知，此调研中受访者治理雾霾的家庭支付意愿的平均值约为 1489 元/年。第二轮调研中，家庭支付意愿的平均值则约为 1590 元/年。相比第一轮调研，第二轮调研所选择的样本，拥有更高的平均家庭年收入和教育水平，且对政府治理工作更有信心。因此，第二轮调研中公众治理雾霾的 WTP 的估计结果稍大，约高 6.7%。

## 第四节　结论与政策建议

大气污染问题已经成为公众关注的焦点，各种治理措施的落实更加刻不容缓。2017 年 3 月两会期间，李克强总理提到：国家将为雾霾治理设立专项基金，不惜重金组织最优秀的相关科学家攻关，抓紧把雾霾形成的未知因素找出来，使国家治理雾霾更加有效。雾霾治理旨在改善空气质量，提升人们的生活幸福指数，而这一目标的实现不仅需要政府指导下的政策文件的制定，还需要广大民众在政策落实过程中积极参与、共同努力。政府在加强监管监测力度的同时，可以将雾霾治理责任逐步落实到个人。因为个人行为对大气污染形成有推波助澜的作用，所以公众在雾霾治理过程中应该承担自己的责任。只有广大民众对政府的大气污染治理措施形成高度认同感，并积极采取行动落实相关治理工作，这些政策、措施才可以产生预期的效果，发挥应有作用。本章针对民众治理大气污染的支付意愿及其影响因素进行深入探究，主要结论如下：

(1) 家庭年收入是影响 WTP 的最关键因素。数据显示，家庭年收入高的受访者拥有更高支付意愿，更愿意为改善空气质量尽自己一份力量。然而，随着收入增长，WTP 的增加量却逐渐减少。这一现象说明，中国经济正从传统模式向市场化转变，人们在拥有更高可支配收入的同时，也追求越来越高的空气质量。

(2) 政府在选择首批雾霾治理试点区域时，优先考虑经济相对发达地区是合理的。政府的大气污染治理工作首先在京津冀、长三角和珠三角这三个经济较优发达地区，而非污染最严重的地区展开，是因为充分考虑到经济发达地区民众治理雾霾的支付意愿远高于经济落后地区。发达地区拥有更

强的经济基础，能够承担高昂的雾霾治理成本，同时拥有更高的支付意愿。

(3) 政策制定过程中，政府应充分考虑公众态度这一重要因素。未居住在污染源所在地的人民容易滋生“不在我家后院”情绪，而这一情绪会对民众为改善空气质量的支付意愿产生极大的消极影响。“家庭能源消费”是影响 WTP 的另一重要因素。研究结果显示，家庭能源消费更高的受访者，对政府的雾霾治理措施表现出更高的支持。此外，遭受雾霾带来的经济损失的民众，相比没有遭受损失的民众，平均支付意愿高 45.5%。

(4) 抵触性回答的出现，主要由于受访者缺乏治理雾霾的责任意识。拥有抵抗性情绪的受访者，大部分认为治理大气污染是政府的义务，与自己没有任何关系。政策落实过程中，人们对政府的信任是非常关键的因素，而相信政府的人自然更愿意为改善大气污染项目提供支持和帮助，因此政策的顺利落实需要提高政府可信度。此外，实证分析表明，更好地理解雾霾治理项目有利于增加民众对其的接受度。换言之，了解雾霾成因的民众相比不了解者，更愿意承担治理成本。

为提高民众对政府大气污染治理措施的支持，结合调研结果，笔者提出以下几点政策建议：

(1) 政策制定过程中，政府应充分考虑民众的接受度。政策制定者应着重关注有抵抗情绪的民众，了解抵抗情绪背后的原因。因此，制定雾霾治理政策前，社会调研是不可或缺的环节。在没有选择性偏差的情况下，通过衡量民众对雾霾治理政策的态度，政策制定者可以更好地了解民众的接受度，从而减少政策落实过程中的障碍，增强政策的可持续性(Zhang & Da，2015；李恒通 等，2017)。

(2) 政府应充分考虑地区性差异(Liu et al.，2015；张玲，2016)，避免在全国范围内使用同一雾霾治理政策。为确保相关政策的顺利实施，应首先在最发达地区，而非污染最严重的欠发达地区开展试点。此外，人们的 NIMBY 态度也值得关注。

(3) 中央政府应建立透明的机制，以改善雾霾天气。例如，可以通过媒体向民众传播相关知识，对民众的疑问进行解答。这一方面可以增强政府的可信度，另一方面也能够提高公众的环保意识，使其更愿意参与到政策落实中来。

(4) 对于石油产品、居民用电等，政府应执行阶梯价格，使用能大户承担更多的大气污染治理成本。政府还应建立补偿机制，以弥补由于雾霾而遭受损失的民众。这一措施既有利于社会公平，又能够提高得到补偿的民众对政府工作的支持度，从而更有利于大气污染治理活动的开展。

## 【参考文献】

[1] Adaman F，Karalı N，Kumbaroğlu G，et al. What determines urban households' willingness to pay for $CO_2$，emission reductions in Turkey: A contingent valuation survey[J]. Energy Policy，2011，39(2): 689-698.

[2] Cai C G. Application of contingent valuation method in valuing health gains from air quality improvement[J]. Research of Environmental Sciences，2007.

[3] Calia P，Strazzera E. Sample selection model for protest votes in contingent valuation analyses[J]. 1999，Anno LXI(3): 473-485.

[4] Chalak A，Hecht J，Reid S，et al. Willingness-to-pay for greenhouse gas reductions: A Bayesian investigation of distributional patterns[J]. Environmental Science & Policy，2012，s 19–20(5): 147-157.

[5] Chen C，Chen B，Wang B，et al. Low-carbon energy policy and ambient air pollution in Shanghai，China: A health-based economic assessment[J]. Science of the Total Environment，2007，373(1): 13.

[6] Chen Y，Ebenstein A，Greenstone M，et al. Evidence on the impact of sustained exposure to air pollution on life expectancy from China's Huai River policy[J]. Proceedings of the National Academy of Sciences of the United States of America，2013，110(32): 12936-12941.

[7] Chien Y L，Huang C J，Shaw D. A general model of starting point bias in double-bounded dichotomous contingent valuation surveys[C]//Institute of Economics，Academia Sinica，Taipei，Taiwan，2005: 362-377.

[8] Hines J M，Hungerford H R，Tomera A N. Analysis and synthesis of research on responsible environmental behavior: A meta-analysis.[J]. The Journal of Environmental Education，1984，18(2): 1-8.

[9] Huang D，Xu J，Zhang S. Valuing the health risks of particulate air pollution in the Pearl River Delta，China[J]. Environmental Science & Policy，2012，15(1): 38-47.

[10] Kraeusel J，Möst D. Carbon Capture and Storage on its way to large-scale deployment: Social acceptance and willingness to pay in Germany[J]. Energy Policy，2012，49(1): 642–651.

[11] Li J，Guttikunda S K，Carmichael G R，et al. Quantifying the human health benefits of curbing air pollution in Shanghai[J]. Journal of Environmental Management，2004，70(1): 49-62.

[12] Liu K，Zou T，Yin L，et al. Review on health effects of haze events or haze days in China[J]. Journal of Environmental Hygiene，2016.

[13] Liu L C，Wu G，Zhang Y J. Investigating the residential energy consumption behaviors in Beijing: A survey study[J]. Natural Hazards，2015，75(1): 243-263.

[14] Lu J L，Zhang Y S. Exploring airline passengers' willingness to pay for carbon offsets[J]. Transportation Research Part D Transport & Environment，2012，17(2): 124-128.

[15] Ouyang X，Lin B. Levelized cost of electricity (LCOE) of renewable energies and required subsidies in China[J]. Energy Policy，2014，70(7): 64-73.

[16] Peng XZ，Tian WH. Study on willingness to pay about air pollution on economic loss in Shanghai. World Econ[J]. Forum 3，32e44，2003 (in Chinese).

[17] Roeland Cornelis Jansen，Shi Yang，Chen Jianmin et al. Using hourly measurements to explore the role of secondary inorganic aerosol in PM2.5 during haze and fog in Hangzhou，China[J]. Advanced in Atmospheric Sciences，2014，31(6): 1427-1434.

[18] Sun C，Yuan X，Xu M. The public perceptions and willingness to pay: From the perspective of the smog crisis in China[J]. Journal of Cleaner Production，2015，112: 1635-1644.

[19] Sun C，Yuan X，Yao X. Social acceptance towards the air pollution in China: Evidence from public's willingness to pay for smog mitigation[J]. Energy Policy，2016，92: 313-324.

[20] Sun W Z，Wang Y，Tang X Z，et al. Effects of haze and fog on health of population: Current situation and suggestions[J]. Chinese Journal of Public Health Management，2016.

[21] Tushabe H，Kalema J，Byaruhanga A，et al. The economic value of air-pollution-related health risks in China [J]. Environmental and Resource Economics2006，33(3): 399-423.

[22] Wang H，Mullahy J. Willingness to pay for reducing fatal risk by improving air quality: A contingent valuation study in Chongqing，China[J]. Science of the Total Environment，2006，367(1): 50-57.

[23] Wang X J，Zhang W，Li Y，et al. Air quality improvement estimation and assessment using contingent valuation method，a case study in Beijing[J]. Environmental Monitoring & Assessment，2006，120(1-3): 153-168.

[24] Wang X，Mauzerall D L. Evaluating impacts of air pollution in China on public health: Implications for future air pollution and energy policies[J]. Atmospheric Environment，2006，40(9): 1706-1721.

[25] Wei Y M，Liu L C，Fan Y，et al. The impact of lifestyle on energy use and $CO_2$ emission: An empirical analysis of China's residents[J]. Energy Policy，2007，35(1): 247-257.

[26] Yan W，Zhang Y S. Air quality assessment by contingent valuation in Ji'nan，China.[J]. Journal of Environmental Management，2009，90(2): 1022.

[27] Zhang Q，Crooks R. Toward an environmentally sustainable future : Country environmental analysis of the People's Republic of China[M]. Asian Development Bank，2012.

[28] Zhang R，Jing J，Tao J，et al. Chemical characterization and source apportionment of PM2.5 in Beijing: Seasonal perspective[J]. Atmospheric Chemistry & Physics，2013，13(4): 9953-10007.

[29] Zhang Y J，Da Y B. The decomposition of energy-related carbon emission and its decoupling with economic growth in China[J]. Renewable & Sustainable Energy Reviews，2015，41: 1255-1266.

[30] Zhang Y J, Liu Z, Zhang H, et al. The impact of economic growth, industrial structure and urbanization on carbon emission intensity in China[J]. Natural Hazards, 2014, 73(2): 579-595.

[31] 艾小青，陈连磊，朱丽南. 空气污染排放与经济增长的关系研究——基于中国省际面板数据的空间计量模型[J]. 华东经济管理，2017，31(3)：69-76.

[32] 曹国良，张小曳，王丹，郑方成. 中国大陆生物质燃烧排放的污染物清单[J].中国环境科学，2005，25(4)：389-393.

[33] 戴丽. 散煤污染治理“路明”“力坚”[J]. 节能与环保，2016(9)：28-29.

[34] 冬雪. 洛杉矶治理雾霾的艰难历程[J]. 百科知识，2013(5)：35-38.

[35] 凤凰财经.世界卫生组织：室外和室内空气污染造成巨大社会代价[EB/OL]. (2016-05-28)[2017-11-30]. http://finance.ifeng.com/a/20160528/14435158_0.shtml.

[36] 高娜. 环境污染的社会讲述——以日本四日市市大气污染为例?[J]. 南京工业大学学报(社会科学版)，2015(1)：64-73.

[37] 国际在线.李克强：中国是世界第二大经济体是实实在在的发展中国家[EB/OL]. (2015-03-15)[2017-12-02]. http://news.cri.cn/gb/42071/2015/03/15/5951s4902404.htm.

[38] 郭施宏，高明，吴雪萍. 经济发展、城市扩张与空气污染[J]. 财经问题研究，2017(9)：114-122.

[39] 韩志明，刘璎. 京津冀地区公民参与雾霾治理的现状与对策[J]. 天津行政学院学报，2016，18(5)：33-39

[40] 韩志明，刘璎. 雾霾治理中的公民参与困境及其对策[J]，闽江学刊，2015，7(2)：52-58.

[41]胡彬，陈瑞，徐建勋，等. 雾霾超细颗粒物的健康效应[J]. 科学通报，2015(30)：2808-2823.

[42] 雷宇，宁淼，孙亚梅. 建立大气治理长效机制留住“APEC 蓝”[J]. 环境保护，2014，42(24)：36-39.

[43] 李恒通，许旖旎，邓雅琴，等. 群众对雾霾影响以及对政府治理雾霾举措的认知[J]. 信息记录材料，2017，18(7)：165-167.

[44] 刘澎. 空气污染对呼吸系统疾病急诊量的影响以及居民的支付意愿研究[D]. 济南：山东大学，2016.

[45] 马晓华. 绕不过的霾源：劣质煤和油[J]. 化工管理，2017(4)：48-48.

[46] 梅雪芹，徐畅.“雾气何能致人于死”——1930 年比利时马斯河谷烟雾成灾问题探究[J].社会科学战线，2014(12)：61-70.

[47] PM2.5 指标列入国家环境空气质量标准[N/OL].中国青年报，2012-03-01 [2017-12-02]. http://zqb.cyol.com/html/2012-03/01/nw.D110000zgqnb_20120301_ 1-01.htm.

[49] 世界卫生组织. 环境(室外)空气质量和健康[EB/OL]. (2016-09)[2017-11-30] http://www.who.int/mediacentre/factsheets/fs313/zh/.

[50] 世界卫生组织：雾霾是一级致癌物[EB/OL].(2015-11-17)[2017-12-03]. http://green.sina.com.cn/roll/2015-11-17/doc-ifxksqiu1644280.shtml.

[51] 孙乐，王绍伟. 城市生态环境治理中的公众参与研究[J]. 环境与发展，2013(9)：78-79.

[52] 王德生. 欧美日发达国家治理雾霾的经验和启示[J]. 电力与能源，2014，35(2)：127-130.

[53] 王军民. 疗养因子结合中医辩证治疗雾霾对人体健康的损害[J]. 中国卫生标准管理，2016，7(15)：126-128.

[54] 王淑兰，柴发合，高健. 我国中长期 PM2.5 污染控制战略及对策[J]. 环境与可持续发展，2013，38(4)：10-13.

[55] 雾霾 11 年前就来到了中国，为什么我们 6 年前才知道它？[EB/OL]. (2015-12-19)[2017-12-02]. http://www.360doc.com/content/15/1229/09/27427779_523861206.shtml.

[56] 薛文博，武卫玲，付飞，等. 中国煤炭消费对 PM2.5 污染的影响研究[J]. 中国环境管理，2016，8(2)：94-98.

[57] 杨静慧，季婷婷，张般般，等. 冬季雾霾对常绿植物净光合速率与蒸腾速率的影响[J]. 天津农林科技，2017(5)：1-3.

[58] 杨克敌. 环境卫生学[M]. 5 版. 北京：人民卫生出版社，2003：61.

[59] 张宝钰.外媒：2013 雾霾“攻陷”中国[N/OL].青年参考，2014-01-01 [2017-12-02]. http://qnck.cyol.com/html/2014-01/01/nw.D110000qnck_20140101_1-28.htm.

[60] 张达明. 1952 年的“伦敦烟雾事件”[J]. 学习博览，2013(6)：36-37.

[61] 张玲. 我国雾霾治理中的政府责任问题研究[D]. 哈尔滨：黑龙江大学，

2016.

[62] 张庸. 1948 年美国多诺拉烟雾事件[J]. 环境导报，2003(20)：31-31.

[63] 张子娇. 人民网 2013 年“雾霾”报道研究[D]. 沈阳：辽宁大学，2014.

[64] 中国科学报. 雾霾的国际视角：工业化进程是背后推手. [EB/OL].(2014-03-07)[2017-12-20]. http://www.goootech. com/topics/72010183/detail-10223536. html.

[65] 中国气象局. 霾的观测和预报等级[S]. 北京：气象出版社，QX/T113-2010.2010.

[66] 周甜，闫才青，李小滢，等. 华北平原城乡夏季 PM2.5 组成特征及来源研究[J]. 中国环境科学，2017，37(9)：3227-3236.

[67] 专家详解 PM2.5 危害[EB/OL].(2011-12-07)[2017-12-03]. http://health.sina.com.cn/d/2011-12-07/143923591816.shtml.

[68] 朱茜. 雾霾与空气污染 究竟谁“捧杀”了谁?——解读《北京市空气重污染应急预案》[EB/OL].(2013-11-01)[2017-12-02]. http://news.weather.com.cn/ 2013/11/1996805_5.shtml

# 第七章

# 居民能源消费的阿特金森指数研究

## 第一节　居民能源消费分布的公平性问题

能源是人类活动的物质基础。在某种意义上讲，人类社会的进步离不开能源的出现以及能源技术的利用。当今世界，无论是有关能源的可持续发展问题，还是能源所带来的环境问题，都引起全人类对能源相关问题的密切关注。在此背景下，能源消费分布不公平的现象也日益受到学者们重视。

能源消费指人们在生产和生活中消耗的能源。目前，中国主要的能源消费包括工业能源消费、居民能源消费和其他能源消费等。其中，居民能源消费作为中国第二大类能源消费，约占能源总消费的 10%。居民能源消费特指以家庭为单位的居民在日常生活中所消耗的能源，其中包括用于取暖、降温、炊事、照明、出行等方面的能源消费，这部分能源消费会对居民的生活质量产生直接的影响。然而，现阶段中国居民能源消费现状却不容乐观。《中国家庭能源消费研究报告(2016)》显示，中国家庭能源消费在国际上处于较低水平，仅为美国的 1/3、英国的 1/2。中国作为世界上最大的发展中国家，能源贫困问题不容忽视。在结构上，随城镇化进程的不断加深与居民收入水平的提高，中国家庭出现“有电用不起”与“用电浪费”并存的现象，由于居民能源消费不平衡而产生的“穷人补贴富人”问题也愈发明显。表 7-1 所示为中国无电村无电户的基本情况。

表 7-1　全国无电村无电户基本情况

| 调查者 | 年份 | 调查范围 | 无电县 | 无电乡镇 | 无电村 | 其中：行政村 | 其中：自然村 | 无电家庭 |
|---|---|---|---|---|---|---|---|---|
| 美国劳伦斯伯克利国家实验室中国能源研究室 | 2005 | 全国 | 1 | 761 | 29242 | 16889 | 11592 | 714.18 万户 |
| 国家电监会 | 2007 | 国家电网 | | | | 1694 | | 25 万户 |
| | 2008 | 南方电网 | | | | 37 | | 23.28 万户 |
| | 2007 | 内蒙古 | | | | | | 7.1 万户 |
| 国家电监会 | 2007 | 山西 | | | 374 | | | 2.1 万户 |
| | 2007 | 陕西 | | | 573 | | | 2.9 万户 |
| | 2007 | 新疆 | | | | | | 1.0 万户 |
| | 2007 | 湖南 | | | 123 | | | 0.5 万户 |
| | 2007 | 四川 | | | 1983 | | | 36.99 万户 |
| | 2007 | 广西 | | | 824 | | | 2.9 万户 |
| | 2012 | 全国 | | 256 | 3817 | | | 93.6 万户 |

数据来源：LBL，China Energy Databook V8.0；国家电力监管委员会供电监管部；全国无电村无电户基本情况调查，2009 年；中国能源报，“多能”互补解决无电人口用电，2012 年。

能源贫困是贫困的重要内容，并且将导致持续的贫困。国际能源署(IEA)将能源贫困的定义为“主要依靠传统生物质能和无法获得必需能源服务”，能源贫困是能源消费分布的绝对不公平。实际上，能源贫困现象在全球范围内存在，根据国际能源署的调研，2009 年，全球有 26.8 亿人没有现代能源，2014 年有 10.6 亿人没有电力，中国能源发展在 75 个发展中国家里排名第 34 位，在发展中国家中处于中等水平，中国的能源贫困问题仍然严重。目前中国经济社会正处于转型的关键时期，中国的城市化进程也在不断加快。在这个过程中，越来越多的人涌入城市。从 2010 到 2025 年间，预计将有三亿人从农村转移到城市，几乎和美国人口总数相当。本身有限的自然资源在庞大的人口压力下已显匮乏，还要尽量确保在城镇化进程中满足不断增长的城镇居民能源消费，这对如何规划居民能源消费分布格局，制定较为公平的能源政策提出了挑战。

能源不仅应可以被获得，还应该以中低收入者可负担的成本被获得。例如居民能源消费中最为重要的电力是现代社会必不可少的能源，一系列现代化的生产和生活方式都离不开电力的使用。正因如此，电力行业被归入公用事业的范畴，政府有义务以较低的价格满足民众对于能源的基本需求，实现居民能源消费的相对公平。伴随着不断加快的城市化进程的另一个问题就是居民收入差距的扩大。在现行能源价格水平下，这样的变化带来最直接的影响就是居民间能源消费差距不断扩大。然而几乎所有的人类活动都需要消耗能源。既然能源消费是基本的需求，显然每个人都应当能够得到它。考虑到公共产品的本质，无论贫穷还是富有，每个人都有权利得到并使用能源来维持自己的生活，政府应将其平等分配。换言之，政府应当向家庭和企业提供尽可能便宜的能源，包括采取补贴的方式。既然能源消费补贴不可避免，那么补贴的设计就很重要。

和其他发展中国家一样，中国中央政府对公共事业产品进行补贴，对能源的补贴也不例外。在当前实行的能源价格补贴下，能源价格虽然变得相对低廉且比较稳定，但也可能导致一个与制度设计之初衷相违背的结果：消费越多产品的人会得到更多的补贴。由于家庭间显著的收入差距，高收入家庭可以按照他们的预期在一个相对较低的价格水平下增加他们的能源消费量，低收入家庭如果想要达到相同的能源消费水平不得不用他们收入的大部分来为能源消费支出。因此，一个固定的低价格能源对不同收入水平的人群来说不是一个公平的价格政策，甚至会扭曲能源分配的公平性。虽然政府依靠能源补贴人为地控制能源的价格，使能源的价格低于它的市场价，但是却也使能源价格没有办法依据供给和需求的变化做出调整，这意味着价格丧失了最重要的作为反映市场供需状态的作用。对富裕的家庭或地区来说，相对低廉的价格以及能源可持续性所造成的负效应会带来过度的能源消费需求，因此他们会倾向于过度地使用能源。然而对那些相对贫困的家庭或地区来说，补贴后的价格依然没有低到足以使其满足自己的全部消费需求，因此其为了节约支出将选择消费较少的产品。这不仅加剧了能源消费的不公平性，还导致公共事业产品的过度消费与浪费。在当前中国能源利用效率偏低的国情下，这样的结果使我们离节约能源和能源可持续发展的目标越来越远。

能源分配的不平等性在不同收入的人群中显著存在。例如，就交通工具和电动设备的能源支出而言，与高收入家庭相比，低收入家庭能源消费的占比小且增长率低。中国统计年鉴数据显示，2012 年最低收入家庭交通和通信的平均支出是最高收入家庭的 1/13，只有 96.76 美元，远远低于全国的平均水平(394.14 美元)。从 2003 年到 2012 年，最低收入家庭的年交通支出仅从 25.30 美元上升到 96.76 美元，然而 71.46 美元的增幅与最高收入家庭 1001.36 美元的增幅相比，悬殊立现。其他主要的耐用消费品(手机、空调、洗衣机、冰箱等)也能够影响一个家庭的能源消费量。低收入家庭耐用消费品的拥有率同样远远低于高收入家庭。是否拥有这些生活设施一定程度上决定着一个家庭的生活质量，也反映着他们的能源消费行为。不同收入家庭间这样的差距也提醒我们要采取措施满足低收入家庭最基本的生活需求，保证他们可以平等使用能源，并鼓励高收入家庭更有效率地使用能源。

尽管能源补贴让所有家庭，尤其是低收入家庭能够获得能源服务，但这个政策依然需要进一步调整，比如把高收入家庭从可获得补贴的范围中除去，因为他们有能力承担更高的原本的能源价格。如若按照现行政策，一方面高收入的家庭或地区倾向于过度消费能源，缺少改变现有能源利用效率，向集约化生产转变的动力；另一方面低收入家庭或地区难以获得满足自身发展所需求的能源，生活水平得不到显著提高，经济发展迟缓甚至停滞，与发达地区的差距进一步扩大。

中国的能源问题从根本来讲是分配不公的问题。在能源分配方面，以色列的做法值得我们研究思考。60%国土都是沙漠的以色列却从不会感觉缺水，这与其在分配上的公平密切相关。在以色列执行的“公民用水计划”中，对于计划内的用水，国家不收取费用，只收超过计划的部分。然而超过计划的水量也有限度，达到限度则不再进行配给。这就解决了最基本的公平问题，其他问题也随之迎刃而解。对于一个有着如此庞大人口却拥有有限资源的发展中国家的政府来说，当务之急是制定兼顾效率公平的能源分配政策，实施更为有效的能源改革，并且制定一套更优的价格机制，确保居民能源消费的公平性。

能源分配的不平等不仅会造成能源使用的低效率，还会导致能源浪费。因此，研究居民能源消费分配的公平性问题，并在此基础上提出相关的政策建议，对于维护居民能源消费的平等权具有重要意义。显然，研究讨论居民能源消费分布的公平性这一问题已迫在眉睫，这必然要求研究者衡量目前能源分配的不平等状态并且为能源改革提出建设性意见，同时也为中国在其他公共福利等方面的进一步改革作出指导和示范的作用。

本章第二节中，笔者将解释如何衡量能源分配的公平性，并分析和讨论政策的设计与改革方法，以及如何引入新的能源价格政策。笔者根据已有的微观数据，测量研究现行的能源分配政策，使用将社会收益考虑在内的阿特金森指数，测度公平和效率之间的交易关系，并对现存的能源策略提供一些新的看法与观点。笔者还从地域视角讨论中国的东部、中部、西部能源消费分布的现状，便于读者理解不同地域环境下能源分配的差异和特点。考虑到在即将到来的改革中，能源价格会有所上调，本节分别建立两个长期电力支出和交通支出的场景。这两个场景从居民能源分配的公平与效率角度来衡量能源政策改革后能源分配公平性的提高程度，从而研究能源改革带来的影响。

本章第三节主要包含三个部分。第一，基于 2013 年 7 月在全国范围内对不同规模的城市进行的中国居民能源消费调查数据，探索中国公共事业产品分配的公平程度。此次能源消费调查主要关注不同类型的家庭对公共事业产品的使用情况，例如不同收入的家庭在电力、天然气、水等方面的支出上的不同。第二，通过运用阿特金森指数，对公共事业产品的分配进行定量分析，并计算中国居民家庭收入以及对公共事业产品的不平等支出。第三，考虑到中国城市化进程，对比不同规模城市的阿特金森指数，并且以此为据，对可持续发展提出可行的政策建议。

# 第二节　不同区域城市间能源消费的阿特金森指数

在不同的区域环境和人口规模中，家庭使用能源的行为习惯存在差异。为阐释中国居民能源消费在地理范围上的差异，研究不同区域城市间家庭的能源消费行为，笔者随机选取中国家庭能源消费调研(CRECS)中的 1077 个家庭样本数据进行研究，图 7-1 和表 7-2 是对各区域所选样本的描述统计。

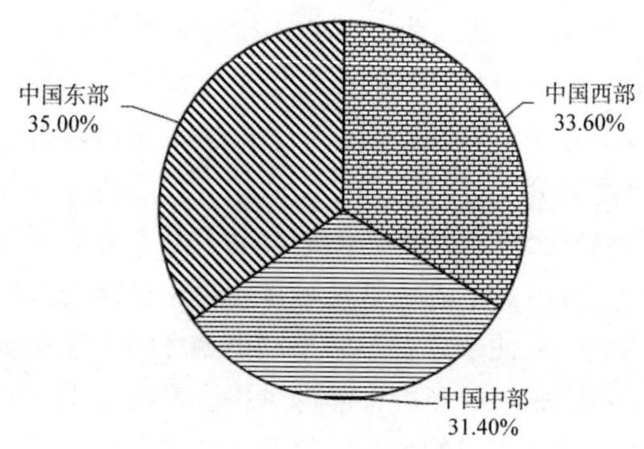


图 7-1　不同地区样本数量的占比情况

表 7-2　样本描述

| 区域 | 样本大小 | 样本比例 |
| --- | --- | --- |
| 中国西部 | 362 | 33.6% |
| 中国中部 | 338 | 31.4% |
| 中国东部 | 377 | 35.0% |
| 总和 | 1077 | 100% |

注：根据研究样本制作。

在中国家庭能源消费情况调查中，收集分析了每个家庭的收入水平与支出情况，这组数据能够让我们衡量不同地域人群的收入水平和消费行为的差异。为描述家庭的经济状况，将家庭收入分为如表 7-3 所示的四个等级。

表 7-3　样本描述不同区域间家庭年收入分布　　(单位：美元)

| 区域 | ＜10000 | 10000～15000 | 15000～20000 | ＞20000 |
|---|---|---|---|---|
| 中国西部 | 47.79% | 32.60% | 10.77% | 8.84% |
| 中国中部 | 32.54% | 35.80% | 15.68% | 15.98% |
| 中国东部 | 28.12% | 22.28% | 27.05% | 22.55% |
| 总和 | 36.12% | 29.99% | 18.01% | 15.88% |

注：根据研究样本制作。

调研数据显示，中国大多数家庭年收入小于 10000 美元或在 10000 至 15000 美元之间。在地区之间，中国东部高收入家庭占比和家庭年平均收入明显高于中部和西部。西部大多数家庭年收入小于 10000 美元，在低水平收入家庭行列。不同区域之间显著的家庭收入差距，必然会导致区域间家庭能源消费的差异。

笔者采用样本数据计算阿特金森指数，来衡量中国家庭能源消费的分布情况。阿特金森指数的值会随参数 $\varepsilon$ 的增大而增加，不同地区的家庭关于收入分配、电力分配及交通能源支出的计算结果如表 7-4、表 7-5、表 7-6 所示。

表 7-4　中国西部家庭的阿特金森指数

| $\varepsilon$ | 家庭收入 | 电力支出 | 交通能源支出 |
|---|---|---|---|
| 0.1 | 0.0121 | 0.0007 | 0.0107 |
| 0.5 | 0.0572 | 0.0033 | 0.0506 |
| 1 | 0.1061 | 0.0065 | 0.0938 |
| 1.2 | 0.1235 | 0.0077 | 0.1090 |
| 1.5 | 0.1473 | 0.0094 | 0.1297 |
| 2 | 0.1816 | 0.0122 | 0.1591 |

注：根据研究样本制作。

从表 7-4 中可以看出，在中国西部，如果参数 $\varepsilon$ 由 0.1 上升到 2，家庭收入分配的阿特金森指数由 0.0121 上升到 0.1816，电力支出分配的阿特金森指数由 0.0007 升至 0.0122，交通能源支出的阿特金森指数由 0.0107 跃升至 0.1591。

表 7-5　中国中部家庭的阿特金森指数

| ε | 家庭收入 | 电力支出 | 交通能源支出 |
|---|---|---|---|
| 0.1 | 0.0130 | 0.0042 | 0.0176 |
| 0.5 | 0.0633 | 0.0209 | 0.0845 |
| 1 | 0.1214 | 0.0413 | 0.1577 |
| 1.2 | 0.1428 | 0.0492 | 0.1831 |
| 1.5 | 0.1730 | 0.0608 | 0.2172 |
| 2 | 0.2177 | 0.0793 | 0.2637 |

注：根据研究样本制作。

观察表 7-6 可以发现，对于中国中部家庭来说，收入分配和电力分配呈现出明显的不公平性。收入分配的阿特金森指数在 0.0130～0.2177 的区间内变化，与中国西部相比公平性更低，家庭收入分配两极分化的情况较为突出。电力支出分配与交通能源支出部分同样显示出更低的公平性。

表 7-6　中国东部家庭的阿特金森指数

| ε | 家庭收入 | 电力支出 | 交通能源支出 |
|---|---|---|---|
| 0.1 | 0.0225 | 0.0028 | 0.0126 |
| 0.5 | 0.1083 | 0.0137 | 0.0620 |
| 1 | 0.2024 | 0.0272 | 0.1203 |
| 1.2 | 0.2356 | 0.0325 | 0.1420 |
| 1.5 | 0.2794 | 0.0404 | 0.1726 |
| 2 | 0.3400 | 0.0532 | 0.2177 |

注：根据研究样本制作。

表 7-6 显示，中国东部地区家庭收入的阿特金森指数变化程度最大，由此也可以看出东部地区家庭的收入不平等性最高，收入两极分化严重。然而相对家庭收入的不平等，电力支出分配和交通能源支出的不平等程度相对较低，分别在 0.0028～0.0532 的区间内和 0.0126～0.2177 的区间内变化。

分析表明，家庭收入分配和电力支出分配的阿特金森指数呈现正相关关系，这意味着家庭收入会影响家庭对于电力的消费。对于一个家庭来说，消费更多电力必然会提高他们的生活质量，这也促使他们在家庭收入水平提高后，通过增加对电力的消费来改善自己的生活质量。这个结论在任何地域范围内都是成立的。然而，政府也需要采取措施，防止人们过度用电，从而确保低收入家庭同样拥有平等的权利使用能源。基于不同的收入水平施行差别定价法，可以防止高收入家庭过度使用能源，从而提高能源使用的公平和效率。

对于中国不同的区域，电力支出分配的阿特金森指数小于家庭收入分配的阿特金森指数。将样本家庭按收入水平分组后，组间电力支出的差异比收入水平的差异要小得多。这意味着，第一，电力作为家庭日常生活的必需品，消费一定量的能源是维持家庭生活质量的基本要求，因此在不同的家庭收入组间，电力分配不会产生剧烈的变动；第二，家庭关于电力支出的差异较小，无法很好地反映家庭收入方面的差异。例如当参数 $\varepsilon$ 为 2 时，电力支出的阿特金森指数依然没有显著的差异。阿特金森指数的一个微小的改变，都可以被视为电力分配不平等的一个强信号。能源补贴原本目标是帮助低收入家庭获得更多能源，但实际上却使高收入家庭消费更多电力并且享受更多能源补贴。考虑到高收入家庭的经济水平以及电力消费需求，高收入家庭应该在电力方面支出更多，因此，确实需要一个新的电力价格机制来实现这一目标。

对于交通能源支出，研究发现总体上交通支出比电力支出分配得更加不公平。这基于以下两点原因：第一，交通支出的阿特金森指数明显高于电力支出的阿特金森指数。例如，对于中国中部，当参数 $\varepsilon$ 为 2 时，交通支出的阿特金森指数上升至 0.2637，可以被视为交通能源分配不平等的一个强信号。由于汽车保有量和交通支出之间存在很强的相关关系，交通的能源消费量也和家庭的收入水平相关。此外，中国私家车的普及率较发达国家还很低，不同地区和城市之间，对于私家车拥有情况的不公平现象更为显著。第二，交通支出的阿特金森指数的变化范围更广，区域间存在差异。这主要是因为城市的基础设施建设以及城市交通情况会对该地的交通支出产生直接的影响。例如，中国东部较其他地区，拥有更为便捷的公共交通系统，居民更倾向于频繁地使用公共交通工具，这也就降低了交通支出方面的不平等程度。而中国西部由于城市间距离远以及路况较差，使得居民缺少保有私家车的动力，这也造成交通支出偏低，同时缩小了组内的差距。

在分析家庭收入、电力支出和交通支出的分配情况之后，笔者加入一种新的价格方案，即实施阶梯价格。如果政策制定者扩大不同收入家庭间的价格差异，这在新的价格机制下将产生新的分配情况。具体结果如图 7-2、图 7-3 所示。

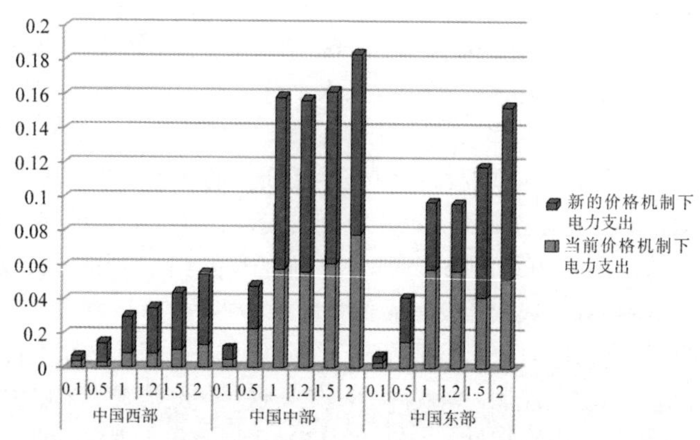


图 7-2　新的价格机制下电力支出分配的阿特金森指数

资料来源：根据研究样本制作。

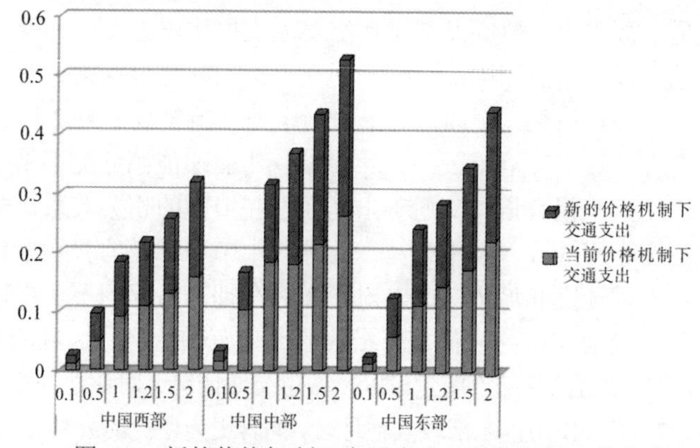


图 7-3　新的价格机制下交通支出分配的阿特金森指数

资料来源：根据研究样本制作。

研究表明，当价格差距扩大后，电力支出和交通支出的阿特金森指数都有所增加，对于中国西部地区而言，电力支出分配变得更加不平等(当参数 $\varepsilon$ 为 1 时，阿特金森指数由当前价格机制下的 0.0065 升至为新的价格机制下的 0.0234)。然而，我们无法仅仅通过阿特金森指数评估效率和公平。虽然在新的价格水平下阿特金森指数增加了，但高收入家庭不得不在他们的能源消费上支付得更多，这就会使能源补贴更多地流入低收入家庭。从另一个角度看，低收入家庭电力支出比之前更少，这同样有利于能源消费的再分配。在东部地区，阿特金森指数较原始水平变化的范围更广，变化的程度也更为剧烈。因此我们推断，如果政府决定改革家庭能源消费的政策，即扩大不同收入组群间的能源价格差距，相较其他地区，电力在东部地区会得到最充分的利用。整个国家尤其是东部地区，将会从价格改革当中获益。这个结论可以用来支持未来能源价格改革的政策，帮助政府设计出更合适的阶梯价格，并且根据不同区域制定不同政策。

从新的价格机制下的交通支出分配情况来看，在任何区域内都不存在交通支出分配的阿特金森指数的剧烈变动。如前所述，家庭收入分配和交通支出分配的阿特金森指数的相似性，预示着交通支出分配的不平等已经在不同的收入组群间存在。而在新的价格机制下，交通支出在其分配的公平和效率方面没有显著的变化。因此政策制定者应该重新设计交通价格机制，使其能更好地实现能源分配最优化的目标。

结合上述新的价格方案分析表明，根据家庭收入扩大价格差异会提高阿特金森指数值，同时也会提高公平和效率。当高收入家庭不得不为其超出的能源消费支付更多的费用时，他们就会对价格的改变更为敏感，并更有动力节约能源。

## 第三节　不同规模城市间能源消费的阿特金森指数

为探究不同规模城市间能源消费的分配状况，研究选取中国家庭能源消费调研(CRECS)的数据，计算不同规模城市间能源消费的阿特金森指数。

此次调查涵盖全国不同规模的城市，并且包含家庭收入、家庭用于公共事业产品(包括电力、天然气、水在内)的支出等变量，用以估计不同规模的城市间家庭收入和家庭对公共事业产品的消费情况。

研究将城市规模划分为三类：大型城市、中型城市和小型城市。选取717个有效家庭样本，样本内不同规模城市中的家庭收入分布情况如表7-7所示。

表7-7 不同规模城市中家庭收入分布情况

| 年收入(单位：元) | 总体 | ≤50000 | 50000～100000 | ≥100000 |
|---|---|---|---|---|
| 家庭数量 | | | | |
| 大型城市 | 238 | 27 | 97 | 114 |
| 中型城市 | 240 | 74 | 114 | 52 |
| 小型城市 | 239 | 123 | 93 | 23 |
| 总体 | 717 | 224 | 304 | 189 |
| 不同城市的家庭比例(%) | | | | |
| 大型城市 | 33.2 | 12.1 | 31.9 | 60.3 |
| 中型城市 | 33.5 | 33.0 | 37.5 | 27.5 |
| 小型城市 | 33.3 | 54.9 | 30.6 | 12.2 |
| 总体 | 100.0 | 100.0 | 100.0 | 100.0 |
| 不同收入水平的家庭比例(%) | | | | |
| 大型城市 | 100.0 | 11.3 | 40.8 | 47.9 |
| 中型城市 | 100.0 | 30.8 | 47.5 | 21.7 |
| 小型城市 | 100.0 | 51.5 | 38.9 | 9.6 |
| 总体 | 100.0 | 31.3 | 42.4 | 26.3 |

资料来源：CRECS，2013年7月。

表7-7显示，样本中42.4%的家庭处于中等收入水平，即年均收入为50000～100000元。而在不同规模的城市之间情况有所不同。大型城市内中高收入的家庭占主导地位，中型城市内中等收入家庭比例最高，而小型城市内低收入家庭居多。这显示出不同规模城市间存在着经济发展水平的差异，经济发展水平越高的城市，其家庭的年均收入水平越高。收入水平越高的家庭，其对于电力、水、天然气方面的支出也相应更高。

表7-8 更加清晰地反映出城市的发展水平和其家庭的年均收入水平呈正相关的关系。大型城市的家庭年均收入水平明显比发展较为落后的城市的家庭年均收入水平高。

表 7-8　不同规模城市的家庭收入情况

| 不同规模城市 | 大型城市 | 中型城市 | 小型城市 |
|---|---|---|---|
| 家庭收入均值(元) | 126714 | 97996 | 64259 |
| 离差 | 1.5 | 2.1 | 2.1 |

资料来源：CRECS，2013 年 7 月。

不同规模的城市家庭除收入方面的差距之外，家庭用于电力、水、天然气方面的支出也必然会有差异。具体情况如表 7-9 至表 7-12 所示(表中数据均来自 CRECS，2013 年 7 月)。

表 7-9　不同规模城市中不同收入水平下的家庭的电力支出 (单位：元)

| 不同规模城市 / 不同收入水平 | 大型城市 | 中型城市 | 小型城市 |
|---|---|---|---|
| 所有家庭 | 174 | 90 | 74 |
| ≤50000 | 130 | 74 | 63 |
| 50000～100000 | 154 | 87 | 80 |
| ≥100000 | 202 | 118 | 106 |
| 离差 | 1.2 | 1.3 | 1.4 |

表 7-10　不同规模城市中不同收入水平下的家庭的用水支出(单位：元)

| 不同规模城市 / 不同收入水平 | 大型城市 | 中型城市 | 小型城市 |
|---|---|---|---|
| 所有家庭 | 37 | 39 | 24 |
| ≤50000 | 26 | 29 | 20 |
| 50000～100000 | 36 | 37 | 27 |
| ≥100000 | 41 | 56 | 36 |
| 离差 | 1.1 | 1.4 | 1.5 |

表 7-11　不同规模城市中不同收入水平下的家庭的天然气支出　(单位：元)

| 不同收入水平＼不同规模城市 | 大型城市 | 中型城市 | 小型城市 |
|---|---|---|---|
| 所有家庭 | 53 | 53 | 64 |
| ≤50000 | 50 | 42 | 59 |
| 50000～100000 | 56 | 55 | 66 |
| ≥100000 | 52 | 65 | 83 |
| 离差 | 1.0 | 1.2 | 1.3 |

表 7-12　不同规模城市中不同收入水平下的家庭的公共事业产品支出　(单位：元)

| 不同收入水平＼不同规模城市 | 大型城市 | 中型城市 | 小型城市 |
|---|---|---|---|
| 所有家庭 | 265 | 182 | 162 |
| ≤50000 | 206 | 145 | 142 |
| 50000～100000 | 246 | 179 | 173 |
| ≥100000 | 295 | 239 | 225 |
| 离差 | 1.1 | 1.3 | 1.4 |

公共事业产品的支出包括电力、水、天然气在内的支出总和。总体而言，家庭用于电力、水、天然气等公共事业产品的支出随收入的增加而增加。同时，在不同规模的城市间，家庭收入分配的不平等和家庭在公共事业产品支出的不平等存在显著的差异。使用不同的参数 $\varepsilon$ 来计算其阿特金森指数值能够解释这两者间的差异。

首先，测算不同的参数 $\varepsilon$ 下，所有家庭的收入及公共事业产品支出的阿特金森指数，结果如表 7-13、图 7-4 所示。

表 7-13　所有家庭的阿特金森指数

| 参数 $\varepsilon$ | 收入 | 公共事业产品总支出 | 水 | 天然气 | 电力 |
|---|---|---|---|---|---|
| 0.5 | 0.0810 | 0.0131 | 0.0150 | 0.0012 | 0.0244 |
| 1.0 | 0.1561 | 0.0260 | 0.0300 | 0.0024 | 0.0478 |
| 1.2 | 0.1837 | 0.0310 | 0.0360 | 0.0029 | 0.0568 |

(续表)

| 参数 ε | 收入 | 公共事业产品总支出 | 水 | 天然气 | 电力 |
|---|---|---|---|---|---|
| 1.5 | 0.2222 | 0.0385 | 0.0450 | 0.0037 | 0.0699 |
| 2.0 | 0.2779 | 0.0507 | 0.0598 | 0.0050 | 0.0905 |
| 2.5 | 0.3237 | 0.0624 | 0.0742 | 0.0063 | 0.1094 |
| 5.0 | 0.4510 | 0.1123 | 0.1367 | 0.0129 | 0.1810 |

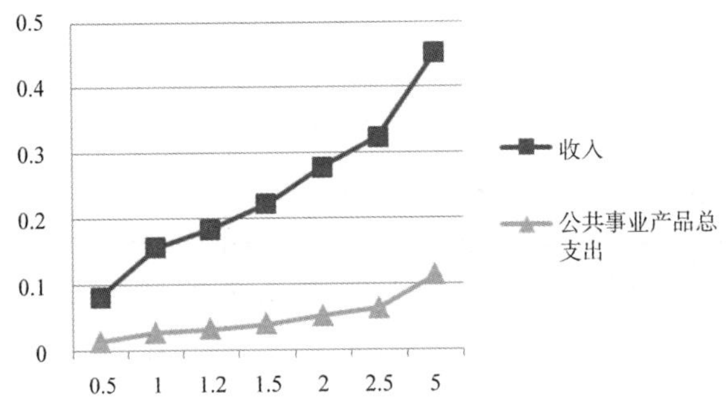


图 7-4 不同参数 ε 对所有家庭的收入和公共事业产品总支出的影响

表 7-13 显示，家庭收入的阿特金森指数由 0.0810 上升至 0.4510，明显大于公共事业产品总支出的阿特金森指数的变化程度。当参数 ε 变化时，家庭收入的阿特金森指数的变化速度远远高于公共事业产品支出的阿特金森指数的变化速度。再次观察不同规模城市的家庭收入及公共事业产品支出的阿特金森指数，结果如表 7-14 至表 7-16、图 7-5 至图 7-7 所示。

表 7-14 大型城市家庭的阿特金森指数

| 参数 ε | 收入 | 公共事业产品总支出 | 水 | 天然气 | 电力 |
|---|---|---|---|---|---|
| 0.5 | 0.0542 | 0.0035 | 0.0047 | 0.0006 | 0.0063 |
| 1.0 | 0.1111 | 0.0071 | 0.0099 | 0.0012 | 0.0127 |
| 1.2 | 0.1341 | 0.0086 | 0.0120 | 0.0014 | 0.0152 |
| 1.5 | 0.1683 | 0.0108 | 0.0154 | 0.0017 | 0.0191 |
| 2.0 | 0.2232 | 0.0146 | 0.0214 | 0.0023 | 0.0255 |
| 2.5 | 0.2738 | 0.0184 | 0.0278 | 0.0029 | 0.0319 |
| 5.0 | 0.4461 | 0.0382 | 0.0659 | 0.0057 | 0.0625 |

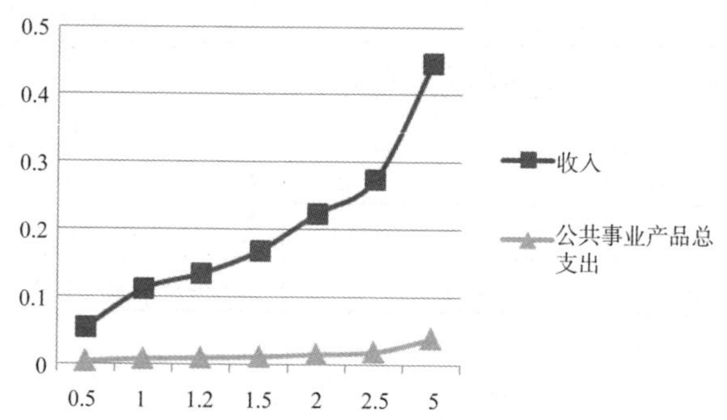


图 7-5　不同参数 $\varepsilon$ 对大型城市家庭收入和公共事业产品总支出的影响

如表 7-14 所示，大型城市家庭收入的阿特金森指数变化范围为 0.0542～0.4461，变化范围最大，变化速度也最快。公共事业产品总支出的阿特金森指数由 0.0035 上升至 0.0382，其中，电力支出的变化幅度最大，由 0.0063 升至 0.0625，而天然气的变化幅度最小，仅从 0.0006 增加至 0.0057。

**表 7-15　中型城市家庭的阿特金森指数**

| 参数 $\varepsilon$ | 收入 | 公共事业产品总支出 | 水 | 天然气 | 电力 |
|---|---|---|---|---|---|
| 0.5 | 0.0891 | 0.0090 | 0.0162 | 0.0064 | 0.0084 |
| 1.0 | 0.1683 | 0.0177 | 0.0315 | 0.0129 | 0.0164 |
| 1.2 | 0.1967 | 0.0211 | 0.0373 | 0.0155 | 0.0195 |
| 1.5 | 0.2357 | 0.0261 | 0.0458 | 0.0195 | 0.0240 |
| 2.0 | 0.2912 | 0.0341 | 0.0590 | 0.0261 | 0.0312 |
| 2.5 | 0.3364 | 0.0418 | 0.0713 | 0.0327 | 0.0379 |
| 5.0 | 0.4628 | 0.0751 | 0.1197 | 0.0648 | 0.0661 |

如表 7-15 所示，中型城市家庭收入的阿特金森指数依旧显示出强烈的波动，由 0.0891 增至 0.4628，而总的公共事业产品支出的阿特金森指数仅由 0.0090 升至 0.0751。其中，与大型城市不同，中型城市的家庭用水方面支出的阿特金森指数变化幅度相对较大，由 0.0162 提高到 0.1197，而天然气和电力的阿特金森指数的上升幅度相对较小。

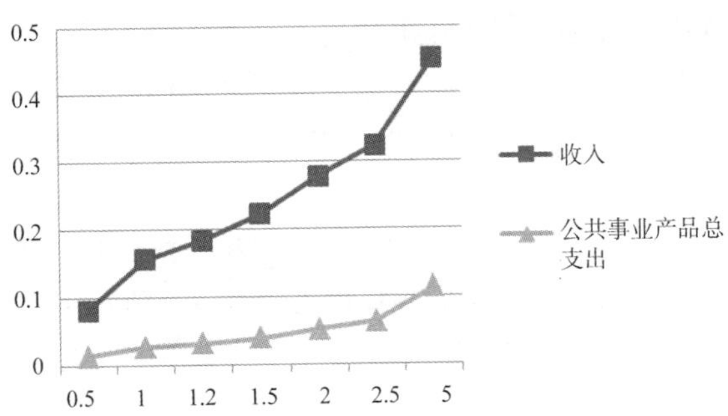


图 7-6 不同参数 ε 对中型城市家庭收入和公共事业产品总支出的影响

表 7-16 小型城市家庭的阿特金森指数

| 参数 ε | 收入 | 公共事业产品总支出 | 水 | 天然气 | 电力 |
|---|---|---|---|---|---|
| 0.5 | 0.0494 | 0.0063 | 0.0106 | 0.0042 | 0.0071 |
| 1.0 | 0.0935 | 0.0124 | 0.0207 | 0.0083 | 0.0139 |
| 1.2 | 0.1096 | 0.0147 | 0.0246 | 0.0099 | 0.0165 |
| 1.5 | 0.1321 | 0.0182 | 0.0304 | 0.0122 | 0.0203 |
| 2.0 | 0.1651 | 0.0237 | 0.0395 | 0.0160 | 0.0264 |
| 2.5 | 0.1931 | 0.0289 | 0.0482 | 0.0196 | 0.0322 |
| 5.0 | 0.2775 | 0.0513 | 0.0837 | 0.0355 | 0.0564 |

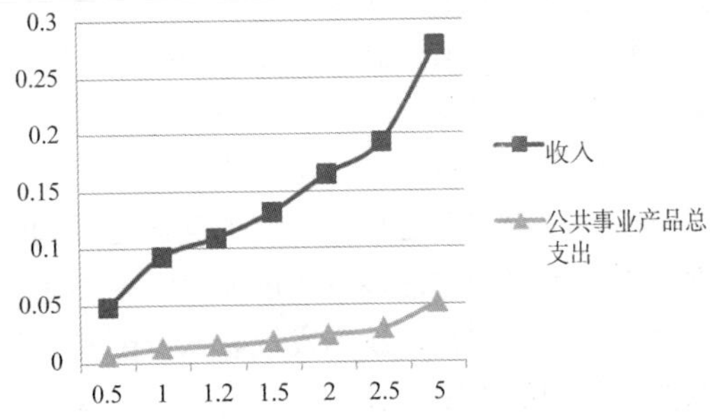


图 7-7 不同参数 ε 对小型城市家庭收入和公共事业产品总支出的影响

如表 7-16 所示，小型城市家庭收入的阿特金森指数的变动情况大致与大中型城市相同，其值由 0.0494 变化到 0.2775，上涨幅度远远高于公共事业产品总支出的阿特金森指数的上升幅度。三种不同类别的公共事业产品的表现也不尽相同，用水支出的阿特金森指数由0.0106增至0.0837，电力支出的阿特金森指数由0.0071变为0.0564，而天然气的阿特金森指数相对较小，由0.0042升至0.0355。

然而对比发现，小型城市家庭的收入分配和公共事业产品总支出与大中型城市相比较为平等。对比不同规模城市，有三个值得注意的地方。

(1) 无论城市的规模如何变化，家庭的收入分配始终比家庭对公共事业产品的消费更为不平等。

(2) 在中型城市中，家庭对天然气、水、电力的消费十分不均匀，这反映出不同规模城市的家庭对公共事业产品的需求不同。同时，也可能是由于消费更多的电力导致天然气的消费量减少，电力和天然气在一定程度上存在替代关系。

(3) 与大型城市和小型城市相比，中型城市中家庭收入和公共事业产品消费的不平等情况更为严重。具体来看，在参数$\varepsilon$为1.5时，中等城市的公共事业产品总支出的阿特金森指数比大型城市高83%，比小型城市高35.6%。这可以被理解为在快速的城市化进程中中型城市更注重效率而非公平，并且当参数$\varepsilon$升高时，这种不平等的程度还会逐渐加深。值得一提的是，中型城市中天然气支出的阿特金森指数比大型城市高168%，比小型城市高46%，而电力支出在不同规模的城市间分配得相对平等，中型城市电力支出的阿特金森指数仅比大型城市高22.8%，比小型城市高16.8%，这可能归因于中国目前电力的相对普及和阶梯电价的实施。

价格机制的不完善和公共事业产品分配的不平等，必然会对能源的可持续发展产生负面影响。目前能源可持续发展的问题已受到国内外学者的高度关注，许多学者采用不同的方法核算了能源分配的不平等问题。通过与国内外其他学者研究成果的比较，我们发现收入分配和公共事业产品分配问题有很多相似性。不同的国家间收入分配普遍比能源分配更不平等，一些大型城市收入分配的阿特金森指数几乎是公共事业产品支出的10倍。同时，家庭收入和能源消费受到城市经济发展水平的影响。研究中发现，不同规模的城市间家庭收入和公共事业产品的分配存在着显著的差异，并且城市化进程也是影响中国公共事业产品需求的重要因素。与其他国家相比，中国目前收入分配和公共事业产品分配在合理范围内。但作为一个拥有庞大人口的最大的发展中国家，并且正在经历着经济变革和社会转型的重要时期，面对着巨大的能源需求，采取有效的措施，诸如调整价格机制，来达到维持能源可持续发展和提高社会福利的目标是必要的。

## 第四节　结论

能源，作为当今社会生产和生活最重要的基础物质，其分配的公平性与效率性越来越受到学者们的关注。中国是世界上最大的发展中国家，其居民能源消费分布不公平的现象一直存在。能源消费品作为公共事业产品，其价格机制的不完善及能源分配的不平等不仅会造成能源使用的低效率，甚至还会导致能源浪费，对能源的可持续发展产生负面影响。为揭示当前中国居民能源消费分布的现状，笔者选取阿特金森指数来测量公平程度，并根据中国家庭能源消费情况调查，分别计算出不同区域及不同规模城市间能源消费的阿特金森指数。研究结果表明，家庭用于电力、水、天然气等公共事业产品的支出会随着收入的增加而增加。同时，家庭在交通方面的支出比电力方面支出表现出更严重的不平等。在不同规模的城市间，家庭收入分配的不平等和家庭在公共事业产品支出的不平等存在显著差异。研究过程中还发现，为帮助低收入家庭获得更多能源而实行的能源补贴政策，实际上使得高收入家庭消费更多的电力并且享受更多补贴。为解决这个问题，必须引入新的价格机制，实现能源更为公平地被消费的目标。在新的价格机制下，高收入家庭不得不为其超出的能源消费支付更多的费用，这让他们对价格的改变更为敏感，从而更有动力节约能源，实现能源可持续发展的目标并提升社会福利。

**【参考文献】**

[1] Du G，Sun C，Fang Z. Evaluating the Atkinson index of household energy consumption in China[J]. Renewable & Sustainable Energy Reviews，2015，51:

1080-1087.

[2] Sun C，Zhang Y，Peng S，et al. The inequalities of public utility products in China: From the perspective of the Atkinson index [J]. Renewable & Sustainable Energy Reviews，2015，51: 751-760.

[3] 林伯强，刘畅. 收入和城市化对城镇居民家电消费的影响[J]. 经济研究，2016，51(10)：69-154.

[4] 王文蝶，牛叔文，齐敬辉，等. 中国城镇化进程中生活能源消费与收入的关联及其空间差异分析[J]. 资源科学，2014，36(7)：1434-1441.

[5] 郑新业. 中国家庭能源消费研究报告[M]. 北京：科学出版社，2015.

# 第八章

# 研究结论

城市化是国家现代化的重要标志，也是中国未来经济增长和繁荣的核心。城市化率每提高 1%，GDP 可增加 0.671%。中国当前正处于城市化率为 30%～70%的加速发展阶段，通过推进新型城市化能够有效创造供给，缓解经济下行压力。但城市化在推动经济增长的同时，也带来了巨大的能耗问题。从 1980 年至今，中国城市化率年均增长 1.0%，对应能源消费平均增长 5.6%。能源和环境问题已成为 21 世纪最具挑战性的问题之一。作为全球最大的能源生产国和消费国，中国在未来城市化进程中面临着较大的能源消费约束和减排压力。

在 2015 年巴黎气候峰会召开前，中国在向联合国提交的国家自主贡献报告中承诺，到 2030 年单位 GDP 二氧化碳排放将比 2005 年下降 60%～65%。2017 年《加快推进新型城市化建设行动方案》提出加快绿色城市建设，推进城市生态修复和绿色建筑、绿色能源的应用。《能源发展“十三五”规划》提出 2025 年能源消费总量控制在 50 亿吨标准煤以内的能源消费目标，以及能源公共服务水平显著提高的能源普遍服务目标。一系列措施表明中国政府努力解决能源和环境问题，建设可持续城市的决心。今后，能源消费、中国城镇化建设以及经济增长模式转型之间的关系将更加密切。

基于中国居民能源消费调查(CRECS)微观数据，本书首先构建 AIDS 模型，引入价格弹性和支出弹性研究城市化进程中的居民能源消费特征，然后通过方差分析探索其影响因素，运用 OLS 和 Tobit 模型模拟未来家庭能源消费的路径选择。研究发现，长期低于国际正常水准的定价导致中国城市居民用电、燃气、交通燃油在价格上都不同程度地缺乏弹性。高收入人群对能源价格的敏感度显著低于中等收入和低收入家庭，不同地区的城市家庭能源消费也存在巨大差异。城市化进程中，居民能源消费存在“锁定效应”，这使得家庭用能方式转变从而减少能源需求将经历一个长期的过程。促进小城市和中型城市的发展，同时引导大城市居民向中小城市转移，将是减少居民家庭能源消费的长期战略。

城市化的推进，在使能源消费增加的同时，也为城市居民提供了创造高效能源消费模式的机会。由于居民能源消费具有“锁定效应”，在城市化过程中实现低碳生活，居民消费习惯和观念的转变是关键。当前正是中国能源价格改革的黄金时期，有效的能源定价机制能够引导居民转变传统能源消费观念，采用合理的能源消费结构。而家庭生活能源消费主要受家电设备的数量、功能和质量的影响，能源价格改革从居民电力价格改革出发将是一个很好的切入点和突破口。为此，本书进一步对居民阶梯电价改革及其效果作以探讨。

采用拉姆齐定价法则，本书设计三种阶梯电价方案，利用 CRECR 微观数据估计阶梯电价改革对居民电力消费的整体影响。本书还考虑效率与公平的双重目标，采用家庭电力消费离散选择模型和价差法研究电价改革效果。结论表明，居民电力消费的平均价格弹性为-0.12 左右。家庭收入与用电量正相关，电费支出更高的群体对阶梯电价的了解程度更高，用电量处于第三阶梯的家庭比第二阶梯的家庭对电价变化更为敏感。电价提高所带来的整体电费支出增加的成本主要由收入水平更高的第三阶梯家庭承担。阶梯电价改革中，第一档电价的设置尤为重要。相比单一定价，阶梯电价改革在促进节能、提高补贴效率的同时，也能够通过让电价的“涨价”部分由高收入家庭承担以及更合理的补贴再分配措施来进一步体现公平原则。

居民对能源消费的意愿不仅受能源价格的影响，还受能源供应途径的影响。随城市化进程中能源需求大幅上升，分配不均且排放高的化石能源带来资源不可持续、环境污染等一系列问题。发展非化石能源逐渐成为保障能源供应的主要途径。其中，核能已凭借技术稳定、成本小、排放少等优势成为中国重要的供电能源。但是，公众对核电的接受程度仍是其进一步发展的主要障碍。这意味着，中国在恢复核电发展计划后，不能忽视公众对核电的感知和态度。因此，本书进一步对中国核电发展与公众意愿进行深入研究。

本书基于 CPPNP 数据，采用 CVM 方法，应用 DBDC 模型，利用社会公众愿意支付的额外费用分析公众对核电发展的态度，并测算核电宣传普及程度、不同核电站距离对公众拒绝核电站建设支付意愿的影响。研究发现，认为核电危险的受访者相比认为核电安全的受访者愿意支付更高费用以拒绝核电建设。民众对核设施的距离反应非常敏感，其拒绝核电的支付意愿随居住区与核电站间距离增大而减少，这表明公众对核电站的建设存在强烈的 NIMBY 态度。而内陆地区的 NIMBY 态度最强，在这些地区应考虑基于距离计量的货币补偿。对核电项目的全面了解有助于促进公众接受核电项目，因而提高核监管透明度并征求公众对核安全计划的意见与建议，将是缓解公众抵抗力的有效措施。

研究城市化与居民能源消费问题，应仔细考虑环境效应和可持续发展。当下中国在经济飞速发展的同时面临严峻的雾霾问题，而民众环保意识也逐渐觉醒，关注雾霾及其治理措施的人数不断增加。采用一种战略性、对环境友好的和以人为本的城市化策略有助于控制雾霾，提升公民生活质量。这不仅依赖于政府的决心，还依赖于民众的接受度。因此，本书进一步把研究重心放在雾霾治理与公众环境感知研究上。

本书采用 CPPAQ 调研数据，评估公众对雾霾治理的环境认知，通过 Bivariate 样本选择模型、Probit 回归模型和 Truncated 回归模型估计公众对支持政府雾霾政策的支付意愿及其影响因素。结论表明，家庭年收入是影响支付意愿的最关键因素。虽然边际支付意愿递减，但家庭年收入越高的受访者越愿意为治理雾霾承担成本，这表明政府在选择首批雾霾治理试点区域时，优先考虑经济相对发达地区是合理的。家庭能源消费是影响支付意愿的另一重要因素。家庭能源消费更高的受访者更加支持政府的雾霾治理措施。更好地理解雾霾治理项目有利于增加民众对其的接受度，提高政府可信度将有助于政策的顺利落实。

现阶段中国居民能源消费状况不容乐观，能源贫困和分配不平等共存。

其中，能源分配的不平等不仅会造成能源使用的低效率，还会导致能源浪费，这使得分配问题成为中国能源的根本性问题。在此背景下，能源消费分布不公平的现象越来越受到学者们的重视，研究能源分配公平性问题在维护居民能源消费的平等权，为能源改革提供建设性建议，同时为中国其他公共福利进一步改革作出指导和示范方面具有重大意义。

基于 CPPAQ 调研数据，纳入将社会收益考虑在内的阿特金森指数，本书分别研究不同区域及不同规模城市间能源消费的公平程度，并进一步对阶梯价格机制下能源分配公平性的提高程度作以探讨。结论表明，家庭的能源支出随收入的增加而增加。东部家庭的收入不平等性最高，但电力分配和交通能源支出的不平等相对较低。无论城市的规模如何变化，家庭的收入分配始终比家庭对能源的消费更不平等。能源补贴政策也实际上使消费更多电力的高收入家庭享受到更多补贴。与大、小型城市相比，中型城市的家庭收入和能源消费的不平等情况更为严重。家庭在交通方面的支出比电力方面支出表现出更严重的不平等。因此，基于不同收入水平而施行的差别定价法可以防止高收入家庭过度使用能源，最终提高能源使用的公平性和效率。